知的公共圏の復権の試み

高野清弘
土佐和生
西山隆行 編

行路社

緒言

高野 清弘

二〇一六年三月末に、私は定年を迎えた。一年ほど前、研究室の整理を少しずつ始めた頃のことであった。ある日、濱谷（編者の一人、土佐）和生・甲南大学法科大学院教授から本当にありがたいお話を承った。西山隆行・成蹊大学法学部教授と相談して、私の定年の際に、論文集を出版する計画を策定しているというのである。

このお話は私には思いもよらぬお話であった。濱谷さんのお言葉を聞いた瞬間、「生ける験《しるし》あり」という、とんでもなく脈絡の異なる万葉集の和歌の一節が頭に浮かび、大学教員として過ごした過去の日々の回想へと私を誘った。定年の時点において、私は、前任校の大東文化大学で一二年間、甲南大学に赴任して二五間の教員生活を過ごしたことになる。その日々のかけがえのない幸福をあらためて思い知った。

かなり昔のことになる。近代の「破滅的な意味喪失」と戦う騎士としてマックス・ヴェーバーを描く山之内靖先生に触発されて、私は、トーマス・マンに引照しながら、「何のためにと……問うて、……うつろな沈黙しか与えられない」時代を生きていることを、現代人の運命であると記した。見失われたのは、「何のために」すなわち目的あるいは意味だけではない。我々は今一つの共通の世界に生きているという感覚も失っている。世界の喪失が現代の病であることが指摘されて久しい。実際、キャンパスを歩けば、目的の喪失と世界の喪失がどれほど若い人たちをむしばんでいるか、ただちに分かる。大学で出会う学生諸子の中には、何のために大学に学ぶのかも分からず、ただあてどもなく学生という期間を過ごしてしまう者も少なくない。その上、一〇年ほど前に新聞の投書で読み、その通りと思ったことだが、大学は実に奇妙なところで、小学校から高校まで、学校に行けば、一人ひとりの机があるのに、大学は学生に対し、専用の机一つ提供していない。これでは学生に「皆さん迷子の羊になってください」といっているのと同じではないか。そして、多くの学生は、「迷子の羊」のまま、大学を卒業し、企業に就職して、労働する動物に変えられる。その場合、彼らを縛る鎖は、鉄ではなく絹でできているかもしれないが、アーレントが言うように、鎖には違いないのである。

　これに対して、私自身は、人生の半分以上を大学の教員として過ごしたことによって、今の若い方々には申し訳ないような幸福を享受した。濱谷さん、西山さんとどなたに執筆をお願いするかという話をしているうちに、研究会や大学でお付き合いいただいた方々のお顔が浮かんできた。研究会や大学は、アーレントの言う「世界」であった。そこに集う人々は、アリストテレスの『政治学』における人間の定義の後半部分、「言葉を発する動物である」がそのまま当てはまる、よくしゃべる人たちであった。中には普段は寡黙な人もいたが、その人も必要な時にはマシンガンのように言葉を繰り出した。私たちはよくしゃべりあった。話題は、学問上の問題はもちろん、教育や大学の校務に関すること、その他もろもろであった。解決が必要な問題については、無論、その時々で最良と思われる解決策を探ったが、中には解答のない問題もあり、それについても話し合った。もっと言うと、話すことによって問題の解決を目指すとともに、話し合うこと自体が楽しかった。一つの謎を前に、誰一人として、完全に正しい答えを所有していないという点において、みんな平等であった。その上、各自が異なったパースペクティヴから問題を見るので、当然のことながら誰一人として同じことを語らなかった。つまり、私たちは、大学と学問に関わることによって、自分たちが年齢も職位も身分も問題にならないという意味で indifferent な人間であることを前提として、各々他の人とはまったくdifferentな自分の正体を他の人に示すことができたのである。

少年の日の読書の記憶によれば、貧しさゆえに大学に学ぶことができなかったある詩人が、「大学は私を自由にする」と詠っていたと思う。記憶は間違っているかもしれないが、私に関して言えば、その通りだ。必然性からも、有用性からも解放されているがゆえに、もっとも人間らしい自由の発露としての「話し合い」が可能な空間、換言すると、その一員であること、ただそれだけで自らを幸福だと考えることができる関係を仲間と造り上げることが可能な場所、それが、私が人生の相当な期間を過ごした大学であった。近年の学校教育法の改正に見られる動向は、この「話し合い」によって成立する公共圏を突き崩すことを目指しているように思われる。その果てに、私たちは、人間にのみ可能な世界を造り上げる能力を剝奪されて、無世界的な「迷子の羊」にされてしまうのではないだろうか。

ここまで書いてきたところで、「我が恵み、汝に足れり」という聖書の言葉がこれもいささか脈絡を離れて思い出されてきた。濱谷さんと西山さんのお話は、私の独占とするにはあまりにももったいない。現代の社会が上述したようなものであるとすれば、そこに生きざるをえない若い人たちを読者として想定して一冊の本を編むことができるのではないだろうか。この企てに参加してくださる方々が築き上げてきた世界を失われた世界にしてはならない。この本が出来上がった暁に、この本そのものが若い人々を「結びつけると同時に切り離す」テーブルすなわち世界（アーレント）として機能し、仲間と共に生きることへの「勇気」を若い人々に与えるものとなることを切に期待する。

二〇一六年四月三日

知的公共圏復権の試み◆目　次

II　現代に向き合う知の交響

I

思想史研究の現在

第1章

「共和主義」と「政治的人文主義」

『マキァヴェリアン・モーメント』第三章再訪

安武 真隆

1 ポーコックと「共和主義」

J・G・A・ポーコック著『マキァヴェリアン・モーメント』の公刊（一九七五年初版、二〇〇三年第二版、日本語訳二〇〇八年）[1]以来、英語圏を中心に共和主義研究が興隆してきた。ポーコックは同書において、アリストテレスの「ポリス的動物（zoon politikon）」観念に由来する市民の「徳」や、共和国の構成と運営に関わる言説が、ルネサンス期のフィレンツェを起点とし、イングランド内乱期を経由し、一八世紀の商業社会の勃興に続いて、大西洋を渡ってアメリカ独立へと至った展開を描き、それに「共和的伝統」「共和主義」ないし「政治（市民）的人文主義（civic humanism）」との表現を与えた。そして、この書に触発され、共和主義研究は、時間的にも空問的にも拡散し、ポーコックが積極的に取り扱わなかった対象をも巻き込み展開している。[2]本章では、ポーコック以降の共和主義をめぐる思想史研究の進展や、日本におけるその受容と展開を手がかりに、共和主義をめぐる歴史研究における方法論的精緻化・分節化の可能性を確認し、翻って出発点にあったポーコックの著作を、その後の方法論的達成の観点から改めて再評価することを試みる。

このために、本章は以下のような順序で論を進める。第一に、戦後日本における政治・社会思想研究全般における問題関心の精緻化の過程を、歴史と理論、ないし歴史と哲学との研究手法の分化の過程とした上で、共和主義研究におけるかかる分節の可能性を示唆する。第二に、歴史研究に焦点を当てながら、共和主義として形容される思想対象の差異に着目すると同時に、共和主義研究の多様化と拡散の中で共和主義概念の同定にあたって用いられるようになった「家族的類似性」という概念について確認する。第三に、以上の方法論的精緻化の成果を踏まえながら、改めてポーコックの共和主義研究を、公刊当時においては未分化であった論点や概念上の相関について筆者なりに分節しつつ、とくにポーコックにおいて同一視された「共和主義」と「政治的人文主義」との関連を中心に検討を加える。以上の作業では、後述するように、共和主義とは何であるのか（歴史的に何であったのか）について一義的で本質主義的な解答を提示することは目指されていない。[3]むしろ「共和主義」研究を標榜することによって、当該研究者が遂行している知的作業の内容や性質を特定することを通じて、「思想史研究としての精度を高める」にあたって、[4]いかなる課題が残されているのかを確認するための一助としたい。[5]以上の作業を通じて、『マキァヴェリアン・モーメント』における立論のどの要素が、後年のポーコックの「啓蒙」研究に引き継がれていくことになったのかについても、確認することになろう。

2 理論と歴史

共和主義研究に限らず、政治・社会思想研究の進展に伴い、当該研究対象に関連する資料の扱われ方に、一定の分化が生じつつある。この変化の背景には、クエンティン・スキナーなどを契機とする思想史研究の精緻化により、理論と歴史、ないし哲学と歴史とを峻別する意識の高まりがあろう。(6)少なくとも日本における従来の政治・社会思想研究は、戦後日本の近代化や民主化のための導きとなりそうな西欧の政治思想・社会思想を対象とする傾向が強かった。そのかぎりで、西欧近代をめぐる歴史研究は、現代日本の今後の指針を見いだす作業と不可分であった。(7)時間的・空間的に限定された思想内容にある種の普遍性を読み込むこのようなスタイルは、当該思想を展開した著者の意図やその思想が表明された同時代的コンテクストへの注目が進むに伴い、少なくとも当該思想の理解の妥当性という点で、批判にさらされるようになった。

かかる分化を共和主義研究に適用するならば、歴史家が注目する過去の知的現象としての共和主義と、現代の理論家が現代的な文脈において注目する観念体系としての共和主義との区別が想定できる。ポーコックも早くから自らの研究を、「歴史家として一八世紀の共和主義を研究しているので、現代の問題として自由主義に共和主義を対置しているわけではない」と言明していた。(8)もっとも、ポーコックを契機とする共和主義研究の興隆には、前者の思想史研究としての深化のみならず、後者の現代社会における民主主義や自由主義への対抗言説としての期待を込めた理論的展開があった。(9)とはいえ、両者を峻別しないままに論を進めるならば、後に示唆するように、旧来の政治思想研究におけるある種の不毛な議論を繰り返すことになるであろう。(10)以下では、主として共和主義をめぐる歴史研究に焦点を当てつつ、その方法論的精緻化や分節化の可能性を探究することとしよう。

3 分析概念と歴史的概念

さて、共和主義を歴史家のものと理論家のものとに峻別することで不毛な混同がある程度避けられるとしても、それだけで共和主義の内実が特定されるわけではない。とりわけポーコックのいう共和主義に導かれた歴史研究に限定しても、「共和主義」という概念の使用そのものの妥当性が問われる。実は、共和主義を歴史的に捉えるとした場合であっても、ある特定の歴史的文脈において現に流通していた言葉として捉えるのか、それとも、そのような歴史的文脈を一旦括弧に入れて、思想史研究における分析概念として提示するのか、という区別が考えられるからである。(11)

この論点を掘り下げる為の手がかりとして、フランスの旧体制期に即して「共和主義」概念を使用することの是非を検討しておきたい。Républicanisme という用語は、実は旧体制期にはさほど市民権を得ていなかったようにも思われるからである。ある辞書の説明には、フランス語圏における「共和主義」は、一七五〇年に用いられたのが最初とある。(12) 旧体制期に定評のあった『トレヴー辞典』(一七〇四年初版)には、RÉPUBLIQAIN(共和派/共和主義者)という項目があるのみであり、そこには「共和政に対して情熱を持ち、その国の自由を愛し、君主支配を嫌悪する人物」との説明がある。また『アカデミー辞典』(一六九四年)の REPUBLICAIN の項目には、「共和政の下に生きる者」「共和政の統治を愛する者」と並んで「それは悪しき部分とも時に解され、自ら生きる君主政国家に敵対心を抱く反乱者、暴徒を意味する」ともあり、決して肯定的ではない。(13)

以上のことを踏まえるかぎり、仮に概念の流通という点に着目して共和主義を検討するのであれば、一九世紀を対象とする方が妥当であろう。この意味での共和主義は、一九世紀以降、「古典古代との連続性の意識が薄れ、世襲君主や皇帝による専制支配を批判し、元首を選挙で選ぶ体制（共和制）を支持する形式的観念となる」。したがって、古代ギリシアやローマの共和政の経験よりも、フランス革命による共和国樹立という歴史的経験をふまえた議論となる。[14] かかる理解は、歴史上現に流通した共和主義概念の理解としては妥当であろう。そのかぎりで、例えば旧体制期に生きたモンテスキューの政治思想に、革命を肯定する、ないしは先取りする共和主義があるかどうか、といった問題設定は、歴史研究としては後世に成立した概念を前の時代に読み込むアナクロニズムに陥る危険性を犯すことにもなりかねず、当該過去の理解を必要以上に混乱させる危険性がある。[15] とはいえ厳密さを追求して、共和主義的諸言説の有無を現に流通した概念としての「共和主義」の存否に求めるのであれば、ポーコックが取り上げ、その後に展開された研究において取り上げられてきた主要な思想家が共和主義研究から排除されてしまうこととなるし、古代世界とのつながりも希薄になる（このこと自体は、「政治的人文主義」と接合しなければ、不当ではないかもしれない）。

これに対し、近年の共和主義研究は、フランス革命の前にも後にも我々がイメージするような共和主義的言説が存在し、両者には語彙や依拠するテクストにおける連続性が看取されることを前提としている。あるいは厳密さを棚上げして、「共和主義」とでも現代人であれば呼称するはずの思想や言説が、ポーコックがしたように、初期近代においても看取できることを前提としているとも言える。たしかに、このような前提における「共和主義」的諸言説は、各論者のおかれた状況に応じて異なった目的のために用いられ、理念の導出や権威づけにあたって古代の共和政とはかけ離れたさまざまな政治社会や主体と接合可能であり、別の言説とも置換・併存可能なものであったと言いうる。[16] その政治的機能や所与の政治的現実との緊張度において著しい相違が看取されるとはいえ、君主政の正統性が広範に受容され、統治への広範な参与が、パリであれ地方であれ、あるいは都市の自治としてであれ、制約された旧体制下において、古代の共和政を何らかの準拠枠として展開されることもあるし、革命後の既に樹立した名目上「共和政」とされる政治体制の正統性を与件として展開されることもある。いずれにせよ仮にそのように前提とするにしても、(17)「共和主義」という歴史的概念が流通していない時代の思想史研究における分析概念として共和主義をどう定義するのか、という問には少なくとも応えねばならないだろう。

4 徳論と機構論から「家族的類似性」へ

共和主義概念をあくまで分析概念として、フランス革命以前の初期近代ヨーロッパに適用するのであれば、「共和主義的」とされる思想、「共和主義者」として分類される思想家の範囲や性質に、研究ごとに差異と動揺があり、共和主義という表現で何をイメージしているのかについて統一見解がなくても、当然と言えるかもしれない。このような多様性に対し、ヨーロッパ初期近代を対象とする歴史研究における共和主義を分節するあり方として、前世紀から転換期の日本では、少なくとも二つの異なる対象への注目がなされてきた。

一般に政治的・社会的議論として、国家や体制のメカニズムに注目する機構論と、その国家を構成するメンバーの意識・倫理・資質を問題にする徳論とがあるが、共和主義についても双方の側面の併存が看取された。そして、ポーコックが「徳」を強調する形で共和主義を語り、日本におけるポーコック受容が一八世紀における「富と徳」問題の文脈の中で展開されがちであったこともあり、(18)一般に共和主義といえば、後者の徳論のことを指す傾向が強かった。政治理論における共同体主義における目的論的市民像や公共精神の強調が、これを側面支援した面もあろう。当時の辞書が、「私的利益より公共の利益を優先し、祖国に献身する自立した公民（市民）が政治の主体となるべきであり、また、国家＝共和国（respublica）はそのような公民的徳（civic virtue）なくしては存続し得ないとする考え方」と共和主義を解説したのは、(19)かかる理解を踏まえてものであろう。

他方で、徳や公共精神からやや距離を置く共和主義理解も、ほぼ同時期に登場していた。機構論的な共和主義理解としては、ポリュビオスの混合政体論以来の「権力行使が私利私欲に流されるのを防ぐため、ローマのコンスル・元老院・民会の組み合わせのように、国家権力を複数の機関に分割し、相互の監視・抑制の下におく」システムが提示される。(20) かかる制度を重視する立論は、徳論が強調する道徳的態度が、ある種の熱狂や分断、不寛容に転化することを懸念し、それを乗り越えるポスト宗教戦争期の問題意識を反映していた。また共和主義における徳論の重視は、モンテスキューが『法の精神』において「徳」概念を自己犠牲や祖国愛に限定して定式化したことの産物であるとされ、歴史的にはそれ以前には遡らないとされる。(21)「共和政」や「徳」の内容を限定する試みは、モンテスキューにとっては、「共和政」を自らが生きた一八世紀の商業社会においては実現困難なものとして描くという戦略と結びついていたように思われる。(22) とはいえ皮肉なことに、モンテスキューのかかる意図を逆転させた上でこの概念を理念として継承したのが、共和政における無私の精神を強調するルソーやロベスピエールであった、という見取り図を描くこともできる。(23) このように機構論的に共和主義を扱う研究は、モンテスキューの「共和政」論以降の革命期のフランスへとつながる徳論とは区別され、むしろモンテスキュー以前において花開いた古典古代の共和政との別のつながりの知的系譜を見ようとするものであった。

他方で、共和主義について機構論的に接近するとしても、いかなる機構に着目するかによって共和主義理解は依然として拡散しうる。とくに二〇〇二年に結実したヨーロッパ科学財団の「共和主義」をめぐる共同研究の成果では、反君主政論に留まらず、中世の立憲主義、古来の国制論、混合政体論、暴君放伐論、抵抗権論、顧問官による助言、自然法論などとも接合されている。(24) これらの思潮は権力の絶対化を阻止し、個人の自由を擁護する機能を持つかぎりにおいて自由主義や立憲主義に位置づけられるが、古代の共和政の経験において人の支配ではなく法の支配が重視されていたことを想起すれば、かかる連携ないし境界線の融解も理解できなくはない。このような動きと並行して、当該政治体制が内包する抽象的な手続きや原理に対する愛着という形で「愛国心」を読み替えることにより、徳論と機構論を架橋するような形で共和主義を定式化する論者も登場する[25]。このように、ある歴史的な段階に登場・流布した知的営みに「共和主義」という呼称を与える基準・根拠は、どの時代をどのような観点から研究するかによっても違うように思われる。そのかぎりで、分析概念としての共和主義の定義は、当該研究の解明の対象や採用された方法と相関している。かかる状況を前にして「思想史研究としての精度を高める」ためには、その「理解の多様化のなかでは、いかなる手続きをふまえ、いかなる意味で共和主義を用いるかを明確にする必要」[26]があるとの問題提起が生じるのも至極当然と言えよう。

共和主義研究の拡散と他の思潮との融解のなかで、共和主義を本質主義的に定義するのではなく、ある種の緩やかな知的集合体として捉えようとする動きも進んでいる。その動きを象徴的に表現したのが、ヴィトゲンシュタインの言語ゲームについての説明で用いられた「家族的類似性」である。ヴィトゲンシュタインは、ある特定の言語ゲームにとって本質的なもの、共通するものを確定することを断念し、他のゲームとの相関を見るかぎりにおいて浮かび上がる特徴の集積として当該ゲームを理解することを促す。共和主義にこれを適用すれば、この思想傾向とは異なるものとして措定された別の思想との間に何らかの線を引くことは可能であろうが、それは万能の境界線ではなく、何との対抗の相において対象を眺めるかによって異なる様相を示す。「そこには共通なものは何一つなく」「これらの現象は互いに多くの異なったしかたで類似している」と言えるわけである[27]。

このような研究動向を見据えつつ、本章では、改めて出発点としての『マキァヴェリアン・モーメント』が提起した共和主義もまたある種の「家族的類似性」の観点から捉え、その上で、「徳」の言語と一定の関連を持ちつつも、それには還元されないポーコックの共和主義の一要素を明らかにすることとしたい。とくに本章では、その後のポーコックの研究の展開との関連で重要となりながら、その後は共和主義との表現が回避されるようになった要素として、しばしば「共和主義」と同義とされた「政治的人文主義」について集中的な検討がなされた同書の第三章の記述に即した検討を進めることとしよう。

5 「共和主義」的言説

『マキァヴェリアン・モーメント』は、その副題にあるように「フィレンツェの政治思想と大西洋圏の共和的伝統(Atlantic Republican Tradition)」を扱う。しばしば「共和主義」を主眼とし、その政治的理念を高らかに称揚した著作と理解されてきた同書ではあるが、[28]「共和主義」という用語が、同書の中で最重要の言葉として頻出するわけではない。巻末の索引を見ても、本文中の Republicanism が網羅的に収録されておらず、むしろ日本語訳の方がこの点で丁寧である。[29]
さらに同書において「共和主義」に明確な定義があるとは言いがたい。たしかに、それはアリストテレスの『政治学』における「ポリス的動物」に由来する、「市民のあり方と政治体についての理論(the theory of citizenship and polity)」をめぐる知的伝統でありポリュビオス的な「混合政体の伝統」であると措定されている(p.67, 日本語訳六三頁)。とはいえ、この「ポリス的動物」観念の継承については、ルネサンス期のフィレンツェにおける記述にとどまり、それ以降の「共和的伝統」について、「ポリス的動物」としての起点の継承がどこまで意識されているのか必ずしも明確ではない。このことは、同書における最重要の思想家であるマキァヴェリとハリントンにおいて、アリストテレスの「ポリス的動物」観念の継受が、必ずしも検討されていないことからも窺える。また、ルネサンス期に限っても、その直接的な継承関係よりも「アリストテレス的(Aristotelian)」と表現される類推の域を出ていない記述が少なくない。そのかぎりで、「いかなる手続きをふまえ、いかなる意味で共和主義を用いるかを明確にする」ことへの方法論的関心はいささか希薄である。[30]
もちろん、同書における共和主義が一義的に定義できないのは、ある種の観念体系が時代文脈を超越して連続することを想定した概念史や観念史を、ポーコックが拒否しているからでもある。たしかに同書は、市民的生活をめぐる共和主義的言説にもっぱら焦点を当てた「トンネル史」の側面が強い。とはいえ、むしろポーコックが同書において（そして、その後の著作においてより鮮明に）意識しているのは、第一に、この言説と併存する別の言説・言語との対抗・緊張関係である。この対抗言説を同書は、主として「スコラ慣習法的世界観」と表現しているが、これは二つに大別される。後に詳述するように、一方で既存の秩序の正当性をその持続性と起源の太古性に求める慣習法的な世界観、他方で超越的で永遠・普遍的な観点からの演繹によって現世の政治現象を相対的に劣位に置く神学的な世界観が提示され、それらの静態性や持続性が動揺した局面においてこそ、共和主義的言語が本格的に展開されることが示唆されるのである。
第二に、ポーコックが対象としているのは、ある種の議論様式、思考の型、言説の慣習、言語としての共和主義であり、それは理論や哲学体系と呼べるような内容の理論的一貫性や演繹性、一般性を備えているとは言えないものである。そこでは、語彙や前提とされる知識などにおいて、ある種の緩やかな共通性や類似性はありつつも、論者によって強調点や結論について差異や緊張・対立をも含むことが想定されている。と同時に、異なった時代文脈に適用されることで当初とは異なる政治的機能を果たしたり、議論様式の部分的変更がなされたりすることも意識されている。そのかぎりで先に示唆した「家族的類似性」は、ポーコックが対象とした共和主義の言説についても当てはまるのである。ここでは、「対立する信条体系の間の論争と相互作用だけではなく、それらの内部で発生した両義性と自問もまた」叙述の対象となる。[31] このように『マキァヴェリアン・モーメント』は、共和主義という理論や価値の探究ではなく、共和主義的な言語に焦点を当てつつ、他の諸言語との相克と、当該言語の中での緊張と動揺・変化を扱うことに力点を置いているのである。

第三に、共和主義の言説・言語が扱われる際に、別の問題設定も意識されていたことも見逃せないであろう。同書の冒頭では、「出現しつつあった歴史主義（historicism）の文脈において近代初期の共和主義理論を描く」ことが一貫した意図であると宣言されている。ここでポーコックは、「中世とルネサンスの人々にとって、個々の偶発的な出来事を扱うという目的、そして偶発的な出来事の次元として時間を扱うという目的のために、利用可能であった観念と概念的語彙」として共和主義的な言説に注目し、かかる観念や語彙が、個別的な出来事の連鎖を認識し、ひいては歴史記述へと展開していく可能性に目を向けている。そのかぎりで、「共和主義理論は歴史主義の初期形態」とも呼びうるのである。かかる歴史意識の形成への着目は、処女作『古来国制と封建法』（一九五七年）から晩年の『野蛮と宗教』（一九九九〜二〇一一年）に至るまで、一貫して抱かれていたとも言いうる。巨視的に見れば、彼自身の持続した問題関心は、哲学や理論とは区別される意味での歴史意識の形成にあるのであって、共和主義研究はその副産物としてすら位置づけられるのである。

ただし、『マキァヴェリアン・モーメント』におけるポーコックの論述は歴史研究として徹底しているとは言いがたい面もある。「ポリス的動物」への執着がそれを端的に表している。「スコラ慣習法的世界観」との対比という問題設定ゆえに、共和主義について対照相手と同じような堅い概念的構築物を想定している面があり、そのかぎりにおいて、（歴史的再構成とは対照的な意味で）合理的再構成に近い側面を持ちうるからである。[32] さらに、アリストテレスに言及している箇所において、ポーコックは、ある種の人文主義的営為が、共和主義と親和的であることを窺わせる記述を展開している。この箇所は一方で、ポーコックが共和主義を「政治的人文主義」と同義に扱った背景が示されると同時に、他方で、アリストテレスを起点にした同書の特徴と難点をも浮き彫りにしている。したがって以下では、上記の論点が集中的に展開されている同書の第三章の再検討へと進むこととしよう。

6 共和主義と「政治的人文主義」

『マキァヴェリアン・モーメント』の第三章「問題とその様式――活動的生活（vita activa）と市民的生活（vivere civile）」では、まず、共和主義思想登場の前提とも言える「スコラ慣習法的世界観」が、「理性」「経験」「思慮」「信仰」を鍵概念として概観される。「理性」は永遠不変な宇宙の秩序の認識に、「経験」は伝統的行動の連続性の確認に、「思慮」と「信仰」は理性と経験では捉えられない不測の事態に対する、権威に立脚した垂直的対応に際して用いられた。そのためこの世界観は、一神教的な世界観や、ある種の普遍的原理からの演繹的推論と整合しやすく、公共の事柄の決定に市民が同胞とともに関与する、という余地が生じにくい。同書によれば、とりわけ世俗的な完成の可能性を否定するキリスト教的な世界観（現世よりも来世）において、時間と個別的なものは完全な合理性には到達しないという観念が支配的であった。そのような中世的な磁場の中で、「ポリス的動物」としての人間の完成を目指す（来世ではなく現世の共和国への忠誠）というのは、逆説的な状況であった。したがって、理性や経験には依拠しがたい個別性と偶発性の領域（マキァヴェリのいう「運命（fortuna）」）が全面化し、少数の賢人の思慮や宗教的権威を背景とした啓示に訴えることが困難になった際に、共和主義的な市民活動は本格化することが期待されるのである。

さらに同書では、ルネサンス期における帝国から共和国への過渡期の政治思想として、市民的祖国愛が普遍的帝国観と接合したダンテが折衷例として取り上げられ、カエサルが皇帝支配の先駆として、そのカエサルを暗殺したブルートゥスが反逆者として、描かれたことが紹介される。続いて、かかる評価がサルテーティやブルーニなどによる共和主義的思想の登場によって逆転し、共和国の転覆者としてのカエサル、暴君殺害の英雄的市民としてのブルートゥスへと転換されたことが示される。このような転換は、先述のように、位階的宇宙の無時間的連続性を解体し、個別性（地域）に根ざした時間を発生させるとともに、近代的な意味での歴史意識の発生をも促した点でも注目されるとする。さらに、ポーコックは、ハンス・バロンのテーゼ（ミラノ君主政の脅威に対する危機意識として共和主義の登場を捉える）を批判的に検討し、その因果関係については疑問視しながらも、そこで利用可能であった言語の変化の過程を扱う際に「政治的人文主義」という概念が未だ有効であると主張する。

続いて、バロンの「政治的人文主義」の批判と継承として、シーゲルとガレンの研究が紹介される。[33]ここでポーコックは、「詩が哲学より劣り」「物語が詩よりも劣る」と考えられていた中世的段階からの離脱の契機として、人文主義に着目し、哲学に対して修辞学ないし文献学が、他者との相互交渉を促進する契機となったとするのである。シーゲルの研究によれば、「市民的生活」の理想は、バロンの言うような外部の危機に対する反応というよりも、人文主義者の社会的あり方に由来する。[34]人文主義の学者は、哲学よりも修辞学を重視した。哲学が普遍的なものの知識と関連し観想的であったのに対し、修辞学は人を説得して行動させ、決心させ、承認させることと関係していた。とはいえ、人文主義と共和主義との関係は両義的であり、人文主義者は共和国の下で必ずしも市民的な活動に関与するとは限らなかったし、他方で、共和国の没落した段階においても完全な観想に埋没しなかったとされる。

さらにガレンの研究に基づき、当時の人文主義者が、哲学よりも文献学こそが真の知識に至る道と見なし、過去の言語、原典批評、文の構造、といった「文法」を重視して古代人と対話を試みたことが指摘される。この対話によって、古代人との自己との間の隔たりが自覚化され、ひいては歴史意識が生まれる契機となった。と同時に、かかる人文主義的営みは、個別的な時に存在する個々の人間相互の意思疎通を重視するゆえに、政治と親和的であったとも指摘する。ともあれ、活動的な市民と歴史の言説が十分に発揮され、人文主義が「政治的」になる舞台としては、君主政とは異なる国制論が前提とされねばならない、とポーコックは主張する。そのような環境はアテナイに由来し、ミラノやローマよりも、メディチ家支配下でない頃のフィレンツェに親和的であったという。とはいえ、この箇所でのポーコックの人文主義者の扱い方では、アリストテレスとの直接的なつながりは語られない。むしろ、アリストテレスがスコラの普遍的原理の枠の中で受容され、人文主義者にとっては目の敵であったことへの言及があり、ポーコック自身のテーゼの土台を掘り崩す余地を残していると言えよう。

第三章のⅡ節では、アリストテレスの『政治学』がイタリアの人文主義者において持った重要性が示される。とはいえ、この箇所のポーコックの論述は、ただたんに『政治学』(の共和主義的側面を)をポーコックがどう読んだかが提示されるにとどまる。歴史研究としては、ルネサンス期の人文主義者がどうアリストテレスに言及し消化したのかが資料として示されねばならないはずであるが、注を見るかぎり、そのような言及はない。[35] ともあれ、アテナイの経験やアリストテレスが、イタリアの人文主義者たちの国制理論に与えた影響は大きいとポーコックはあくまで主張し、人間の社会的生活のための普遍世界ではなく、人間の活動と政治参加の価値の普遍性がそこで説かれたとする。

続いて、統治し統治されるというアリストテレスの民主政の議論を基礎に、同胞市民とともに徳を実践することの重要性が指摘される。ポーコックによれば、この実践は常に運命の女神とも呼称できる腐敗や堕落と背中合わせであった。そして、そのような不安定性の次元としての時間認識は、アリストテレスというよりも、ポリュビオスに由来すると、ポーコックは考える。ルネサンス研究におけるプラトンの位置づけを考えると、腐敗や堕落の説明をもっぱらポリュビオスに帰すことには議論の余地がありそうだが、ポーコックはここで、国制の循環に、自然的な誕生・成長・死という循環を重ね、さらに望ましからざる有害な運命として解したポリュビオスが、それを脱却するシステムとして混合政体を提示したことを指摘する。ここでポーコックは、ポリュビオスが一六世紀に至るまでギリシア語以外の言語では読まれなかったという事実にさりげなく言及しつつ、その事実が自らのテーゼを危うくする可能性については素通りする。さらにポリュビオスがアテナイを評価せず、混合政体のモデルとしてむしろスパルタとローマを重ねていたことにも言及しない。

このように、共和主義の起点としてアリストテレスの「ポリス的動物」とポリュビオス的「混合政体」を置くというポーコックの試みは、ルネサンス期の共和主義の言説を歴史的な展開に即して論述する点で充分なものとは言えない。むしろ、「ポリス的動物」を前提として措定しないかぎり、ポーコックが考える共和主義をある程度理論的なまとまりのある知的構築物として、別言すれば、ある種の理念型として提示することに困難を覚えたことを示唆しているように思われる。仮にそうであるならば、ここでのポーコックの姿勢は、歴史的再構成を目指すというよりも、合理的な再構成に加担しているとも言いうる。事実、ポーコックの著作の三年後に公刊されたスキナーの『近代政治思想の基礎』の第一巻でもイタリア人文主義と都市国家の政治が扱われ、ポーコックが提示した共和主義的な「徳」の言語の起源を、アリストテレスではなくキケロの影響に求める方が歴史理解として妥当であることが示唆されている。

とはいえ、「ポリス的動物」を中軸に据えることによって、ポーコックが焦点を当てる共和主義的言説が「徳」の言語と呼ぶことのできる特徴を帯びたことは重要である。このことにより、哲学的な言説、法学的な言説[36]、神学的な言説[37]とは区別される共和主義的言説の特徴を浮き彫りにすることに貢献したとも言えるからである。また、マキァヴェリにおける徳と運命の対比を、一八世紀における徳と商業活動に重ねあわせる、スケールの大きい歴史叙述へと展開させることも可能となったと言えよう[38]。

7 『野蛮と宗教』へ

しかしながら、かかる見取り図に基づき、「ポリス的動物」を起点に据えることで、ポーコックが提示した「徳」の言語や「政治的人文主義」としての「共和主義」は、アリストテレスの中にあり、人文主義の中にも看取された両義性を、いささか希薄化したようにも思われる。ポーコックにおいて共和主義的言説がある種の人文主義と結びついていたことを踏まえるのであれば、そこから「ポリス的動物」に収斂する知的営みとは別の可能性を、抽出することもできるであろう。アリストテレスの『政治学』には、「ポリス的動物」という目的へと収斂（自足）する議論の筋道とは別に、中間層の厚みを確保し富者と貧者という両極端の中和と融和を図ることで「国制」の安定化を志向する面がある。ここでは、「種類の異なる」「多数の人々」が「自由で互いに等しい」資格で支配し支配されることで共存するかぎりにおいて単一の人間像に収斂せず、プラトンにおける単独支配とは対照的な多元的な政治観が披露されている。[39] さらに先述したように、人文主義においても、修辞や文献学に基づいて「種類の異なる」「多数の人々」との相互交渉を行なう余地が看取される。そこで想定されている他者が、過去に生きた死者である場合は、現在と過去との隔たりを自覚する歴史意識を醸成し、同時代において異質な他者に直面した場合には、両者の隔たりを埋めるための説得が鍵を握り、その結果、修辞や弁論術が共和主義的な政治様式とも接合する。とはいえ、シーゲルが指摘するように、人文主義と共和国との関係は両義的であり、人文主義は、共和国不在の疎外された中でも対話の可能性を残す一方で、共和国が存在する場合であっても、それに対する相対化・異化の余地を残す。そのかぎりで、「徳」の言語のように、公共精神や愛国心の強調と結びついた共和国への忠誠をもっぱらもたらすわけではない。他者との対話という契機に着目するならば、共和主義と人文主義のいずれが知的な深みや広がりを持ちうるのかについて再考する必要もあろう。[40] 事実、死者をも含む他者との対話が構成する人文主義的な知的共同体は、アリストテレスのポリティアに由来するPolitiaという用語によっても表現されたという。そこでは、一つの共和国の枠内には収まらない「種類の異なる」「多数の人々」の共存と対話の可能性が示唆されたとも言えよう。[41] それは、複数の多元的視座が共存する疑似共同体であり、後の時代の「文芸共和国」を彷彿させるものでもあったのである。

これに対して、ポーコックは『マキァヴェリアン・モーメント』の後半部分において、運命の変転によって疎外された主体を念頭に置きつつ、第一形相やテロスとしての「ポリス的動物」に回帰すべく、「徳」の言語が「個人に対して、道徳的であれとの脅迫の下に、公共性（res publica）に参加すること」を求める強制的で抑圧的なものへと転化していく過程を描いた（第一五章）。その際には、かかる多元的な異なる他者が絶えず相互交渉していく契機は希薄化したとも言いうる。ポーコック以降の共和主義研究において、「政治的人文主義」との呼称は、「ポリス的動物」に由来する徳の卓越主義的な契機として理解され、[42] また「富と徳」論争に位置づけられることで、多くの支持を得られなかったのかもしれない。しかし、『野蛮と宗教』での展開からも窺えるように、「政治的人文主義」に仮託することでポーコックが見ようとした知的態度はむしろ、共和主義研究を超え出て展開されうるものであった。

このような知的態度について本格的な探究がなされるためには、人文主義を共和主義ではなく、「文芸共和国」や「啓蒙」「市民社会・文明社会（civil society）[43]」等と関係づける問題設定の組み替えが必要であった。そして、かかる関係づけのためには、一定の歴史的な展開の描写が必要であった。[44]『野蛮と啓蒙』においては、宗教的な再統合と軍事的な征服や「世界君主政」の夢が破れ、主権国家があたかも一つの共和国のように緩やかに連合し平和共存へと向かうかに見えた「啓蒙のヨーロッパ」の成立の過程が物語られる。そこでは、矮小化された共和主義とは異なる「近代の洗練」ないし「政治経済学」や「文明社会・市民社会」、さらに歴史記述を中心とする知的な展開が看取されるのである。ポーコックはこのような知的現象に正面から取り組むことで、「共和主義」研究から距離を置くことになったのである。

注

（1）J. G. A. Pocock, *The Machiavellian Moment: Florentine Political Thought and the Atlantic Republican Tradition*, (Princeton, 1975/2003)〔J・G・A・ポーコック『マキァヴェリアン・モーメント――フィレンツェの政治思想と大西洋圏の共和主義の伝統』田中秀夫／奥田敬／森岡邦泰訳（名古屋大学出版会、二〇〇八年）〕。ただし、共和主義研究の興隆の契機をポーコックのみに求めるのは、妥当とは言えないかもしれない。この他に、『人間の条件』（一九五八年）や『革命について』（一九六三年）におけるハンナ・アレントの「活動的生活（vita activa）」や「活動」をめぐる議論（広い意味ではポーコックの業績もこれに触発されたものと言える）、スキナーやペティットによる「自由」概念と結びついた展開や、「ヨーロッパの遺産」共同研究のプロジェクト（『イギリス哲学研究』二七号（二〇〇四年）に、犬塚元によるMartin van Gelderen and Quentin Skinner eds. *Republicanism: A shared European Heritage*, Vol.1-2, (Cambridge, 2002) の書評がある）、マイケル・サンデルの提唱する共同体主義等を挙げることも可能であろう。
（2）英語圏を中心とした研究状況の概観としては、『社会思想史研究』第三二号（藤原書店、二〇〇八年）の特集「共和主義と現代――思想史的再考」所収の田中秀夫「序論　復活する共和主義【その様々な可能性】」、小田川大典「現代の共和主義【近代・自由・デモクラシー】」、厚見恵一郎「初期近代共和主義研究への視角【ルネサンス・フィレンツェと十七世紀イングランド】」、犬塚元「拡散と融解のなかの『家族的類似性』【ポーコック以後の共和主義思想史研究　一九七五―二〇〇七】」の他、竹澤祐丈「ジェームス・ハリントン研究とJ・G・A・ポーコック――統治組織論と宗教性（一）（二）」『経済論叢』第一六八巻第三号、第一六九巻第一号（二〇〇一年）、竹澤祐丈「シヴィック・ヒューマニズムと経済学の成立」『経済論叢別冊　調査と研究』第二五号（二〇〇二年）、竹澤祐丈「ハリントンを中心とする近世共和主義思想に関する研究動向とその展望」『イギリス哲学研究』第三五号（二〇一二年）等が詳しい。フランスに焦点を当てた研究史については、北川忠明「フランス『共和国理念』と『共和国モデル』に関する覚え書き」『山形大学大学院社会文化システム研究科紀要』第一号（二〇〇五年）、北川忠明「ヴォルテールと共和主義」『山形大学法政論叢』第四三号（二〇〇八年）、中谷猛「近代のフランス政治思想における共和主義――モンテスキュー、ルソーとトクヴィル」『立命館法学』別冊『ことばとそのひろがり――川上勉教授退職記念論集』（二〇〇四年三月）等があるが、ポーコックの研究を起点とするのではなく、第三共和政期の経験を雛形とする傾向が強い。またポーコックに触発された日本における研究としては、田中秀夫『共和主義と啓蒙――思想史の視野から』（ミネルヴァ書房、一九九八年）、田中秀夫／山脇直司編著『共和主義の思想空間――シヴィック・ヒューマニズムの可能性』（名古屋大学出版会、二〇〇六年）、佐伯啓思／松原隆一郎編著『共和主義ルネサンス』（NTT出版、二〇〇七年）、『思想』第一〇〇七号《ジョン・G・A・ポーコックの仕事――政治思想と歴史》（岩波書店、二〇〇八年第三号）、厚見恵一郎「共和主義、公共性、歴史叙述――ポーコック『野蛮と宗教』における人文主義的歴史叙述の解釈を中心に」斎藤純一編著『公共性をめぐる政治思想』（おうふう、二〇一〇年）第九章、佐藤一進『保守のアポリアを超えて――共和主義の精神とその変奏』（NTT出版、二〇一四年）、長尾伸一／坂本達哉編著『徳・商業・文明社会』（京都大学学術出版会、二〇一五年）などがある。
（3）「共和主義」概念を使用する前提には、共和政、共和国、République、Commomwealth, Res publica, Politeia, 共和政ローマの正式名称 Senatus Poplus Que Romanus とは何か、別言すれば「政治」ないし「法」とは何か、いかなる条件が整えば、これらの呼称を用いうるのか、という問いが横たわっている。この点については、木庭顕『政治の成立』（東京大学出版会、一九九七年）を参照。
（4）犬塚元「思想史研究としての精度を高めること」『社会思想史研究』第三二号、七二―七三頁。
（5）共和主義研究における強調点の違いについては、厚見「共和主義、公共性、歴史叙述」による、a法学的な言語との対比で「徳の言語」（ポーコック）、b消極的かつ政治的な自由（スキナー）、c支配からの自由に基づく立憲体制（ペティット）、d法の支配と修辞術（ヴィローリ）、e参加と討議による共通善の認識（サンデル）、との整理が参考になる。ただし同論文で示唆されている「隔たりの感覚」は、「共和主義」よりも「人文主義」との相関を意識した方が、『野蛮と宗教』の理解と整合するように思われる。
（6）クエンティン・スキナー『思想史とは何か――意味とコンテクスト』半澤孝麿・加藤節編訳（岩波書店、一九九〇年、原著一九八八年）。ポーコック自身における歴史と哲学・理論との分化については、安武真隆「政治理論と政治思想史――J・G・A・ポーコックと『ケンブリッジ学派』」井上彰／田村哲樹編著『政治理論とは何か』（風行社、二〇一四年）、第七章を参照。
（7）Masataka YASUTAKE, "The Reception of the "Cambridge School" in Japan: With a Note on the Status of French Political Thought", *The International Journal of Public Affairs* (Chiba University), Vol.3, 2007, pp.56-66. 社会契約論を中心とした戦後日本社会科学における展開の概観としては、関谷昇「日本における近代社会契約説研究の展開とその意義」『千葉大学法学論集』第二〇巻第二号（二〇〇五年九月）、一四九―二〇〇頁を参照。
（8）一九九〇年のCSPTに参加した松本礼二による回顧に基づく。松本礼二「CSPT二〇〇一年度年次大会に参加して」『政治思想学会会報』第一四号（二〇〇二年四月）、一五頁。J. G. A. Pocock, "Machiavellian Moments to the Editors", *The New York Review*, October 19, 2000. なお注（6）も参照。
（9）アレントやサンデル、ペティットに引きつけた共和主義研究にはこのような傾向が強い。また、田中／山脇編著『共和主義の思想空間』所収の小林正弥「共和主義研究と新公共主義――思想史と公共哲学」、山脇直司「シヴィック・ヒューマニズムの意味変容と今日的意義――ポスト・リベラルでグローカルな公共哲学のために」や、『社会思想史研究』第三二号における小田川「現代の共和主義」、佐藤『保守のアポリアを超えて』、坂本／長尾編『徳・商業・文明社会』における太子堂正弥「ハイエクと共和主義論」等は、そのような問題関心の持続を示している。なおスキナーは、自ら定めた法によって充分に保護されないかぎり自由はないとイングランド内乱期の議会側が主張したことに、「共和主義」概念の修正版である「ネオ・ローマ的」自由との表現を与える。この自由は、消極的自由という意味での近代的「自由主義」には回収されない現代的な意義を持つものとして提示される。このように、スキナーは、ポーコックとはやや異なり、「歴史家としてと同時に哲学者として」バーリンの「二つの自由概念」を彷彿させる問題に取り組んでいる。Q. Skinner, *Liberty before Liberalism*, (Cambridge, 2002)〔Q・スキナー『自由主義に先立つ自由』梅津順一訳（聖学院大学出版会、二〇〇一年）〕; J. G. A.

Pocock, "Quentin Skinner: the History of Politics and the Politics of History", *Common Knowledge* 10-3.
(10) 方法論に引きつけた問題提起としては、スキナー『思想史とは何か』を参照。日本における詳細な検討としては、関口正司「コンテクストを閉じるということ――クェンティン・スキナーと政治思想史」『法政研究』第六一巻第三・四合併号、六五三―七二三頁を参照。戦後の日本の政治思想史研究における歴史と理論との混交と混同の概観については、YASUTAKE, "The Reception of the "Cambridge School" in Japan" も参照。
(11) 類似の問題提起としては、犬塚元「ヒュームと共和主義」田中／山脇『共和主義の思想空間』第七章。
(12) Paul Robert, *Dictionnaire alphabétique et analogique de la langue française*, Société du Nouveau Littré, 1972, p.1530. 日本語＝翻訳語としての「共和主義者」が「共和主義」から派生したのに対し、フランス語圏では、まず Républicain という具体的な主体があって、それが形容詞としても用いられるようになり、次いで Républicanisme という抽象度の高い概念が生まれてきた。
(13) *Dictionnaire universel français et latin [Dictionnaire de Trévoux]*, Tome Quatrieme, M.DCCXXI(1721) 5 v. p.1203. *Le Dictionnaire de L'Académie Française*, dedié au Roy, Tome Second (M-Z), Paris, M. DC. LXXXXIV, p.398.
(14) 川出良枝「共和主義」猪口孝／大澤真幸／岡沢憲芙／山本吉宣／スティーブン・R・リード編『政治学事典』(弘文堂、二〇〇〇年)、二四五頁。なお、中谷「近代のフランス政治思想における共和主義」も参照。
(15) フランスの旧体制に生きたモンテスキューの政治思想の解釈に引きつければ、その内在的理解と思想的影響とが混同され、革命後のフランス共和政というモンテスキューが想定したものとはまったく異なった文脈の中で、共和主義擁護のイデオローグとして、あるいは貴族的反動イデオローグとして、各陣営が、不毛な賞賛と罵倒が繰り返したことが想起される。古賀英三郎『人類の知的遺産（三九）モンテスキュー』（講談社、一九八二年）参照。
(16) 君主政のあり方に不満を持つ論者が、古代の共和政に準拠すると同時に、封建的支配服従関係の伝統に依拠したり、キリスト教の「神の国」あるいは、来世の救済のために集う信徒の共同体をモチーフに用いたりすることも可能であった（むしろ既存の君主政そのものを廃止し、有徳な市民によって構成される共和政を復活させるプログラムの提示の方がまれであった）。このような君主政と「共和主義」との一筋縄でいかない関係をめぐる研究史については、佐々木武「『近世共和

主義』」『岩波講座世界歴史（一六）』（岩波書店、一九九九年）も参照。
（17）Q. Skinner, "Language and political change", Terence Ball et al. (eds), *Political Innovation and Conceptual Change*, (Cambridge, 1989).
（18）典型的には、J・G・A・ポーコック『徳・商業・歴史』田中秀夫訳（みすず書房、一九九三年、原著一九八五年）、マイケル・イグナティエフ／イシュトファン・ホント編『富と徳――スコットランド啓蒙における経済学の形成』水田洋／杉山忠平監訳（未來社、一九九〇年、原著一九八三年）。
（19）川出「共和主義」。
（20）福田有広「共和主義」『岩波哲学・思想事典』（岩波書店、一九九八年）、三五三頁、福田有広「共和主義」福田有広／谷口将紀編『デモクラシーの政治学』（東京大学出版会、二〇〇二年）三七―五三頁。
（21）福田「共和主義」（一九九八年）。同様の解釈として、犬塚「ヒュームと共和主義」。なお、安武真隆「モンテスキューと共和主義」田中／山脇『共和主義の思想空間』第一一章では、かかる解釈に対して、一定の先行事例があったことを示唆した。
（22）安武「モンテスキューと共和主義」。
（23）安武真隆「モンテスキューにおける『共和主義』と『啓蒙』」『法学論集』第五五巻第四・五合併号（二〇〇六年）。
（24）van Gelderen and Skinner eds. *Republicanism.* 既にスキナーは『近代政治思想の基礎』の第二巻において、主としてプロテスタント（ジョン・ロック）によって展開されたと従来解されてきた抵抗論、立憲主義、さらに契約論等を、「宗教改革」を契機にカトリック側が展開した諸言説に由来するものとしていた。Q. Skinner, *The Foundations of Modern Political Thought*, 2vols. (Cambridge, 1978)〔Q・スキナー『近代政治思想の基礎』門間都喜郎訳（春風社、二〇〇九年）〕。共和主義と立憲主義を重ねあわせてヨーロッパの知的遺産を追求する共同研究に従事するようになるその後スキナーの展開をふまえると、彼なりの「共和主義」の特質が当初から窺えたとも言えよう。
（25）マウリツィオ・ヴィローリ『パトリオティズムとナショナリズム』佐藤瑠威／佐藤真喜子訳（日本経済評論社、二〇〇七年、原著一九九五年）、この思潮をドイツの憲法パトリオティズムの文脈と接合させたものとして、川出良枝「憲法と共和主義

――『祖国への愛』とは何か」杉田敦編『岩波講座 憲法三 ネーションと市民』(岩波書店、二〇〇七年)。
(26) なお著者はかつて、旧体制下の政治的諸言説の中でも「共和政に対して情熱を持ち、その国の自由を愛し、君主支配を嫌悪する」という当時のRÉPUBLIQAINの辞書的意味に準じて、古典古代の共和政の政治に憧れ、現行の君主政とは違った政治を標榜した議論を示す分析概念として「共和主義」をさしあたり定義し、考察を進めたことがある。安武「モンテスキューと共和主義」。
(27) L・ウィトゲンシュタイン『哲学探究』藤本隆志訳(大修館書店、一九七六年、原著一九五三年)、六五―七七節。Eric Nelson, *The Greek Tradition in Republican Thought*, (Cambridge, 2004), pp.17-18, 犬塚「拡散と融解のなかの『家族的類似性』」。「家族的類似性」の境界設定における恣意性については、竹澤「ハリントンを中心とする近世共和主義思想に関する研究動向とその展望」。
(28) ポーコックの研究を「共和主義理念成立史」に位置づける解釈もある。半澤孝麿『ヨーロッパ思想史における〈政治〉の位相』(岩波書店、二〇〇三年)、二〇〇頁。そのような読まれ方をされたことは事実であるが、本章では異なる解釈を採用する。この点は木庭顕「ローマのポーコック」『思想』第一〇〇七号、安武「政治理論と政治思想史」も参照。
(29) ただし日本語訳の索引では、republican ideal と republicanism とが、訳し分けられている訳ではない。
(30) ただし、ポーコックが「政治的人文主義」の概念を借用したハンス・バロンの研究には、republican liberty という語を含む副題が付けられていたから、ルネサンス期の都市共和国における政治的実践や愛国的市民意識を「共和主義」と呼称することが(ルネサンス当時、そのような用法は無かったとしても)、歴史的妥当性を欠くとまでは言えない。Hans Baron, *The Crisis of the Early Italian Renaissance: Civic Humanism and Republican Liberty in an Age of Classicism and Tyranny*, 2 vols., (Princeton, 1966). この点で、鹿子生浩輝『征服と自由――マキャヴェッリの政治思想とルネサンス・フィレンツェ』(風行社、二〇一三年)は、当時のフィレンツェにおける都市共和国の政治的実践や信条を包括的に表現する分析概念として、「共和主義」を君主制よりも共和制を望ましいとする理念や信条と定義する。そして、両体制の区別の指標として、統治者の数、決定方式、権限の程度、任期の長短等における権力集中の有無を挙げる。この定義はポーコックよりも適用範囲を限定しており、英国内乱期の研究におけるB・ウォーデンの定義を想起させる。Blair Worden, "Republicanism, Regicide and

Republic", van Gelderen and Skinner, *Republicanism*, vol. 1.
(31) ポーコック同書、第一七章（二〇〇三年の第二版に追加された後書き）。
(32) リチャード・ローティ『連帯と自由の哲学——二元論の幻想を超えて』富田恭彦訳（岩波書店、一九九九年）。
(33) Jerrold E. Seigel, *Rhetoric and Philosophy in Renaissance Humanism: the Union of Eloquence and Wisdom, Petrarch to Valla*. (Princeton, 1968). エウジェニオ・ガレン『イタリアのヒューマニズム』清水順一訳（創文社、一九六〇年、ドイツ語版一九四七年、イタリア語原著一九五二年）。ポーコックは一九六五年の英語版に依拠する。ポーコック以後の研究動向については、厚見恵一郎「フィレンツェ人文主義と共和主義」『早稲田社会科学総合研究』第四巻第三号（二〇〇四年）。シーゲルによるバロン批判については、石坂尚武『ルネサンス・ヒューマニズムの研究——「市民的人文主義」の歴史理論への疑問と考察』（晃洋書房、一九九四年）、根占献一『フィレンツェ共和国のヒューマニスト』（創文社、二〇〇五年）等がある。
(34) 厳密には「人文主義（humanism）」なる概念も、一九世紀に生じた分析概念であり、研究者の関心に応じたある種の「家族的類似性」を問題とせざるを得ない。この点は根占『フィレンツェ共和国のヒューマニスト』も参照。したがって、いかなる手続きをふまえ、いかなる意味で人文主義を用いるかを明確にする作業が本来必要である。なお「政治的人文主義」を、現代規範理論の立場から卓越主義的なものとして「公共的人間主義」と訳す場合もあるが（小林「共和主義研究と新公共主義」）、本章で着目する「フマニタス研究（studia humanitatis）」の含意が欠落してしまうようにも思われる。
(35) ただし、ガレンの研究にまで立ち返ると、この時期のアリストテレスの援用についての事例の紹介は確認される。
(36) これに対してスキナーは、『近代政治思想の基礎』において「徳」の言語が、自由主義的な「権利」の言語とともに、ルネサンス期に先行して一二世紀におけるイタリア共和国の独立をめぐる論争において共闘したことを示した。スキナーは「共和主義」について、権利とも親和性の高い「自由」を軸に定義することにより、法学的言説と共和主義的言説とを融解させたとも言えよう。この点は木庭「ローマのポーコック」における批判、注の九ならびに二四も参照。
(37) ただし、同書の第二章（摂理・運命・徳）に基づくかぎり、共和主義と神学的言説（恩寵と黙示録）との関係は両義的である。それは、世俗の支配者たちが、恩寵や終末論を使って教皇の普遍教会に対抗したためである。終末論を契機とした個別の世俗秩序の創出という枠組みは、イングランドにおけるカトリックからの自立を説明する際には一定の妥当性があるかもしれないが、ミルトンのような双方の言説を駆使した思想家を的確に扱うことができない。また、ローマを身近に抱えるフィレンツェのサヴォナローラを理解するには無理があるかもしれない。安武真隆「主権国家形成と黙示録――危機と政治変動としての宗教戦争」日本政治学会編『年報政治学二〇一三（Ⅱ） 危機と政治変動』（木鐸社、二〇一四年）。
(38) ただし、一八世紀における徳をめぐる議論は錯綜・重層化しており、安易に共和主義と接合できない面もある。犬塚「ヒュームと共和主義」。またポーコックが指摘するように、「古典的共和主義の理論」が要求する「極端な個人のエートス」は「名誉という封建的エートスでも、自尊（self-respect）というピューリタンのエートスでも同じように満足できた」Pocock, "Civic humanism and Its Role in Anglo-American Thought", *Politics, Language, and Time*, (Chicago, 1989), p.90（一九七一年版の復刻）。
(39) 関口正司「アリストテレス『政治学』を読む――古代ギリシアのポリスと市民」九州大学政治哲学リサーチコア編『名著から探るグローバル化時代の市民像――九州大学公開講座講義録』（花書院、二〇〇七年）、荒木勝『アリストテレス政治哲学の重層性』（創文社、二〇一一年）。
(40) さらに、人文主義における対話の契機を重視するのであれば、アリストテレスが「ポリス的動物」概念によって切り返そうとした対話の相手の確認も必要であったろう。つまり『マキァヴェリアン・モーメント』では、アリストテレス自身も対話の一方の担い手となる「文芸共和国」の中に位置づける作業が欠落していた、と言いうる。木庭「ローマのポーコック」はこの点を「前提を築く前半部の分析が扁平で弱い」と評する。
(41) 人文主義的な教養を体現しつつも、内乱の克服のために古典古代の政治学の追放を主張し、「科学」的な主権論を展開したホッブズの逆説は、この文脈でこそ理解されるべきであろう。高野清弘『トマス・ホッブズの政治思想』（御茶の水書房、一九九〇年）。
(42) ジョン・ロールズ『公正としての正義 再説』田中成明他訳（岩波書店、二〇〇四年）、二五四頁。
(43) 安武真隆「フランス初期近代における市民社会論」杉田孝夫／中村孝文編著『市民社会論』（おうふう、二〇一六年）、第四章。

(44) 犬塚元「『啓蒙の物語叙述』の政治思想――ポーコック『野蛮と宗教』とヒューム」『思想』一〇〇七号。安武真隆「imperium vs respublica?――一七―一八世紀における帝国、世界君主政、勢力均衡」『思想』一〇二〇号(二〇〇九年)。「啓蒙のヨーロッパ」成立以前における、人文主義と帝国との関連については、木村俊道「征服とシヴィリティ――ルネサンス期のアイルランド統治論」『法政研究』第八二巻二・三合併号(二〇一五年)。

第2章

世紀末における群衆論の系譜

シゲーレ、フルニアル、ル・ボン

長谷川一年

1　群衆の光と闇

近代の群衆は可視的な現実である。オルテガは『大衆の反逆』の冒頭で、密集ないし充満の事実について語っている。

都市は人で充満している。家々は借家人でいっぱい。ホテルは旅行客でいっぱい。汽車は旅客でいっぱい。喫茶店はお客でいっぱい。散歩道は歩行者でいっぱい。知名な医者の診察室は病人でいっぱい。時期はずれでなければ、劇場は観客でいっぱい。海岸は海水浴客でいっぱい。以前には問題にならなかったことが、ほとんど慢性的になりはじめた。それは、場所を見つけることである。[1]
文明の舞台裏を飛び出した群衆が、本来少数者のために取っておかれた「最良の場所」を占める。戦間期のオルテガの目に「危機の時代」の徴候と映った群衆の顕在化は、近代西欧において、とりわけ一九世紀の都市化と同時に進行した現象であった。ロンドン、パリ、ベルリンといった大都市の群衆は、多くの思想家や文学者の作品にその刻印を残している。
例えばエドガー・アラン・ポーの短編小説「群集の人」[2]。ある秋の夕暮れ、ロンドンのカフェで、街頭を行き来する人々を飽かず眺めていた小説の語り手は、一人の老いぼれた男に異常な関心を抱き、後をつけずにはいられなくなる。老人はあてもなく雑踏を求めて歩き続ける。やがて日が昇り、二日目も暮れかけた頃、すっかり疲れきった私は尾行をあきらめ、深い感慨に沈むのである。「あの老人は一人でいるに堪えられない。いわゆる群集の人なのだ。後を尾けてもなにになろう。彼自身についても、彼の行為についても、所詮知ることはできないのだ」。ポーの短編は、結局のところ、観察者の私が老人に執着する理由も、老人が群衆を求める理由も教えてはくれない。けれども確実なのは、当時世界最大の都市であったロンドンの群衆が、この老人や観察者を含めて多くの人々を惹きつけてやまない、どこか犯罪的で悪魔的な魅力を持ったものとして立ち現われてきたということだ。
「群集の人」をフランス語に翻訳したボードレールもまた、パリの群衆を内面化した詩人であった。「群衆に沐浴《ゆあみ》するというのは、誰にでもできる業《わざ》ではない。群衆を楽しむことは一つの術《アール》である。……群衆、孤独。活動的で多産な詩人にとって、たがいに等しく、置き換えることの可能な語。己の孤独を賑わせる術《すべ》を知らぬ者は、忙《せわ》しい群衆の中にあって独りでいる術をも知らない[3]」。もはや群衆は詩人にとってたんなる観察対象ではなく、自我の溶解と同時に解放感をも与えてくれる、つねに愛憎相半ばする存在であった。ベンヤミンはこう述べている。「ボードレールに関して言えば、大衆は彼にとって自分の外部にあるものではまったくない。だからこそ、いかに彼が大衆に心を奪われ魅惑されながらもそれに抵抗しているかを、彼の作品のなかに跡づけることができるのである」[4]。

一方、モーパッサンは群衆への嫌悪感を隠さない。南仏旅行中に立ち寄った土地で結婚式があり、教会に人だかりがしている。作家を苛立たせるのは、彼らの顔つきや身なり、臭いだけでなく、むしろ群衆の精神である。「知能は、孤独になるやいなや、増大し、向上するが、ふたたび他人の間に立ちまじるやいなや、それは減少し、低下するということを、私は、これまでに幾度も認めた」[5]。個人は群衆のなかで知的独創性や自由意志、洞察力といったものを失って、「個々の意見が平均化された分析不可能な合成物」に吸収される。モーパッサンに言わせれば、社会もこれと同断であり、「自分の思想の絶対的十全さ、自分の判断の毅然とした独自さを保とうと思い、一切の偏見、一切のかたよった信仰、一切の宗教、つまり一切の危惧から超然とし、自由な観察者として、人生や人類や宇宙を見ようと思うものは、いわゆる世間づきあいから断然遠ざからなくてはならない」[6]。この姿勢を個人主義と呼ぶことは容易だが、人混みのなかで新郎新婦を一目見ようと、作家自身もつま先立っていることに諧謔を見るべきかもしれない。

いずれにせよ「大都市の群衆は、それをはじめて目のあたりにした人びとの心に、不安、嫌悪、戦慄を呼び起こした」[7]。群衆のなかにあることのアンビバレンス、その不気味さと陶酔を見いだした文学に対して、社会科学が群衆に向けたまなざしは概して否定的であったように思われる。若きエンゲルスは、ポーの「群集の人」が舞台としたロンドンを次のように描写している。

街路の雑踏がすでになにか不快なもの、なにか人間性に反するものをもっている。……彼らのあいだの唯一の約束は、たがいに走りすぎていく群衆の二つの流れが停滞しないように、それぞれが歩道の右側を歩くという暗黙の約束だけである。そしてしかも誰も他人には目もくれようともしない。この非人間的な無関心さ、各人が自分の個人的利益しか考えない非情な孤立化は、これらの個人が狭い空間におしこまれればおしこまれるほど、いっそう不快で気にさわるものとなってくる。こういう個人の孤立化、こういう偏狭な利己心が一般に今日のわれわれの社会の基本原理であることを知ってはいるけれども、大都市の雑踏のなかほど、それが恥ずかしげもなく露骨に、また意識的にあらわれるところはない。人類が単子へと分解され、その一つひとつがバラバラの生活原理とバラバラの目的をもっている原子の世界が、ここではその頂点にたっしているのである(8)。

エンゲルスにとって都市の群衆とは労働者であり貧民であった。彼らが野蛮で悲惨な境遇に置かれている原因は、むろん資本主義経済の発展にある。産業革命以前には、労働者とその家族は都会から離れた農村に住み、売春宿とも酒場とも無縁に「きわめて快適な生活をのんびりとすごし、たいへん信心深く、まじめに、正直で静かな生活を送っており、その物質的な状態は、彼らのあとをついだ人びとよりもはるかによかった(9)」。機械の導入がすべてを一変させたのである。機械は習熟を無意味化する。大量に生み出された未熟練労働者は、刺激に対する反射の地位に貶められているという意味で、群衆そのものの特徴を浮かび上がらせてもいる。再びベンヤミンの言葉を借りよう。「彼〔ポー〕の通行人たちは、あたかも自動装置に順応させられて、もはや自動的にしか自分を表現できない人間のごとき行動をとる。彼らの振舞いは、ショックに対する反応なのである。『誰かにぶつかられると、ペコペコとぶつかってきた相手に頭を下げた(10)』」。

ところで、下層民を内実とする都市群衆の姿を描き出した一九世紀から二〇世紀のルポルタージュには、しばしば共通した特徴が見られる。すなわち、下層階級が一つの「人種」として表象されているのである。一九世紀中葉、ロンドンの下層社会を調査したヘンリー・メイヒューは、さまざまな種類の呼売商人たちを一個の人種のようだと記し、アイルランド人の果物売り、ユダヤ人の古着屋、インド人の道路掃除夫というように民族と職業の対応を指摘している。(11) それから半世紀、イースト・エンドの貧民街を活写したジャック・ロンドンの『どん底の人びと』では、さらに多様なイメージが駆使されている。まず彼が群衆に対して抱いたのは「海への恐怖心にも似た感情であった。「どの通りにも群がっている悲惨な多数の人々は、巨大な悪臭を放つ海の無数の波のようにに思え、それが私のすぐ側までひたひたと押し寄せて来て頭上に覆いかぶさってくる、そんな気がしたのだ」。(12) 浮浪者収容所や無料給食所に群がる貧民たちは、警官に追われても「蜜の瓶に群がる蝿のように」またぞろ集まってくる。この哀れな労働者階級は「支配階級とは著しく異なる人種で、精力も体力も欠いた、いわば路傍の民である」。(13) イースト・エンドの夜の光景は、この階級＝人種をむしろ動物や原始人に近づける。

彼らには良心も分別も感情もない。対等のチャンスさえあれば、わずか十シリング金貨一枚のために、誰彼かまわず人殺しをやってのける。彼らは一つの新種、都市に住む野蛮人の一種族であり、街路や路地、家屋などを猟場としている。彼らにとって街路と建物は、自然に暮らす野蛮人にとっての谷や山と同じである。貧民街は彼らのジャングルであり、そのジャングルの中で彼らは獲物をとって生きているのだ。(14)

大都市における貧困は、植民地の拡大と移民の流入を背景に、一時的な経済状態というよりも労働者の身体と精神に滲透した本質的属性として表象され、生物学的カテゴリーによって把握される対象となっていく。『どん底の人びと』に感化され、みずからもパリとロンドンで貧乏生活を体験したジョージ・オーウェルは、パリの皿洗いについて面白いことを言っている。皿洗いは現代の奴隷である。こんな無益な仕事がなくならないのはなぜか。それは大衆が低級な動物だから暇を与えると何をするか分からないという金持ちや知識階級の恐怖心のせいである。「大衆を恐れるのは迷信である。その根底には、金持ちと貧乏人のあいだには黒人と白人の場合のように違う人種同士のような、何か得体のしれない根本的な違いがあるという思想が存在する」[15]。本当は人種の違いではなく、収入の違いがあるだけなのだ。ロンドンの浮浪者についても、彼らを怠惰で危険な人間として、果ては遊牧民時代への「先祖返り」と見なす偏見が蔓延しているが、オーウェルに言わせれば、浮浪者を作り出している法律のほうが問題なのである[16]。もとよりオーウェルの分析は自身の体験にもとづくもので、科学的根拠を伴っているわけではない。けれども、ブルジョワ社会にとっての「他者」を、安易な異人種表象によりかからず、社会的・制度的所産として理解しようとする姿勢は、当時の諸科学の理論的布置を考えるとき、かえって際立って見える。

人間を分類するという発想自体はおそらく人類の歴史とともに古いが、この分類への意志がこれまでになく強力に発動したのは啓蒙期であった。啓蒙期の科学は、植物や動物、気候風土の分類にとどまらず、人間の身体的表面に表れたさまざまな特徴からその内奥にある精神を探ろうとした。例えば頭蓋骨の形状や大きさ、その内部に蔵されている脳髄の容積や重量を「科学的」に分析することを通して、人間の知的・道徳的性格を解明し序列化したのである。このような試みは、人間の外面と内面の対応関係を想定する点で近代のレイシズムの発想と親和的であり、見方によってはレイシズムそのものであるとも言える。

一八世紀の半ば、オランダの解剖学者カンパーはみずから提唱した「顔面角」の理論にもとづいて、さまざまな動物種や人種の知性を一元的に位階づけ、いわゆる「頭蓋学」を確立した。顔面角の計測法は後にフランスのキュビエ、イギリスのオーウェン、ドイツのブルーメンバッハなどにより改良を加えられていく。時期を同じくして、スイスのラーヴァーターの「人相学」も評判を呼んだ。また解剖学者ガルはブローカに先立って大脳機能局在説を唱え、脳の形状は頭蓋骨の形態に反映されるとの立場から、頭蓋骨の触診によって内面の知的能力を探ろうとした。この「骨相学」は、とりわけ犯罪者の症例研究で成果をあげた。ガルの死後、フランスを皮切りに骨相学会が各地で創設され、頭蓋骨や脳髄の収集・分析が本格化し、脳の重量を職業別に分類することも試みられた。

こうした諸科学の発展を背景に、チェーザレ・ロンブローゾの犯罪論が登場した。トリノの未決監獄で膨大な数の犯罪者の特徴を調査したロンブローゾは、彼らに一定の身体的・精神的傾向が認められることを発見する。頭蓋について言えば、後頭中央窩の存在、前脳の未発達、左右の不均衡、上顎の過大などの特徴を有し、精神面では痛覚や感情が鈍く、虚栄心や模倣性が強い。これが先天的に犯罪者たるべき宿命を背負いこんだ「生来性犯罪者」であり、全犯罪者のおよそ三分の二を占めるとされる。

ときあたかもダーウィニズムの席捲した一九世紀後半、進化論によって人間と動物の間の境界線が曖昧にされるなかで、犯罪者に原始時代の獣性が先祖返りするというロンブローゾの学説は、ある種の科学性を帯びた流行思想となって、犯罪学、法律学、精神医学、文学など多方面に大きな反響を巻き起こした。このような背景の下で、法律家の祖父と父を持つシピオ・シゲーレが二十代前半で書き上げた主著、それが『犯罪的群衆』（*La folla delinquente*）である。一八九一年に刊行されたこの書物は、タイトルからしてロンブローゾの『犯罪者』（*L'uomo delinquente*）の衣鉢を継ぎ、第一義的には犯罪学の文脈で読まれるべきであるが、その対象と方法からすれば、ル・ボンに先立つ群衆論の先駆として位置づけられるだろう。『犯罪的群衆』の目的は、個人犯罪よりも集団犯罪、あるいは集団そのものの心理的メカニズムを解明することにあった。世紀転換期のイタリアおよびフランスでは、労働運動が過激化するなかでストライキが頻発し、またテロリズムが社会を不安に陥れていた。群衆を直視することは、まさに喫緊の課題だったのである。

2 群衆論の原型――シゲーレと犯罪的群衆

シゲーレは心理学と社会学の関係について以下のように述べている。心理学は個人の内面を分析し、社会学は個人の集合体である社会を扱う。人間社会の特徴はそれを構成する諸個人の特徴に対応しているというスペンサーの公理に依拠するならば、両者の間に質的な相違はなく、社会学は心理学の応用として位置づけられるだろう。だが、陪審員による評決や各種委員会の決定、議会の議決などにしばしば見られるように、人間は集団を構成すると、個人の場合には起こりえない過ちを犯すものである。「集団となった人間の諸力は互いに相殺されるのであって、加算されるのではないからである」[17]。集団の形成はむしろ化学反応に似ており、気体から液体が生じるように新しい何ものかが発生する。スペンサーの公理は同質的かつ有機的な集団を対象とする場合にしか妥当しないので、有機的結合を欠いた異質な人々の集合体を社会学的方法によって処理することはできない。そしてシゲーレは後者のような集合体を「群衆」と呼ぶ。

実際のところ、群衆とはすぐれて不均質な集合体である。それは年齢も、性別も、階級も、社会的境遇も、道徳観や教養の程度も異なる人々によって構成されているからだ。群衆はまたすぐれて非有機的な集合体である。それは事前の同意もなしに、思いがけなく突然に形成されるからだ[18]。

心理学と社会学の間で、このような群衆を研究対象とするのが「集団心理学」であり、『犯罪的群衆』はこの視角から集団犯罪における責任の所在に照明を当てようとする。しかし、何がこの異質性に満ちた人間の集塊を一つの目標へと方向づけ、行動に駆り立てるのか。言葉を換えれば、「群衆の精神」はどこから生じてくるのだろうか。ここでシゲーレはタルドやバジョットの所説を引証しながら、「模倣」という現象に注目している。湖の水面に石を投げ込むと、さざ波が湖岸にまで広がっていくように、人間の社会にもときおり天才が出現し、平凡な知性には思いもよらない観念を普及させる。かつて誰かが口にしたであろう新奇な言葉づかいも、模倣によって反復されるうちに語彙の一部として定着する。人間の思考や行動はすべて、他者が発明し発見したことの模倣にすぎない。「服飾の形態から政府の形態に至るまで、清廉実直な活動から犯罪行為に至るまで、自殺から狂気の沙汰に至るまで、人間生活における活動は――どんな些事であれ、どんな重大事であれ、どんなに痛ましいことであれ、どんなに愉快なことであれ――すべて模倣の産物である[19]」。

模倣を引き起こす最初の一撃となるのは「暗示」である。シゲーレに言わせれば、人間の心理も行動もすべて外部からの刺激、すなわち暗示に対する反射作用として説明される。そして模倣への欲望は、時間的・空間的な一体感のなかで相互のイメージが瞬時に交換されるとき、すなわち群衆において頂点に達する。そこにおいて犯罪は、自殺や狂気と同様に集団感染を起こす。「群衆のなかにあって、たった一人の叫び声や演説者の言葉、若干の大胆な人々の振る舞いが、この叫び声や言葉を耳にした人々、この振る舞いを目撃した人々すべてに暗示を与え、これらの人々を――従順な羊の群れよろしく――悪しき行動へと駆り立てるのは明らかではないだろうか[20]」。群衆は暗示次第で右にも左にもなびくのだから、アプリオリに犯罪的というわけではない。崇高な感情に支配された群衆からは、英雄なり殉教者なりが誕生することもある。しかしシゲーレは、「群衆は心理算術の必然的法則からして善よりも悪をなす傾向がある[21]」と断定している。人間の性格は層化されており、「文明」

という表皮の下に覆い隠されていた精神の古層は何らかの突発的事件を契機として露呈する。「原初の殺人本能」が先祖返りによって表面化し、全能感に包まれた群衆を重大犯罪に駆り立てると言うのである。

人間の本能の野蛮な一面を確認するには、フランス革命およびパリ・コミューンにおける群衆を観察するに如くはない。前者についてはテーヌの記述を、後者についてはマクシム・デュ・カンの回想を参照しながら、シゲーレはそこで主役を演じた群衆をひたすら血に飢えた殺人狂として描き出す。「犯罪者、狂人とその息子、アルコール中毒患者――道徳感覚を奪われ、犯罪に長けたこの社会のクズどもが、たいていの場合、暴徒や革命家の群れを成してきた」[22]。もっともシゲーレはすべての群衆が凶悪犯罪に手を染めるとは考えていない。一七五〇年の群衆はフランス革命期のように残虐ではなかったし、一八八九年にローマで発生したストライキは、ゾラが『ジェルミナル』で活写したデカズヴィルのストライキに比べて、はるかに抑制されたものであった。こうした対照は、群衆を構成する人々の人類学的な差異によって説明される。ごく普通の労働者や市井の人々が参集した場合、群衆は一時的に過激な行動に走るとしても、ほどなく自制心を取り戻す。しかるに、根っからの悪人や狂人、あるいは流血に慣れている連中――屠殺業者、兵士、外科医など――から成る群衆は、極度の残虐性を発揮する。ロンブローゾの類型で言えば、前者は機会性犯罪者、後者は生来性犯罪者に対応するだろう[23]。しかし重要なことは、群衆のなかに生来性犯罪者のごとき悪人が多少とも含まれているだけで、集団全体に残虐さが蔓延するという事実である。群衆のなかの個人は「自動人形」にすぎないからだ。では、群衆犯罪に加担した個人の責任はどのように判断すればよいのだろうか。

シゲーレが『犯罪的群衆』を著した一九世紀末は、近代刑法思想史上、古典学派と実証学派の争いが熾烈になった時期である[24]。ベッカリーアに端を発する古典学派の主張は、以下の三点に要約できる。第一に、人間は自由意志を与えられており、責任は自由意志を前提とする。第二に、犯罪者も正常人と同じ観念や感覚を具えており、特別な存在ではない。第三に、刑罰は犯罪に見合った倫理的応報刑であるべきであり、その目的は犯罪を抑止することにある。こうした発想の根底にあるのは啓蒙主義であり、近代合理主義的人間観であることは疑いを容れない。これに対して、ロンブローゾに始まる犯罪人類学に学問的装いを与えたのは、シゲーレの師エンリコ・フェッリであり、とりわけ一八八〇年のボローニャ大学教授就任講演は、古典学派の基本命題を否定し、実証学派の新しいテーゼを真正面から打ち出した点でまさに画期的であった。[25]フェッリは人間の自由意志を形而上学的幻想として斥け、野蛮人への先祖返りを起こした犯罪者は正常人とは区別されるべき存在であり、刑罰の根拠は社会防衛にあると主張した。八〇年代を通して、フェッリは古典学派の代表者ルッキーニを相手に激しい論戦を繰り広げる一方、社会党の代議士として社会改良に取り組み、刑法改正委員会ではフェッリ草案をまとめることになる。[26]
ところでシゲーレはフェッリの謦咳に接するうちに、狭義の犯罪人類学よりも社会学的な関心を強め、集団犯罪に焦点を合わせるようになる。犯罪結社や共犯の研究を通して実証学派の地平を集団的次元に切り拓いていった点に、シゲーレの寄与が認められるだろう。従来、集団犯罪への対応としては、犯罪に関与した者をその加担の程度を問わず、ひとしなみに罰するという考え方があったが、こうした方法は非合理的であり野蛮でもある。しかし他方で、群衆のなかから犯罪の指導者を割り出し、たんに追従したにすぎない大多数と区別して処罰することは、現実には難しい。そうかといって、全員を無罪放免にするわけにもいかないとすれば、いったいどのように対応するのが合理的かつ現実的であろうか。
ここでシゲーレは「環境」という要因を導入する。シゲーレによれば、あらゆる人間の行動は、その人の個性と環境の相互作用の結果として生じる。犯罪についても個性と環境がどのような割合で関与しているかを判断しなければならない。計画的な強盗殺人の場合、犯罪者の人間性が問われるべきであるのに対して、一時の激情に駆られた犯罪であれば、犯行に至った状況を勘案する必要がある。環境の影響が強ければ、そのぶん情状酌量の余地も大きくなるだろう。犯罪の諸原因のうち、環境の影響を差し引いて個人の人格に帰せられる部分こそ、犯罪者が負うべき責任であり、社会にとっての脅威ということになる。

このロジックを集団犯罪に当てはめるならば、群衆は犯罪を誘発する一つの環境ないし触媒と見なされる。責任の軽重を判断するには、群衆による暗示がどの程度強力なのかを見極めなければならない。ここでシゲーレは当時の催眠研究を参照する。シゲーレは催眠状態における暗示を万能視するナンシー学派に懐疑的である。被催眠者はどんな暗示にも盲目的に従うわけではなく、他人を叩いたり、金を盗んだり、女性に裸になるように命じると、しばしば強い抵抗を示す。憐れみ、誠実さ、羞恥心といった感覚が、ある種の行動を拒むからである。シゲーレは、暗示の役割を限定的に捉え、ヒステリー患者のみが催眠状態に陥るとするサルペトリエール学派を支持しつつ、暗示の効果は被験者の「生来的な気質」に依存するものと理解している。むしろ催眠は、夢遊状態や酩酊状態と同じように、その人の地金を露呈させる。「だから、群衆の熱狂状態のなかで個人が実行した犯罪については、（少なくとも）原因の一部は、つねにその人の生理学的・心理学的本質に求められるであろう。したがって、その人が犯罪の責任を負うのは至って当然であろう[27]」。

シゲーレは群衆のなかの個人を生来性犯罪者と同一視しているわけではない。むしろ群衆の犯罪は激情によって惹起される場合が多く、その意味では機会性犯罪者に近い。だとすれば、犯罪の動機を解明することが重要になるだろう。ルイ一四世の圧政に耐えかねてパリに結集した一七五〇年の群衆と、フランス革命期の血に飢えた群衆では、遂行された行為は同じでも責任は異なる。結局、それはケース・バイ・ケースで判断するしかない。こうして犯罪学者シゲーレが落ち着く先は、犯罪的群衆を構成する諸個人には「部分的責任」があるという、穏当と言えばあまりに穏当な結論であった。

しかし、犯罪学の文脈で群衆が発見されたことは、その後の社会科学の群衆観に一定の枠組みを与えたように思われる。狭義の犯罪的群衆とは別に、政治の世界における多数者の意義についてシゲーレがどう考えていたのか、ここでは『犯罪的群衆』に収録された補論「多数者の専制と集団心理学」を検討してみよう。多数者の専制とは、民主主義社会にあって多数者が社会全体を代表するかのような擬制が成立し、世論の名において少数意見を抑圧する危険性があることを批判したものである。シゲーレは、J＝S・ミルとスペンサーの名前を挙げて、これを個人主義者による批判として位置づけている。彼らに顕著なのは、個人の自由と権利を保護するためにいかに国家権力を制限するかという問題意識であり、その意味では彼らを自由主義者と呼ぶこともできるだろう。他方、シゲーレによれば、多数者の専制を批判するもう一つの思潮として貴族主義がある。これは個人主義と同じく少数者を擁護するが、その理由は多数者の意見が知的水準において凡庸であることに存する。けれどもシゲーレは、集団心理学の見地から多数者の専制の内実に迫っていくと、このロジックは維持できなくなると言う。タルドの模倣論に従うならば、多数者の意見は何らかの暗示によって伝染したものにすぎず、淵源に遡れば卓越した一人の意見に帰着するからだ。「実際には、多数者の意見は優秀な人々の意見がゆっくりと群衆のなかに滲透したものにすぎないのだから、すぐれた思想が時宜を得て、折よく普及するならば、多数者の専制とは結局のところすぐれた思想の専制ということになる[28]」。

こうして多数者の専制をメディオクラシーと区別したシゲーレの論理は、民主主義を擁護するものと言えるだろうか。多数者の思想がすぐれた少数者に由来するとすれば、たしかに貴族主義的批判は当を失することになる。だが群衆論ないし模倣論の理路は、多数者の側に自律性を認めることを許さない。それは少なくとも民衆の自己統治という意味での民主主義とは背馳せざるをえず、大衆民主主義につきまとう多数者／少数者の二項対立を消去することはできないのである。その意味で「反議会主義論」と題されたもう一つの論考は興味深い[29]。そこでシゲーレは、従来の議会批判はもっぱら代議士の資質を俎上に載せてきたが、むしろ問わなければならないのは議会という制度それ自体であり、そもそも多数の人間が集まることで政治の質が高まるのかという問題にメスを入れなければならない。

議会に限らず司法や行政のさまざまな場面で合議体による意志決定が採用されているのは、一方で多くの知恵を寄せ合うことで決定の質が向上すると考えられているからであり、他方では複数の目による相互チェックが働いて権力濫用を防ぐことができるからである。しかしシゲーレによれば、多数者の判断が正しいのは長期的に見た場合であって、短期的には多数者は過ちを犯すものである。「歴史のある時点において多数者がつねに正しく、少数者がつねに間違っていると主張することは、政治的には反論しがたい（そして結局のところ避けがたい）事実、しかしながら不当な事実を認めることになる。それとは逆に、社会においても議会においても少数派はいつも国民の誉れであった[30]」。

多数者が知的・道徳的水準において少数者に劣るのは、群衆心理に支配されているからにほかならない。例えば選挙で当落の鍵を握るのは、政策でも候補者の人格でもなく、演説と新聞による有権者大衆への暗示である。また議会では表面上喧《かまびす》しい論戦が繰り広げられているが、烏合の衆が審議に時間をかければかけるほど法案は粗悪になっていく。では、どうするべきなのか。シゲーレが提案するのは議員定数の削減であり、それによって群衆心理の作用を少しでも抑制することであった。ここにひとりシゲーレのみならず、世紀末の群衆論に共通する政治的含意を読み取ることは間違いではないだろう。

3　群衆の精神病理――媒介者フルニアル

一八八五年、ローマで開催された第一回国際犯罪人類学会で、イタリア犯罪人類学派は完全に主導権を握り、会長ロンブローゾはカリスマ的存在となった。この絶頂は、しかし、長くは続かなかった。四年後パリで開催された第二回大会で、法医学者アレクサンドル・ラカサーニュの率いるリヨン学派が異議を申し立てたからである。犯罪者は遺伝による宿命を背負っているわけではない。むしろ経済構造や教育制度といった社会環境が犯罪を誘発するのだ。トリノ学派は巻き返しを図ろうとしたが、その主張は旧態依然たるもので、自説の修正を余儀なくされたロンブローゾは、全犯罪者のなかで生来性犯罪者が占める割合を三分の二から三分の一へと見直すことになるだろう。

犯罪学の文脈では徐々に遺伝から環境へと理論的重心が移動し、宿命論的ペシミズムから社会改良への道が開かれていく一方で、群衆をめぐる語彙は容易に変化しない。実際のところ、世紀末の群衆論にとって最大の関心事は社会の底辺を蠢《うごめ》く下層労働者であったが、労働者という集団はたんなる貧困以上のもの、獣的本能の露呈とか、未開時代の回帰といったスティグマを背負い続けるのである。その際、モレルからノルダウに至る一九世紀後半の変質論は、社会経済的な文脈を生物学的・遺伝学的な文脈に変換する役割を果たした。「変質」とは、その提唱者モレルによれば、「人間の原型ないし正常型からの病的逸脱」であり、一族全体に遺伝して生殖力を損ない、五世代も過ぎれば絶滅に至る。(31)変質の原因として、アルコールや薬物摂取、劣悪な衛生状態といった社会的要因が指摘されていることに注意しておこう。変質論の背後には、フランスで大きな影響力を誇ったラマルク主義が控えている。俗に「獲得形質の遺伝」と呼ばれるラマルクの学説によれば、ある個体が環境に適応するなかで獲得した形質上の変化は遺伝的に子孫に継承される。だとすれば、苛酷な労働環境ゆえに身につけてしまった過度のアルコール摂取や博奕の習慣、売春などの自堕落な生活は、下層階級の器質に歪みを生じさせ、彼らを「危険な階級」として再生産することになるだろう。社会的脱落者たる下層労働者とその群れを、野蛮人の先祖返りとして表象することを可能にしたのは、このような知的水脈であった。

ここで、ラカサーニュの弟子アンリ・フルニアルが一八九二年に世に問うた『群衆心理試論』を一瞥しておきたい。このフランス人医師が重要なのは、「イタリア人シゲーレの犯罪学的アプローチとフランス人ル・ボンの心理学的アプローチをつなぐ重大なミッシング・リンク[32]」と位置づけられるからである。フルニアルの小著は、次の三つの問いに答えようとする。第一に、群衆とは何か、すなわち群衆の能力はいかなるものか、群衆はどんな要因に影響されるのか。第二に、群衆はどのように行動するのか、その一般原理とは何か。そして第三に、集団はその行為にどの程度まで責任を有するのか。以下、順を追って検討しよう。

まずフルニアルはラカサーニュにならって、知性、感性、行動という人間の能力の三つの側面がそれぞれ大脳の前頭葉、後頭葉、頭頂葉の働きに対応し、いずれかの大脳局所の異常からそれ固有の犯罪者類型が生じることを前提に、「一つの精神」としての群衆は前頭葉の未発達によって特徴づけられると指摘する。それは「感じたり行動したりといった能力は極度に発達していながら、知性を欠いたまったく特別な存在[33]」であり、ひたすら脊髄反射に従う下等動物に等しい。群衆の本質を大脳や神経系の異常から説明するフルニアルの筆致はまさに医師のそれであるが、同時に環境を重視するリヨン学派にふさわしく、外的要因が群衆の行動に及ぼす影響についても考察されている[34]。第一に、風土、季節、気象などの物理的要因で、例えば寒いよりも暑いほうが、日照時間は長いほうが、群集の活動は活発になるとされる。第二に、化学的要因として、空気、水質、土壌、食べ物などの影響が挙げられ、アルコールが脳に与える悪影響についても指摘されている。第三に、群衆を構成する人々の年齢や性別、伝統といった個別的要因も群衆の行動様式を左右する。そして第四に、民族や国民といった社会学的要因があるが、これは群衆を変化させるというよりも、むしろ変化の結果として形成されるものなので、考察の対象から除外されている。

では、以上のような特徴を具えた群衆の行動原理とは何か。それは模倣であるとフルニアルは言う。流行、慣習、言語、宗教といった人間社会のあらゆる事象の背後に、模倣が見いだされる。フルニアルは「動物においては、何よりもまず筋肉が筋肉を模倣している。他方、われわれ人間においては、何よりもまず神経が神経を、頭脳が頭脳を模倣している」というタルドの『模倣の法則』の一節を引用しながら、群衆の謎を解くには脳の間の感染現象に迫らなければならないと強調している。集団全体にある意見や行動が感染するには、その起点となる人物のうちに威信が具わっている必要があるが、威信は大胆な態度と確信に満ちた物言いから醸成される。むろん群衆は前頭葉を欠いた動物であるから、暗示によって感覚と想像力に訴えるのが肝要である。このあたりの事情は、催眠術師と被験者の関係とパラレルに捉えられている。

模倣には健全なものと不健全なものがあり、後者としては、狂気、自殺、犯罪が典型的である。なかでも犯罪的群衆について、フルニアルはフランス革命を例にとりながら、三つの集団に分けて検討している。第一に、みずからの情念を満足させるために犯罪を行なう狂信者たちで、これが指導層を形成する。彼らは社会的最下層に出自を持つ人々であり、居酒屋や売春宿から生まれてくる。こうした連中の言辞に惑わされやすい意志薄弱な人々が、第二の集団を成す。女性はその最たるもので、ここにアルコールや金銭欲が加わると、容易に犯罪感染の土壌となる。そして最後に残されたのが、すべて成り行きにまかせる臆病で無関心な人々である。では、こうした人々から構成される群衆の犯罪に対して、どのような責任を負わせるべきであろうか。

フルニアルはシゲーレと同じく、催眠の効力には限界があるとするサルペトリエール学派の議論にもとづいて、群衆の蛮行が催眠下での行為だからといってすべて免責することはできないと考える。先述のとおり、群衆の構成要素を三つの集団に分類したフルニアルは、群衆の頭脳部すなわち指導層の責任は一般に大きいとしながら、結局のところケース・バイ・ケースで判断するしかないと述べており、この点ではシゲーレやタルドと認識を共有していると言えるだろう。最後にフルニアルは、考察全体を通して得られた結論を以下のように整理している。少々長いが引用してみよう。

一　群衆は感じたり行動したりするが、深く考えない存在と見なされる……。
二　このような個体の出現は、一つの感情が無意識的かつ暗示的に拡散した結果である。それは模倣ないし道徳的感染によって生じる。
三　模倣は人間における虚栄の本能、自分の行為を認めてほしいという欲求によって説明される。こうした感情のせいで、人は周囲で起こっていることを真似るようになり、そうすることで模倣した相手から評価されることを期待しているのである。
四　模倣は双方向的もしくは一方向的に生じうる。模倣が双方向的に生じる場合、その強度は対象に比例し、群衆を構成する人々の数、群衆の結束力の強さ、群衆を構成する諸個人の本性や性格によって変化する。
五　模倣が一方向的に生じる場合、それは催眠現象と比較可能である。その強度は、模倣の出発点である原因の暗示力、暗示を受ける側の感受性の強さによって変化する。
六　模倣は正常で、社会的なものでもありうる。その場合、模倣は日常の感覚や行為などを伝播させ、流行や言語や習俗などを生み出し、巨大な熱狂的運動や巨大な示威運動を作り出す。
七　模倣はまた病的なものでもありうる。それは動揺した精神的能力に働きかけ、幻想や、歪んだ想像力のせいでおかしくなった感覚や、悪しき本能といったものを拡散させ、重大な神経症、重大な精神疾患、さまざまな犯罪などを生む。
八　群衆はたまたま犯罪的になることもある。その場合、責任は完全に消滅することはなく、かなりの程度まで軽減されるが、状況に応じて変化する。
九　群衆はまた利害関係によって、あるいは習慣によって犯罪的になることもある。
一〇　これらの場合、もっぱら罪を負うべき者、もっとも罪深い者は、行動した人々ではなく、実際の行動がどうであれ、指導者、煽動者のほうである。
一一　彼らの責任は逆に増大する。
一二　たいていの場合、人々を群衆に集結させるのは危険である。こと集団に関しては、寛容な感覚ではなく悪しき本能が爆発することを覚悟しなければならない。次のように言えるだろう。群衆から姿を現すのは、たいていの場合、「獣人」なのだ！[35]。
フルニアルのこの一節は、一八九〇年代前半に矢継ぎ早に現われた群衆論のエッセンスを過不足なく要約しているように思われる。実際、この時期ヨーロッパの学者たちの知的交流は、国際雑誌や国際学会を通して活発に行なわれており、彼らの群衆観は収斂する傾向にあった。しかしそれだけに、議論の優先権をめぐる論争も不可避であった[36]。時系列的に見れば、九〇年にタルドが発表した『刑事哲学』と『模倣の法則』は、群衆それ自体を主題的に扱った著作ではないものの、犯罪および模倣という観点を打ち出した点で、以後の群衆論の方向性を決定づけた。シゲーレは『犯罪的群衆』でタルドの著作を引用し、プライベートでも書簡を交わすなどして、年長の社会学者に敬意を払った。フルニアルの『群衆心理試論』でもタルドとシゲーレの業績が参照されている。

そしてシゲーレとフルニアルの仕事に触発されたタルドも、群衆を主題化した論考（例えば九三年の論文「犯罪群衆と犯罪結社」）を発表していくことになる。

ところがギュスターヴ・ル・ボンの『群衆心理』は、一番遅い九五年の刊行にもかかわらず、シゲーレ、フルニアル、タルドの議論をほとんど一顧だにせず、自分の研究は「人跡未踏の地」に分け入るものだと自負したのである。シゲーレはこれを剽窃であると厳しく批判したが、ル・ボンはほとんど取り合わなかった。二人がともに秋波を送って味方につけようとしたタルドは、どちらにも肩入れしなかった。実際のところ、ル・ボンが先行する三者の仕事を知らなかったとは考えにくく、シゲーレの憤慨には無理からぬものがある。さらにシゲーレはフルニアルに対しても優先権を主張し、出版社に宛てて再三抗議の手紙を送っているが、こちらは梨のつぶてだった。フルニアルは軍医としてアフリカ各地に従軍していたから、物理的に対応できなかったというのが実情かもしれない。それにしても『犯罪的群衆』と『群衆心理試論』が忘却の運命を辿った一方で、『群衆心理』が世界中の読者に受け入れられた事実は、ル・ボンに「通俗化」の才能があったことの証左ではある。

4 人種と群衆——ル・ボンの群衆心理学

一八七〇年代まで自然科学を主たる研究領域としていたル・ボンは、八〇年代に入るとオリエント世界への調査旅行の成果を踏まえて、文明論を手がけるようになる。一八九四年に刊行された『民族進化の心理法則』は、そうした個々の文明に関する考察を越えて、人種と文明の一般法則を心理学の観点から把握しようとする試みである。まずル・ボンは、一八世紀の啓蒙哲学者が伝播させた「個人および人種に関する平等思想」の射程を測り直さなければならないと主張する。ヨーロッパの諸革命やアメリカ南北戦争を惹起し、フランス植民地に混乱をもたらしたこの平等思想は、いまや社会主義や男女平等の理念として西洋世界を席捲しつつある。人類は今後さらに平等に向かうのか、それとも差異に向かうのか、これを見極めることが重要である。その際、ル・ボンが主たる分析対象に据えるのは「人種の精神」である。

人種の精神とは何か。解剖学的特徴によって種を分類する博物学者は、人類を皮膚の色や頭蓋の形状に応じて、白人、黒人、黄色人などと区別する。しかし身体的にはきわめて類似した民族でも、その考え方や感じ方、行動様式は異なっており、そこから文明、信仰、芸術等における差異が生じてくる。解剖学では捉えきれない深奥の「道徳的・知的性格」、これこそ人種の精神である。人間の知性は教育によって変化しうるし、知性の所産は民族間で伝達することもできるが、民族の進化の方向は遺伝的に決定されている。「民族を導くのは生者よりもむしろ死者である。人種はただ死者によってのみ作られる[37]」。人種の性格ないし精神は容易に変化せず、遺伝によって次世代に継承されていくのである。

ル・ボンによれば、人種はその性格にもとづいて、原始的人種、劣等人種、中等人種、優等人種の四つに序列化される。原始的人種や劣等人種のように最底辺に位置する人種の心理的特徴は、推論能力と批判精神の欠如、軽信と気まぐれであり、先見の明に乏しく、動物的本能に支配されている。逆に、優等人種では推論能力と批判精神が旺盛で、エネルギーに満ち、自制心、自己犠牲といった徳性を具えている。ル・ボンにあって人種の優劣は、動物的本能からの距離――「反射的本能を抑制する能力」――を基準に判断されており、古代ではローマ人、現代ではアングロ＝サクソン人が最上位に立つことになる。

劣った人種の特徴について知りたければ、ジャングルに未開人を探し求めるには及ばない。「なぜなら、ヨーロッパ社会の最下層は、原始的人種に等しいからである[38]」。この一節は、人種のヒエラルキーと階級のヒエラルキーの連関を明快に示している。ル・ボンによれば、文明が高度化し、社会が複雑化すると、それに適応できない劣等分子も増加する。産業が発展した社会では、階級間の分業も顕著になるため、単純労働を強いられる下層階級では知能が低下する一方、労働者を指導する技師や起業家には知識や発明の才が蓄積される。文明の進歩は不平等の拡大を伴うのであり、逆に平等な社会、平等を志向する階級や人種はみずからの劣等性を証しているのである。「平等は劣ったもののなかにのみ存在しうる。平等は卑しい凡庸な連中の、漠然とした重苦しい夢想である。野蛮時代だけがそれを実現させた。平等が世界を席捲するためには、一つの人種を価値あるものにしているすべてのものを、より劣ったものへと切り下げなければなるまい」[39]。ル・ボンが社会主義や福祉国家を敵視せざるをえないのは、この反平等思想ゆえである。

ところで人種の精神は、征服や移住、政治的変動など一定の偶然に依拠しながら、混血を重ねるなかで涵養される。一切の混血を免れた純粋な人種、すなわち「自然的人種」は人類の起源に想定可能ではあるものの、ル・ボンは人種の起源や純粋性に拘泥していない。そのためル・ボンの人種概念は、歴史的に形成された「民族」や「国民」といった概念へと容易に横滑りし、実際これらの表現は互換可能なものとして使用されている。白人／黄色人／黒人という伝統的区別はもとより、ラテン系／アングロ＝サクソン系、あるいはフランス人／イギリス人／中国人といった差異も一様に人種として表象されているのである。

文明の構成要素、すなわち言語、思想、信仰、芸術などはすべて人種の精神の外的発現であるが、なかでも政治制度は文明の帰趨に大きな影響を及ぼす。フランスの中央集権体制はその最たるもので、ル・ボンに言わせれば「国家による個人の吸収」あるいは「国家絶対主義」こそ、フランス人の理想を表している。国家は国民生活のすみずみまで規制と保護の網の目を張りめぐらせ、若者たちは唯々諾々とそれに従うようになった。公務員の増大という事実がそれを裏づけている。これと対照的なのがアングロ＝サクソン系の民族で、国家の活動を最小限に抑え、諸個人の裁量の範囲を最大化するところにその特徴がある。ル・ボンは、アングロ＝サクソン人が強靭な意志、旺盛な活力、進取の気象、独立心などに恵まれており、アメリカの繁栄はこうした性格からもたらされたと言うのである。
群衆心理学の創始者として知られるル・ボンが、以上のような人種論を主張したレイシストであったことを忘れてはならない。この視角から『群衆心理』を再読することで、ル・ボンがそれまでの群衆論に付加したものが浮かび上がってくるだろう。まずは群衆の定義を見てみよう。

ある一定の状況において、かつこのような状況においてのみ、人間の集団は、それを構成する各個人の性質とは非常に異なる新たな性質を具える。すなわち、意識的な個性が消えうせて、あらゆる個人の感情や観念が、同一の方向に向けられるのである。一つの集団精神が生まれるのであって、これはおそらく一時的なものではあろうが、非常にはっきりした性質を示すのである。そのときこの集団は、他にもっと適当な言い方がないので、組織された群衆、あるいはこう言ってよければ、心理的群衆とでも名づけるべきものになるのである。それは、単一の組織を構成して、群衆の精神的統一の法則に従っているのである[40]。

群衆とは何よりもまず心理的事実であり、必ずしも量的あるいは空間的な概念に還元されない。大勢の人々がたまたま同じ場所に集まったとしても心理的群衆を組織するとは限らないし、逆に離れればなれの諸個人でも何らかの刺激によって心理的群衆を構成する場合もある。重要なのは、群衆において個人の知性や個性が消失し、部分のたんなる総和とは異なる集団独自の思想様式と行動様式を具えるということである。ル・ボンによれば、群衆のなかの個人は催眠状態のアナロジーで捉えられ、その思考と行動は暗示に左右される。それは単純なイメージに刺激され、脊髄反射的に作動する「自動人形」に等しい。このような群衆の捉え方が、シゲーレやフルニアルの分析と軌を一にしていることは明白であり、だからこそ剽窃が云々されもしたのである。ところがル・ボンは従来の群衆論が一面的であると批判している。群衆が自己犠牲や無私無欲といった徳性をも示すこと、したがって英雄的でありうることを見逃したと論難するのである。[41]それはしかし、群衆が動物的なものの回帰であるという事実の一面にすぎないと言うべきであろう。群衆の英雄性は、いわば恐怖を知らない動物の行動力であり、無思慮、無分別ゆえの勇気だからである。

以上のように群衆の精神構造を要約したうえで、ル・ボンは群衆の意見と信仰がどのように形成されるのか、その前提条件について考察している。群衆がある信念を抱くに至るには、間接原因（遠因）と直接原因（近因）の二つが働いている。フランス革命を例にとれば、旧体制下の不当な税制やそれに対する啓蒙哲学者の批判が革命の遠因をなし、弁士の演説が直接の契機となって民衆蜂起をもたらした。間接原因には、伝統や政治制度、教育制度などが含まれるが、先述のとおり、畢竟それらは各人種の性格を表出したものにすぎないから、より根本的なのは人種だということになる。ここでル・ボンは、ラテン／アングロ＝サクソンの二分法を通して、西洋文明の内部における人種的差異を描き出そうとしている。例えば一般にアングロ＝サクソン系の政治制度は民主的であるのに対して、ラテン系は専制的もしくは中央集権的である、アングロ＝サクソン式の教育は企業的精神を重んじる職業教育であるが、ラテン式教育は暗記中心で、画一的な公務員を育てることしかできない、等々。結局、群衆がどのような信念や意見を抱き、いかなる行動に向かうかは、父祖から受け継いだ人種の精神によって大枠を嵌められているのだ。

そこにある種の言葉──自由、平等、民主主義など──によって喚起されたイメージが直接原因となって歴史的事件が発生するが、ここでも人種の精神が関与している。同じ民主主義という言葉を用いる場合でも、アングロ＝サクソン人がそれを個人の発展と国家の後退として捉えるのに対し、ラテン人はそれを正反対の意味で理解する。また同じ刺激を受けてもラテン系の群衆のほうが過敏に反応するので、フランスの世論はイギリスのそれよりも激しやすい。そしてこのような人種間の差異は、すでに見たように、社会階層の差異にも重なり合う。群衆とは無意識の領野へと抑圧された野蛮性の回帰にほかならないが、人種＝階級の性格に応じてその発現形態はおのずと異なる。動物的なもの、本能的なものを馴致する術を心得たアングロ＝サクソン人（あるいは上層階級）が群衆化への抵抗力を持つのに対して、ラテン人（あるいは下層階級）は容易に群衆に併呑されるのである。
ラテン人なかんずくフランス人が群衆現象に罹患しやすく、そこで下層階級が中心的役割を演じることは、歴史によって証明されている。ル・ボンは『フランス革命と革命の心理』のなかで、フランス革命を主導した「危険な集団」について次のように述べている。

あらゆる文明社会は宿命的に、堕落者、不適応者、さまざまな欠陥を持つ者など、社会のクズを抱え込んでいる。浮浪者、乞食、前科者、盗人、暗殺者、貧乏人、その日暮らしの者たちが、大都市の犯罪的人民を構成する。この文明のクズは、平時には警察と憲兵によっておおむね抑えこまれている。しかし革命時には抑制するものがなくなるので、彼らはたやすく殺人と掠奪の本能を発揮することができる。(42)

生活困窮者のみならず、遺伝的な精神疾患やアルコール中毒患者も含めて、ル・ボンは「最下層の民衆」が虐殺、掠奪、放火の首謀者なのだと断定する。革命的熱狂のなかで暗示と感染という群衆心理の機制が働くと、さらに多くの無為徒食の輩が動員されることになるだろう。そしてル・ボンによれば、国家崇拝と平等思想を核心とするジャコバニズムの射程は、フランス革命から一世紀を経て世紀末の社会主義にまで及んでおり、ラテン民族特有の人種の精神を下地として、両者は一連の問題系を構成しているのである。ル・ボンは社会主義の運動主体を、フランス革命の担い手と同様に、「変質」による不適応者であると見る。だがそれだけでなく、第三共和制下のラテン式教育制度によって生み出された中間知識層もそこに含まれる。「落伍者、世に認められない者、依頼人のいない弁護士、読者のいない作家、患者のいない薬剤師や医者、安月給の教師、職のない免状所有者、知識不足で雇用者から馬鹿にされている使用人などが、社会主義の本来的な信奉者である。……彼らが夢想するのは、自分たちが主人である社会を暴力的な手段で作り出すことである」[43]。ル・ボンにとって社会主義とは、本来淘汰されるべき自然的・人為的な不適応者の群れがルサンチマンに突き動かされて現体制の破壊へと向かう、すぐれてラテン的な群衆現象にほかならなかったと言えるだろう。

シゲーレ、フルニアル、ル・ボンの三人が群衆を批判したのは、自律的な個人が集団に埋没し、理性や判断力が雲散霧消してしまうからであり、そのかぎりにおいて彼らはリベラリストであった。群衆への懐疑は、しかし、強力な指導者による諸個人の統制を許し、逆説的にみずからの拠って立つリベラリズムをも否定することになる。世紀末の群衆論に対するもっとも厳しい評価は次のようなものだろう。「自律的な個人を再創造することは不可能だと悟って、彼らが辿り着いたのは、市民たるものは国民の高次の諸目的と見なされるものに従うべしという結論であった。こうして群衆心理学のなかにつねに含まれていた反自由主義は、ナショナリズムという原ファシズム理論に実現を見たのである」[44]。実際、世紀末から第一次大戦前夜にかけて、イタリアでもフランスでもナショナリズムを核に政治的糾合が図られた。シゲーレはイレデンティストとして論陣を張り、ル・ボンは群衆心理に精通した指導者を待望し、モスカ、ミヘルス、パレートといったいわゆるエリート理論家はアモルフな群衆をいかに飼いならすかというかたちで問いを引き受けていくが、この間の消息については他日を期したい。

注

(1) オルテガ『大衆の反逆』寺田和夫訳（中央公論社、一九七九年）、三八七―三八八頁。
(2) エドガー・アラン・ポオ「群集の人」中野好夫訳、『ポオ小説全集（二）』（創元推理文庫、一九七四年）。
(3) ボードレール「群衆」『ボードレール全詩集（Ⅱ）』阿部良雄訳（ちくま文庫、一九九八年）、三七―三八頁。
(4) ヴァルター・ベンヤミン「ボードレールにおけるいくつかのモティーフについて」『ベンヤミン・コレクション（一）』浅井健二郎編訳（ちくま学芸文庫、一九九五年）、四三八頁。ポー、ボードレール、エンゲルスに関する本章の記述は、ベンヤミンのこの論考から大きな示唆を得ている。
(5) モーパッサン『水の上』吉江喬松／桜井成夫訳（岩波文庫、一九五五年）、九八頁。なおシゲーレは『セクトの心理学』や『犯罪的群衆』第二版でこの一節を引用し、作家の観察を自説の強化に用いている。
(6) モーパッサン『水の上』、一〇一―一〇二頁。
(7) ベンヤミン「ボードレールにおけるいくつかのモティーフについて」、四四八頁。
(8) エンゲルス『イギリスにおける労働者階級の状態（上）』浜林正夫訳（新日本出版社、二〇〇〇年）、五一―五二頁。強調は原文。
(9) エンゲルス『イギリスにおける労働者階級の状態（上）』、二三頁。
(10) ベンヤミン「ボードレールにおけるいくつかのモティーフについて」、四五二頁。
(11) ヘンリー・メイヒュー『ロンドン路地裏の生活誌（上）（下）』植松靖夫訳（原書房、二〇一一年）。
(12) ジャック・ロンドン『どん底の人びと』行方昭夫訳（岩波文庫、一九九五年）、二二頁。
(13) ロンドン『どん底の人びと』、二四〇頁。
(14) ロンドン『どん底の人びと』、三〇二頁。
(15) ジョージ・オーウェル『パリ・ロンドン放浪記』小野寺健訳（岩波文庫、一九八九年）、一六一頁。
(16) オーウェル『パリ・ロンドン放浪記』、二六八―二七八頁。オーウェルが犯罪学の本で読んだという先祖返り説は、ロンブローゾを首領とする犯罪人類学派によって唱えられていたもので、なかでもベネディクトは「生来性浮浪者」なる概念を提起していた。ピエール・ダルモン『医者と殺人者――ロンブローゾと生来性犯罪者伝説』鈴木秀治訳（新評論、一九九二年）参照。
（17）Scipio Sighele, *La foule criminelle* (Félix Alcan, 1892), p.13. 強調は原文。
（18）Sighele, *La foule criminelle*, p.23. 強調は原文。
（19）Sighele, *La foule criminelle*, p.35.
（20）Sighele, *La foule criminelle*, p.54.
（21）Sighele, *La foule criminelle*, p.65. 強調は原文。
（22）Sighele, *La foule criminelle*, p.104.
（23）シゲーレは集団犯罪を二つに区分している。一つは集団の本性に起因する犯罪であり、マフィアや強盗団などの組織的で計画的な犯罪が含まれる。もう一つは、集団の激情によって引き起こされる突発的犯罪である。前者は人類学的要因に、後者は社会的要因にその原因が求められることになる。Cf. Sighele, *La foule criminelle*, p.28.
（24）古典学派と実証学派の論争については、中村喜美郎『近代イタリア刑法思想の断層面』（駿河台出版社、二〇〇四年）、六五―一〇二頁、参照。
（25）このときの講演は『刑法および刑事訴訟法の新しい地平線』として一八八一年に刊行された。一八九二年の第三版ではタイトルが『犯罪社会学』と改められ、その翌年に仏訳されている。
（26）実証学派の理論的集大成でもあったフェッリ草案は、ファシスト政権の成立によって日の目を見ることはなかった。
（27）Sighele, *La foule criminelle*, p.149.
（28）Scipio Sighele, "Le despotisme de la majorité et la psychologie collective," in *La foule criminelle*, p.178. 強調は原文。
（29）初出は一八九五年、仏訳は『セクトの心理学』（一八九八年）に収録された。
（30）Scipio Sighele, "Contre le parlementarisme," in *Psychologie des sectes*, (Giard et Brière, 1898), pp.200-201. 強調は原文。
（31）ゾラのルーゴン＝マッカール叢書は明らかに変質論から示唆を得ており、一族はほぼ五世代で衰退する。
（32）Jaap van Ginneken, *Crowds, Psychology, and Politics*, 1871-1899 (Cambridge University Press, 1992), p.100.

（33）Henry Fournial, *Essai sur la psychologie des foules* (Storck et Masson, 1892), p.23.
（34）Fournial, *Essai sur la psychologie des foules*, pp.24-40.
（35）Fournial, *Essai sur la psychologie des foules*, pp.107-109. 強調は原文。むろん「獣人」は一八九〇年に刊行されたゾラの長編小説のタイトルであり、主人公ジャック・ランチエは生来性犯罪者として造形されている。ロンブローゾの『犯罪者』の読者であり、ラカサーニュの創刊した『犯罪人類学雑誌』の予約購読者でもあったゾラは、当時の犯罪人類学の動向に並々ならぬ関心を寄せていた。
（36）この経緯については、Susanna Barrows, *Distorting Mirrors: Visions of the Crowd in Late Nineteenth-Century France* (Yale University Press , 1981)、および Jaap van Ginneken, *Crowd, Psychology, and Politics* を参照。
（37）Gustave Le Bon, *Lois psychologiques de l'évolution des peuples*, dix-huitième édition (Librairie Félix Alcan, 1927), p.27
（38）Le Bon, *Lois psychologiques de l'évolution des peuples*, p.41.
（39）Le Bon, *Lois psychologiques de l'évolution des peuples*, p.168.
（40）Gustave Le Bon, *Psychologie des foules*, (Quadrige/PUF, 1995), p.9. ギュスターヴ・ル・ボン『群衆心理』櫻井成夫訳（講談社学術文庫、一九九三年）、二六頁。強調は原文。以下、訳文は必ずしも邦訳に従っていない。
（41）Le Bon, *Psychologie des foules*, p.6. 邦訳二三頁。
（42）Gustave Le Bon, *La Révolution française et la psychologie des révolutions* (Flammarion, 1912), pp.88-89.
（43）Gustave Le Bon, *Lois psychologiques du socialisme*, huitième édition (Librairie Félix Alcan, 1920), p.62.
（44）Roger L. Geiger, "Democracy and the Crowd: The Social History of an Idea in France and Italy, 1890-1914," *Societas*, Vol. VII, No. 1 (Winter, 1977), p.67. むろん、このような見方が単純にすぎるとの指摘もある。例えば、J. S. McClelland, *The Crowd and the Mob: From Plato to Canetti*, (Routledge, 1989) を参照。

第3章

慈善、労働、私的所有をめぐる自然的個人の経済学と公共性の復権

大津　真作

1　キリスト教と公共的慈善

十分の一税

聖職者を養うとともに、貧民を救済するとしてローマ教会が民衆に税金を課した歴史は、ヨーロッパでは古い。フランスの八世紀後半のカロリング朝以来である。この税金は、フランスでは、毎年納めなければならない苛酷な現物税となっていた。しかも、領主への貢納に先駆けて、十分の一税徴収人が現地で小麦の束を抜き取るという厳正さで徴収が実施されていたから、農民たちの反感は、それだけいっそう強かった。

一七八九年のフランス革命前夜に、フランス各地から寄せられた陳情書のなかで、十分の一税に対する不満が

多かったのも、こうした重税感がその背景にある。それは、フランス革命の反封建的性格という「革命伝説」を帳消しにさえしかねない、と革命史家は指摘する。

たしかに農民の陳情書はしばしば領主権に対する苦情で満たされている。しかしながら農村共同体の特別な二つの傷口である十分の一税とタイユに対する苦情の方がむしろ多いようである。(1)

ここで史家は十分の一税と戦争のたびに税率が引き上げられたタイユを「二つの傷口」と呼んでいる。それは、この税金がどちらも、人間として生まれた瞬間から、その人間の身体とそれに関連するなんらかの私有財産とに課税されるという人頭税の一種だったからである。財産を持ってはいないのに、これから生まれるに違いない財産をあらかじめ先取りする税は、私的所有権の近代的原理をそもそも否定している税金である。そして、これが革命を導き出す怨嗟の原因だったというのだから、アンシアン・レジームの決定的矛盾が近代資本主義社会においては、どのような変容を見せたかが問題となろう。

イギリスの貧民対策

近代社会の創成期には、貧困とそれがもたらす飢餓が重要な社会問題であった。イギリスで救貧法が制定されたのは一五三一年である。一六世紀後半になると、絶対主義権力によっていっそう積極的に貧民対策が講じられた。土地囲い込み運動とそれに続く「農民層の大規模な分解(2)」によって、農村に浮浪者が大量に生まれたからである。凶作がこの悲惨な状態に拍車をかけたことで、「厳然として存在する食料危機」が引き起こす「食料暴動を恐れる(3)」絶対王政は、一五九七年に囲い込み禁止法を制定するとともに、翌年には、「完成されたエリザベス(4)」

救貧法を制定し、教区ごとの貧民対策をいっそう充実させた。その財源に当てられたのは地方財産税である。つまり、教区民に慈善がカトリック国と同様に強制されたのである。おまけに富者に積極的に寄付を行なうように教区民が倫理運動を展開したために、「ピューリタニズムとカトリシズムの貧民思想に差がなかった」[5]と評価できるほどの水準に貧民救済は達した。少数の富者からの慈善を名目にした一種の所得移転が生じていたということである。

しかし、一方で、当初から王政は、労働可能な浮浪民とくに成年に達した浮浪者を犯罪者として厳格に取り締まったことも事実である。最も残虐な一五四七年の救貧法では、三日以上の浮浪者に発見者の奴隷として二年間働くことを義務づけ、逃亡者には生涯奴隷の刑を科し、重犯には死刑を科した。エリザベス朝の救貧法でも、三犯は絞首刑に処された。浮浪民の告発は一種の精神運動を伴っていたため、法の適用を受け、処刑された人間はおびただしい数にのぼった。

しかしながら、相次ぐ飢饉で、飢餓難民の増加が起こり、各教区の負担する費用が激増した。一五六〇年代からの四〇年間で教区負担は、三・七倍になっているというデータもある。都市間の格差を解消するために一六〇一年には全国的救貧法が整えられた。こうでもしなければ、待遇のよい都市に押し寄せる難民を防ぎ得なかったのである。いつの時代にも、人間は福祉の行き届いたコミューン（共同体）を求めて移動するということである。

フランスにおける慈善

宗教改革を経なかったフランスの場合は、貧民救済は、歴史的に教会が請け負ってきた。フランスのアンシアン・レジーム下では、貧民への慈善を賄ったのは、すべての階層に適用された十分の一税であった。修道院の財産にさえこの税は課されていた。

この十分の一税は、教区共同体の枠内で、富の再分配機能を果たしていた。例えば、一八世紀にアンジェにあったベネディクト派の大修道院には、年間、五万八〇〇〇リーヴルから六万八〇〇〇リーヴルの税収があったが、そのうち、七〇〇〇リーヴルが国税支払いに当てられた以外に、一八一〇リーヴルが救貧事業へ、四〇〇リーヴルが牢獄へ、残余の一七九〇リーヴルもなんらかの社会事業に振り分けられていた。つまり、全体で修道院の収入の二割弱が公共のための支出だったということである。

教区共同体には、共有財産が豊富にあったが、その管理は、司祭が行なうのではなく、「教会財産管理委員会」という教区民の寄り合いが行なった。だから、教会財産管理委員会と司祭はしばしば対立した。それに加えて、ナント勅令前後には、フランスにもプロテスタンティズムが根を張り始めていたから、高位聖職者の奢侈に結びついた十分の一税の存在そのものに対する「正真正銘の反抗」の気運が高まってきていた。この「反抗」は、教会勢力を取り込むことで統治の安定を図っていた絶対王政に対する批判につながる恐れがあった。これがナント勅令廃止の遠因のひとつだった。竜騎兵による「ユグノー教徒の強制改宗と彼らの国外追放が反抗を黙らせた」。こうして、このときの「恨みがほぼ二世紀を覆い、多くの陳情書が示しているように、一七八九年に暴力的に爆発した」[6]のである。

キリスト教と慈善との切断

貧民救済や慈善を柱とするカトリック的教義に転換が生じたのは、ルターが呼号した宗教改革そのものにおいてである。ルターは、地上での罪に介入する権限を教会から取り去った。世俗での罪を裁くことは世俗権力に任せたのである。

しかし、宗教改革後、もう一度生じた、労働観における教義的純化は、深刻な影響を社会に及ぼすこととなった。労働を忌避することは悪徳と見なされ、遊民や浮浪者や物乞いは、犯罪者として世俗権力によって罰せられるようになったからである。

労働観におけるこの大転換をキリスト教の教義解釈において主導したのは、フランス出身の宗教改革者ジャン・カルヴァンである。

カルヴァンによれば、アダムの堕罪以来、人間は神の前では、罪人である。原罪のせいで、人間は「この世の中の分泌物や廃棄物の類[7]」となっている。労働は、この救いようのない罪人である「個々の人間の動きを神が教唆する[8]」ための用具である。それは、人間に「神の特別な賜である禁欲[9]」を実践させるための神の鞭である。鞭という強制をともなった禁欲が神からの贈り物であるとすると、労働を忌避する人間に対する慈善や施しは、神に対する反逆行為となりかねない。また、明確に労働への意欲を削ぐことになる宴会や遊興や歌舞音曲・演劇の類は、取り締まりの対象となった。

カルヴァンの陰気な人間観は、教義上の「盗み」の種類を増やす結果となった。慈善も、貧民の側からの「へつらいによる盗み[10]」の一種と見なされた。カルヴァンはここで、「へつらい」という心理学概念に訴えている。個人の心理学を用いて、富者から慈善の義務を取り除くやり方は、いかにも近代的で、第三節で示すように、スミスにも受け継がれている。

2　マンデヴィルの幸福な経済自然主義と労働貧民

『蜂の寓話』の社会論理学

カルヴァン登場以後の労働や慈善をめぐるこの価値観上の大転換を「ブルジョワ社会の俗物的弁護論者よりも、

限りなく大胆で、はるかに正直な」[11]プロテスタントのマンデヴィル（一六七〇〜一七三三）が『蜂の寓話』で衝撃的に遂行した。慈善は、労働を嫌う風潮をもたらし、人々を怠惰に陥れることによって、社会や経済を不活発にするだけだ、と彼は主張したのである。

このように、慈善を排し、労働をモットーとする社会は、普通に考えれば、禁欲的労働社会となるはずである。ところが、プロテスタンティズムを信奉するマンデヴィルが推奨してまわった社会は、禁欲的社会ではない。彼の社会観は、神からの劫罰としての世俗内禁欲を人間の諸活動のバネとは考えない点で、宗教倫理の要請からは外れている。

それでは、この魔法のようなバネは、どこにあるのか？

マンデヴィルが『蜂の寓話』で推奨する蜂の巣すなわち社会は、キリスト教的「義人」から成る禁欲主義的な公正無比の「正直な蜂の巣」[12]ではない。「私悪すなわち公益」などと銘打って、毒素を持った「悪徳」が投げこまれた不道徳な社会である。このように宗教道徳から見て正義でない社会が繁栄するのは悪徳のおかげである。つまり、魔法のバネは悪徳なのである。


悪徳は巧妙さを育て、それが時間と精励とに結びついて、大変な程度にまで生活の便益や真の快楽や慰安や安楽を高め、おかげで貧乏人の生活でさえ、以前の金持ちよりよくなって、足りないものはもうなかった。[13]

悪徳は、社会に繁栄をもたらし、水滴が滴り落ちるように、トリクルダウン方式で成員全体の福祉をも実現するというのである。

しかし、このマンデヴィルの寓話の不思議なところは、本来、労働を嫌がる人間を「精励」な労働に走らせるのが「悪徳」である点である。説教壇からなされる禁欲の勧めではなく、むしろ享楽につながりかねない悪徳の勧めによって、人間は、自然に労働に駆り立てられるというのである。では、なぜ、悪徳が刻苦勉励へのバネとなるのだろうか？

間違いなく、いまだキリスト教徒であるマンデヴィルにとっては、カルヴァンが言うように、「アダムの堕罪以来、人間本性はいつも同じであり」、悪徳への不断の傾向こそ人間本性（nature）である。言い換えると、人間的自然（nature）である。抑制のきかないこの人間本性を「社会の基礎[14]」としなければならないということになると、バネはこの人間的本性の特性にあることになる。

人間本性がなぜいつも悪徳に傾斜するのかを考えてみれば、そこにこの難問を解く鍵が隠されている。人間本性が悪なのは、人間が自己のみを愛し、自己の利益のみを図り、他人の幸せなど顧みないからではないだろうか。たえず悪徳へ傾斜するこの「自己愛」という性向こそが人間の本性ではなかろうか。そうすると、人間は、自己利益を求めるがあまり、危険も、労苦も顧みず、禁欲道徳を実践して、富をできるだけたくさん手に入れようとするというわけである。この自己愛とその代償としての禁欲道徳の実践との結びつきの発見に力を貸してくれたのは、ほかでもなくマンデヴィルがオランダで、学生時代に薫陶を受けたと言われるピエール・ベール（一六四七〜一七〇六）である。

自己愛と禁欲の両立

ベールは、ナント勅令廃止の四年前に、フランスからオランダに教授として招かれた哲学者で、その後、勅令廃止で大量に発生した亡命ユグノー教徒の宗教指導者のひとりになった。彼は、カルヴァン派の教義に基づき、神が正義であり、善であることを理性では説明できないとして、古今東西、ありとあらゆる宗教の神義論――すなわち神をどこまでも善で正義だと言い張る理屈――を集めてきて、その論理的破綻を長大な記述を誇る『歴史批評辞典』で証明して見せた。そのため、敬虔なカルヴィニストのベールは、かえって、一八世紀の啓蒙主義者や無神論者に、思想的武器を提供したのである。

実際、地上に悪が満ち溢れていても、神が正義であり、善であるならば、悪徳は、社会にとっては、仕方がないことになる。しかし、そんな不道徳な社会は、はびこる悪徳のためにやがて滅んでしまうのではなかろうか？

驚くべきことに、ベールは、この宗教的論理矛盾にも、完璧な答えを出した。それが自己愛と禁欲との一種の交換関係の成立であった。言い換えれば、人間個人は、一般的には、自己の身体的生命の維持およびその持続と密接に結びついた情念である利己心や自己愛という「人間本性」[15]すなわち人間的「自然」のおかげで、かえって禁欲や節制や自己抑制という「宗教的」道徳を実行するということである。膨れ上がる利己心――黄金欲、征服欲――が禁欲を実践させた例には枚挙のいとまがない。禁欲は強欲の結果であって、原因ではない。こうして、人間が公益的な社会を形成するうえで、最も肝心な徳目となる諸個人の禁欲が無自覚の内に、自然に、悪徳とともに実行されるという新しい社会論理学が誕生した。人間の悪徳と社会とが両立するというのである。

このベールの教えを受けて、悪徳をいわば脱呪術化したマンデヴィルは、人間の悪徳こそが人間を「社会的〔公益的〕な動物にする」[16]というアリストテレスの命題を逆手にとった主張を打ち出した。「動物」であるから、人間が善人になったわけでもなく、自覚的、意識的、理性的に「公益的になる」わけでもない。公益は、利己的な人間にとっては、認識の彼岸にあり、此岸にあるのは、私益だけである。だから、公益は、「意識的」に実現されるわけではなく、「自然に」、客観的に実現されてしまうという話である。

ヘーゲルの哲学的表現を借りれば、公益という善なる目標の達成には、肝心の人間主体がかかわっておらず、それは純粋に客体的な自然が必然的に実現するという機械論的な話になっている。人間の自己意識が客体化していない。「ここでは、精神が疎外されており、精神の活動が機械制（メカニズム）として存在している」(17)。無意識のうちに動く欲望とともに、善なる公共社会が自生的に、ここでもトリクルダウン方式で形成されるという仕掛けになっている。これが近代社会の特徴である。だから、マンデヴィルのこの欲望とともに自然に産み出される自生的公共社会には、目的や意味を示す倫理が欠如してくるのである。

慈善なき社会モデル

悪徳を抑制するバネは人間本性の自己愛にあることがわかったが、私的所有を追求する自己愛と公共社会の繁栄との結びつきについては、ことはそう単純ではない。これこそは経済学の問題である。

近代の公共社会の繁栄には、営々として労働に打ちこむ膨大な人数の禁欲的労働者がどうしても必要である。享受にしか興味がない貴族や、寄付と十分の一税で働かなくても食べていける聖職者や、商品交換だけで利益をあげる商人しかいない社会では、だれも肝心の物質的富を生産しないからである。農民と職人と労働者の労働がどうしても必要である。

そこでマンデヴィルは、怠惰な富者と労働に従事する多数の貧者に分裂した近代の経済的諸関係に完全に適合する社会モデルを主張する。

マンデヴィルは、奢侈と蓄財欲とを通じて富者は国富の形成に貢献し、貧者は禁欲的労働を通じて国富の形成に貢献するという図式を立てたから、結局、そこでは、「精励」の意味が富者と貧者とでは、正反対になっているのである。しかし、少し考えてみればわかるように、前者の精励の対象物は、みな後者の労働がつくり出したものである。だから、彼の労働価値説にもとづけば、膨大な「労働貧民」の存在は不可欠なのである。

ところで、天職としての労働を禁欲の実践と捉える宗教倫理の精神的強制から離れた近代の自由人のうちで、だれがいったい自発的に自由を捨てて、この禁欲的な労苦に進んで従事するであろうか？　それは、反啓蒙と反重農主義のジャーナリストで弁護士のシモン＝ニコラ＝アンリ・ランゲ（一七三六〜一七九四）に言わせれば、「はじめから」自由を「暴力」のせいで喪失した奴隷でなければならない。

社会が絶対的に望むことは、社会を構成する人々のあいだで、或る人びとが不安なく消費する一方で、他の人びとがつらい労働に身を委ねるということであり、前者が怠惰だけで手に余っているということであり、後者が人生のなかで一瞬たりとも、労苦からまぬかれることがないということである。(18)

だから、マンデヴィルは、自由な社会でありながら、奇妙なことを言う。

奴隷が認められない自由国家において、最も確実な富は労働貧民のマルチチュード（多数者）である。彼らは海軍と陸軍の尽きることのない温床である。このうえなくみすぼらしい状況のもとで、社会を幸福にし、人々を安楽にするためには、多数の彼らが貧乏でも無知でもあることが必要だ。それゆえ、あらゆる国家や王国の福祉や至福には、労働貧民の知識がその職業の範囲内に留められ、その天職に関係するもの以上にはけっして広げられないことが必要とされる。……読み書き算術は、仕事でそのような資格が求められる者には大変必要であるけれども、生計がこうしたものに依存していない場合、毎日の労働によって毎日のパンを得なければならない貧乏人にはとても有害だ。(19)

要するに、労働貧民に知識を与えると、労働をいとい、怠惰に流れるから、無知蒙昧と絶対的貧困の状態に彼らを強制的に「縛り付け」ておかなければならないというのである。

絶対に破ってはならない原則として私が定めたものは、貧乏人は厳しく仕事に縛り付けておくこと、彼らの困窮を救ってやるのは賢明だが、それを取り除くのは愚かであること、食料したがって労働を安くするために、農業と漁業のあらゆる分野が促進されるべきことであった。私は、無知を社会という混合体での必要欠くべからざる要素だと言った。最高の奢侈が認められるのは、上層部だけであって、ずっと大きな割合を占めている大多数、すなわちマルチチュードはすべてを支える基礎となる最下層、大勢の労働貧民でなければならない[20]。

マンデヴィルの考える「幸福な社会」の不思議なところは、苦役につながれた労働者が自然な「自由人」であると主張されていることである。だから、この社会では、自由人と想定されている分だけ、都合よく、教育も、慈善も、社会の任務ではなくなる。

幸福な社会を築くのに活動的な部分と活動的でない部分のあいだには、大きな不均衡があってしかるべきであり、このことが顧慮されていない場合、莫大な贈り物や寄付は国家にとっては有害なものになる。慈善があまりにも広範囲に及ぶと、必ずといってよいほど怠惰や無為を助長し、のらくらものを生んで、精励を損なうほかはほとんど国家の役に立たない。多くの救貧院や養老院を作れば作るほど、ますますそうなる[21]。

マンデヴィルは、たしかにマルクスの言うように、余りにも正直すぎる。だが、近代的経済科学の淵源が、富裕者を軽蔑し「慈善と愛徳の精神」を尊ぶ旧来のカトリック的宗教道徳になかったことだけは確かである。こうした現実に対して、「かくも極端な不平等が打ち立てられている以上」、慈善心というこのカトリック精神を「社会秩序の一構成部分と見なされなければならない」[22]と主張したのは、アンシアン・レジーム末期の財務総監、スイス出身のまぎれもないプロテスタントのジャック・ネッケル（一七三二〜一八〇四）だった。ネッケルは、ランゲと同様、自由主義的古典派経済学の魁（さきがけ）である重農主義に対する批判を展開した。

無神論者ドルバックの見たスミス時代のイギリス

ディドロの盟友で、数々の反宗教文書の出版で名を馳せた無神論者のドルバック男爵（一七二三〜一七八九）には、匿名で、出版地もロンドンと偽って一七七三年に出版された『社会体系』という社会原理を論じた著作がある。彼のこの『社会体系』で、最も注意を惹く箇所は、同時代のイギリスに関する社会批評の一節である。

ドルバックは、イギリスの懐疑論哲学者ヒュームとの交流もあり、一七六五年八月にイギリス旅行に出発するのだが、そこで、九月の半ばまで、繁栄する英国近代社会の腐敗と貧困を目の当たりにする。ドルバックは、ヴォルテールを筆頭に、モンテスキューも感染していたイギリス熱から一気に冷めてしまった。

音に聞くイギリスの政治制度は、王、貴族、市民のいつわりの均衡体系であり、それを支える議会制度の腐敗を彼は目の当たりにした。それは、金権政治と強権政治であり、愛国心など「美辞麗句にすぎない」。個人の私益が眉をひそめさせるほどひどく公益を損なっている。王はこの腐敗を利用して、他の国よりももっと強力な存在になりつつある。ドルバックは、イギリス社会の貧富の差と不公正と堕落を厳しく批判する。

「臣民の腐敗堕落は、専制的暴君よりももっと悪い体制に」イギリスを向かわせるだろう。「大学では金持ちの道楽息子がのらくらして享楽にふけっている」。二〇〇人の貴族が一八〇万リーヴルの年金を持っている。商人の富裕もとどまるところを知らず、聖職者は国富の四分の一を所有し、まさに富の不平等分配である。富の不平等分配はフランスと似たようなもので、市民のマルチチュードになにも残してはいない。酒と賭博に耽り、自殺に追い込まれるイギリス人の気質が陰気で、憂鬱なものになっていてもなんら不思議ではない。これらはすべて選挙の買収の結果である。ドルバックは断罪する。

これこそは賛美されたイギリス統治なのである。モンテスキューは、イギリスのいいところばかりを言っているが、彼はこんなにひどい状況を知らなかったのだ。

この頃、古典派経済学の鼻祖アダム・スミスは、『国富論』を執筆していた。しかし、『国富論』には、ドルバックが観察したような腐敗したイギリスの状態が不思議なほど描かれてはいない。彼は、別の論敵と戦っていたようである。

3　スミスの自然主義的社会と公共性の喪失

スミスのマンデヴィル受容

スミスは、マンデヴィルの社会倫理から解放された経済自由の学説を受け入れるものの、「悪徳は国家にとり不可欠なものだ[23]」という前提は、自分が説こうとしている経済科学では、不必要であるとして受け入れない。というのも、スミスが相手にしている社会は、「労働者が彼自身の労働の生産物全体を享受した原始的状態」がもはや「存続することができなくなった」のちの「労働の生産力の最も著しい向上が行なわれた」社会だからである。こうした社会では、と経済科学の創始者スミスはあっさり言ってのける。

労働の報酬すなわち賃金に対して生産力の向上がどんな影響を与えたかを追求することは無益である[24]。

こうした社会では、なにをもって悪徳とするかという社会倫理学が転倒する。スミスにとって悪であるのは、自然な経済の回転を妨げるあらゆるたぐいの経済外的強制である。彼の論敵は、これである。
この観点からは、スミスの創始になる概念ともいえる分業（労働の分割）を規制する一切の同業組合法はもちろんのこと、救貧法も労働者の「自由な流通を妨げるから[25]」廃止すべきである。マンデヴィルの悪徳のバネに代わって、分業こそは人々を繁栄へと導く鍵を握る概念である。分業こそが人間を労働と商品交換へと自然に向かわせる新たな経済の心理的バネである。
ある商品を望むということは、自分が別の等価値の商品を所有していなければならない。さしあたりどんな人間でも、一個の労働力である。だから、スミスにとっては、労働を自由にすることによって国富を積み重ねれば、おのずからトリクルダウン式に労働者自身は富むということになる。なにしろ、「文明で盛大な諸国民のあいだでは、たとえ人民の多数はまったく労働せず、その多くは、働く人々の大部分に比べて、しばしば百倍もの労働生産物を消費するにもかかわらず、社会の全労働の生産物はなおきわめて大であるから、すべての人はしばしば潤沢に供給され、最下、最貧の階級の職人でさえ、もし彼が倹約で勤勉であれば、どのような野蛮人が獲得し得るよりも多くの生活必需品および便宜品の分け前を享受し得る[26]」からである。だから、貧困者はなにも心配することはない。繁栄するスミスの社会では、マンデヴィルの懸念とは裏腹に、貧困が労働の前提ではないし、貧困問題も生じない。

この文明社会観は楽天的で、近代の讃美としか言いようがないくらいである。だから、この自然主義的社会では、倫理学が不必要なのである。労働者は、分業という名の交換欲望を持っているがゆえに、自然に「倹約」し、「勤勉」である。

慈善の強制に至っては、資本家の基金の浪費を強制することだから、論外となる。スミスは、カルヴァンの勤労至上主義を思わせる筆致で、慈善を非難する。スミスによれば、資本家の「父祖たちが倹約していわば神に捧げた基金から」慈善は「怠惰な人々の賃金を支払う」ことに匹敵するから、「勤勉な人々のパンで怠惰な人々を食べさせる」ことになり、資本家が「自分自身を乞食にするばかりではなく、自分の国をも貧困化するのに役立つのである」(27)と断言する。

慈善は浪費というこの経済科学的言説は、労働貧民の禁欲をめぐっても現われる。スミスは、近代の自由な労働貧民と古代の奴隷の比較を行なって、マンデヴィルに劣らず、奇妙なことを言う。


奴隷が消耗してしまえば、主人の経費負担になるが、自由な使用人がそうなると、その人自身の経費負担になる。(28)


資本主義時代に生きる労働者にとっては、おそらくこれは、生活の現実であるから「奇妙なこと」ではないかもしれないが、経済科学としては、論理的に破綻している。

雇用主には、使用人の健康状態や家計の状況について気にかけ、少しでもその生活の足しにと、賃上げを行なう慈善的な義務などいささかもないとすれば、いったい自由なこの使用人はどこから、みずからの労働による消耗を避ける基金を調達してくるのか？　それが慈善でないとすれば、他人の財産を盗むことによってしか、この基金は得られないのではなかろうか？　そのような不道徳なことは、使用人は避けるに違いない。すると、使用人は、みずからの消耗を偽って、さらにいっそう労働に精を出すか、それとも、正規の労働以外にも闇労働に励むことになるだろう。いずれにせよ、一家の大黒柱である彼は、みずからの健康をいっそう害し、病み、床につき、医者にもかかれずに、死ぬに違いない。残された彼の家族も早晩同じ運命をたどる。これは極論ではなく、現にスミスの時代にも頻繁に生じていたことである。同時代のフランスについても、ランゲは、同じようなケースを、自分が滞在していたアヴィルで靴職人の身の上に起こった悲惨な家族崩壊事件として報告している。[29]
スミスは、この酷薄な論理をさらに極限化する。どうやら、スミスが創始した経済学の理論構成には、その前提に、重大な欠落があるようである。

たとえ使用人の消耗が同等にその親方の経費負担になるにしても、それは、親方にとっては、奴隷の場合よりも一般にはるかに少ないものにしかつかない。奴隷の消耗または補充のために予定された基金は、普通は、怠慢な奴隷の主人によって管理されている。自由人に関して同一の役目を果たすために予定されていた基金は自由人自身によって運用されている。富者の経済に一般に広く行なわれる無秩序は、自然に前者を運用する場合に導入され、貧者の厳格な倹約ときわめてつつましい注意とは、同じように自然に後者を運用する場合には確立されるのである。[30]

基金が一体どのようにして用意されたのかは別にして、ここでスミスが想起している自由な使用人による自発的な「倹約」は、実は、スミス自身が嫌がる「強制された」禁欲であり、「強制された」節約の倫理である。貧者は、禁欲の道徳を実践しているのではないし、節約を心がけているわけでもない。彼は、貧しさゆえに、必需品さえ手に入らないから、市場に行けないだけの話なのである。懐が自由になるからといって、それが浪費の原因になると考えているのは、裕福な家計を節約によっていっそう富まそうとする吝嗇漢以外にはいない。
ランゲ的視点はもとより、マンデヴィルの懸念さえ存在しない、脱倫理的な慈善なき自然主義経済学をスミスの『道徳感情論』はいくらかでも修正しているだろうか？

スミスの社会観と慈善

スミスが生涯にわたって何回も手直しをした『道徳感情論』には、人間の社会生活そのものが善である、と考える傾向が現われている。このような社会観に立つと、人間に有徳であることを強制しなくてもよくなる。社会生活が個々人の悪徳を無意識のうちに、自然に洗い流してくれるからである。スミスは、社会そのものがなぜ人間にとって有益なのか、その秘密を次のようにもらしている。

必要な援助が寛容で無私の動機から提供されないにしても、また、社会のさまざまな成員のあいだに相互の愛情と好意がない場合でも、そうした社会は、幸福と快適さの点で劣るにしても、必ず解消されるわけではない。さまざまな商人のあいだでのように、さまざまな人間のあいだで、社会が有用であると感じられることから、社会は存続する。そして、だれひとりとして、いかなる義務も負っていなくとも、あるいは、だれひとりとして他のだれかに対して感謝の念で結ばれていなくとも、合意された評価額にしたがって、損得勘定で良き心遣いを交換することによって、社会はなお支えられうるのである。[31]

つまり、「合意された評価額」にもとづいて「損得勘定」がなされる「交換」の正義が確立された商品交換社会であれば、それだけで十分、社会は存続しうるとスミスは考えていたのである。かね勘定だけの社会は、なるほど、殺伐としているかもしれないが、しかし、立派に成立し、存続する。だから、慈善は人間の義務ではないとスミスは言い切る。

慈善はつねに自由であって、力で強要されるわけにはいかない。慈善が単に不足していることだけでは、いかなる処罰にもさらされない。なぜなら、単に慈善が不足しているだけであれば、それは、なにも現実的な、明白な悪行に走る傾向を持たないからだ。

だが、世間には、咎められるべき忘恩の輩がいる。恩人が困って助けを求めてきているのに、恩人を救おうとしない人間である。しかし、そのような人間でも、他人に「害となるような積極的行為をやってはいない」のだから許される、とスミスは言う。となると、もはや慈善を強制する理由はひとつもなくなる。理由がなにもないのに、人に慈善を強制することの方が問題である。恩人は、現実的な物質的援助を求めているのに、心理学が横槍を入れる。

報恩という点で彼がなすべきことをなすように、力でもって、彼に義務づけることは、たとえそれが可能であるとしても、彼がその行為を怠ったことよりも以上に、なおいっそう不適切なことであろう。もし彼が暴力によって、恩に報いるように無理強いされようと試みられていたなら、彼の恩人は屈辱を感じるだろう。第三者が双方の上に立つ者でないのに、口出しすることは図々しいことであろう。(32)

このような放任主義的道徳論は、おそらく貧困と富裕との闘争がさほど広がっていない社会だけに許されるものである。マルクスが「階級闘争の不在」をイギリスの古典派経済学の特徴と考えたのも無理はない(33)。

とはいえ、ドルバック男爵が見聞したように、現実のイギリス社会には、貧困と怠惰と腐敗と悪徳が巷に満ち溢れていたのである。スミスは、後半生をかけて、『道徳感情論』の文章に手を入れ続けたが、それにしては、あまりにも、こうした社会に対する危機感がなさすぎる。『道徳感情論』には、単なる心理学ではなく、現状を是正する論理が期待されていたはずなのに、スミスの著作は、この期待には明らかに応えてはいない。

スミスの唯名論的傾向

期待に応えられない原因としては、彼の方法論の特徴を挙げなければならない。すでに見たように、社会は同胞感情を持った個々人の集積にすぎない、と彼は考えている。それは、国富が個々人の「労働」から産み出される生産物の集積であり、「その国民が年々に消費する一切の生活必需品や便益品(34)」のすべてであるという『国富論』の冒頭に掲げられた「国富」の無媒介的規定と似通っている。一般概念を、こういう個物の感覚的集積と捉える哲学的立場は、唯名論と呼ばれ、イギリスの哲学的伝統であり、その起源は、イギリス出身の異端の神学者ウィリアム・オブ・オッカム（一二八五?～一三四七?）である(35)。スミスの社会観は、多分にこの唯名論におそらくヒュームを介して影響されている。

例えばヒュームは、社会の多数者が貧困であれば、残りの少数者も含めて、国家全体が貧困であると言う(36)。もちろん、ランゲのように、一方に富裕を享受するだけの怠惰な富者がいて、他方には、労働という苦役に縛りつけられた奴隷のような貧民がいるという見地に立てば、少数者の富裕は多数者の貧困を前提とすることになるから、ヒュームの数量的平等主義にもとづく見解は短絡的にすぎることになる。
同じ唯名論的傾向は、スミスの労働価値説に見られる。スミスは『国富論』で次のように言う。

ある商品の価値は、それを所有してはいても、それを他の諸商品と交換しようと思っている人にとっては、その商品がその人に購買または支配させ得る労働の量に等しい。それゆえ、労働は一切の商品の交換価値の実質的尺度なのである。(37)

だから、スミスの労働価値説というのは、労働と交換価値に関する学説であり、労働が質的に有用な価値を持つという学説ではない。すなわち、質的ではなく、量的な価値が問題になっている。これは、近代社会を考えるうえで、必須の前提となる哲学的問題である。

聖餐の秘蹟

この数量重視の方法論をスコラ哲学に持ちこみ、概念的大変革を引き起こしたのが先ほど挙げた唯名論者オッカムである。彼は、スコラ哲学の伝統的カテゴリー論のなかで、「量」のカテゴリーに絶対的独立性をもたせ、「質」および それに緊密に結びついた「実体」カテゴリーから、「量」のカテゴリーを切り離した。
なぜそのようなことをしなければならないかというと、量カテゴリーを絶対的に独立させなければ、パンとぶどう酒の聖餐における聖変化の秘蹟を合理的に説明することができなくなるからである。「量が実体と質から区別される絶対的なにものかでなかったら、どうしてキリストの身体が量のない実体として聖餐のパンのなかにあることができようか？(38)」とオッカムは、パンの実体と質がキリストの身体に変化する奇蹟を合理的に説明しようとして、量カテゴリーの独立性をパンの姿が変化しない原因に指定したのである。

聖餐の秘蹟は聖書の記述にもとづくものであるから、カトリックであれ、プロテスタントであれ、等しくこの聖餐を聖なる儀式としてきた。ただし、カトリックとプロテスタントでは、聖変化の説明が異なっている。イエスが最後の晩餐で、パンを自分の身体、ぶどう酒を自分の血として、分け与えて、弟子たちはそれを食し、飲んだというのである。この聖なる食事では、パンとぶどう酒の形も中身もなんら変化しないのに、そこにどうやってキリストの身体と血がはいったのだろうか、ということが問題になった。

カトリックは、聖餐の時だけパンとぶどう酒の実体が一時的に変化すると説明した。しかし、これは、不変性を最大の特徴とする実体の哲学的定義には反する説明である。

プロテスタントはこの難問に答えるために、象徴説をとった。つまり、この聖書の文言は、信仰の固さを試すものであって、パンとぶどう酒を、食し、飲みつつ、神の臨在をそこに見ることができるのが真の信仰であるとした。これはこれで、唯名論的な説明である。

だが、オッカムは、もちろん宗教改革以前の中世末期に生きたスコラ哲学者であったから、実体変化説を固持したのだが、しかし、そこに合理的説明をもたらすために、パンとぶどう酒という量的物体とキリストの身体と血という実体および質とを切り離したのである。

この説明の合理性は唯名論哲学より発している。つまり、唯名論的に解釈されたパンとぶどう酒は、個別の量的物体として儀式の最初から最後まで、変わらずに実在し続けるのである。それは完全に経験と合致している。ところが、唯名論者にとって、実体とか、質とかという概念は、一般には実在しない。それは、共通物を指す単なるしるし、記号にすぎない。しかし、この点がオッカムの独創なのだが、この記号にすぎないものが実在する場合がひとつだけあるというのである。それは、言うまでもなく、神である。神は実在するが、それは、人間にとっては、あくまで、実体あるいは質という「唯《ただ》」の「名」前にすぎない。しかし、それは神の場合に限り、秘蹟的、奇蹟的に実在するのである。そういうものとして、キリストは、パンとぶどう酒のなかに、それらの実体と質をいわば一時的に押しのけ、廃棄して、実際にこの量的物体のなかに入る。しかし、実在物として見えるのは、パンとぶどう酒だけである。

結局、神は意志したことはすべてできる、というのがオッカムの信念であった。これはオッカムの主意主義と呼ばれている。オッカムの神は真に自由であり、その意味では、恣意的である。

こうして、後期スコラ哲学の異端の神学者オッカムによって、アリストテレス以来の実体、質、量のカテゴリー間の緊密な相互依存的、目的論的結合が破壊された。

労働価値説への適用

オッカムが神学的解釈に適用した量カテゴリーの絶対的独立性が近代的商品交換社会に適用されると、「質に結びついた量の規定性」が軽視ないし無視され、もっぱら「質に関係なしに移動しうる量の規定性」、つまり商品の「比率的定量」(39)のみが考察対象となる。そこでは商品の交換比率だけが、つまり交換価値だけが正義でなければならない。それ以外の倫理は必要ない。

だから、唯名論とともに労働価値説が検討された場合には、スミスの労働価値説が道徳的、倫理的に解釈された労働＝価値説ではなく、むしろ「財貨を作り出す人間の労働には積極的な意味は一切ない(40)」とする、自由主義的、比率的定量の労働価値説であったとの結論が導き出されるのである。

スミスのニュートン主義

スミスの「神の見えざる手」のヒントになったのは、ニュートンの太陽系に関する調和的理論である。そのニュートンにも唯名論の影響が色濃く現われている。しかし、今度は、ニュートンの『プリンキピア』第三編の規則一に示されるように、「オッカムの剃刀」すなわち「必然性がないのに、存在物を増やしてはならぬ」という思考の節約（エコノミー）に関する哲学的原則の適用が問題である。ニュートンは、力の相互関係のみに着目し、力の原因をデカルトのように追求しない点で、唯名論者であった。

ところで、この同じ思考の節約という唯名論的原理がスミス経済学にも現われる。ある政治思想史の古典的著作は、そこにスミスのニュートン主義を見ている。すなわち、スミスに発する古典派経済学思想を「制度と歴史を捨象する点で、社会的ニュートン主義の一種である」[41]と特徴づけているのである。この「捨象」とは思考の節約にほかならない。近代科学の方法論的特徴である。

スミスの経済学において、市場に現われる個人は、「彼ら自身の利益に対する顧慮」を持ち、「自己愛」[42]を持っている。これが市場へ現われる人間の唯一の条件であり、属性である。逆に市場に現われる人間は、必ず自己利益を追求しているのである。市場で彼はなにをするか？　彼は欲する商品と自分の所有している商品とを交換する。

ところで、この交換欲望が人間になぜ生まれるのだろうか。それは、スミスの独創になり、スミスが愛好してやまない分業が欲望充足の前提となっている社会に彼が住んでいるからである。分業が成立している社会では、自分がほしいと望むものは、交換によってしか手に入らないから、はじめから、人間は商品を交換したいと思っているということである。近代の経済学は、このように単純きわまりない前提のうえに成り立っている。

それだから、スミスは、慈善の対象である「乞食」でさえ、交換欲望を持っていると言い、市場に参加する権利を彼は持っているとまで言う。
主として市民同胞たちの仁愛に頼ろうなどとするのは、乞食以外には誰もいない。いやそうではない。乞食でさえ、全部を仁愛に頼ろうとはしない。彼のそのときどきの欲望の大部分は、他の人々と同じようにして、同意により、交易により、購買によって充足される。[43]
これは驚くべきことである。いったい物乞いである、スミスの言う「乞食」は、なにを売って、なにをどうやって買ったというのだろうか。「彼は市場に行く前にすでに奴隷だった[44]」のではないのか？「まさしく貧窮が彼らを［労働］市場に無理やり連れていく[45]」のではないのか？
いずれにせよ、スミスは、私的所有権にもとづく社会制度が生まれた時点での歴史的データを、オッカムの思考の節約原理のように、はじめから捨象している。第一節で見たように、土地囲い込み運動に現われた資本の本源的蓄積という名の所有剝奪を問題にしないのである。この資本の前提の捨象こそが、経済学を「科学」にし、「科学」を非人間的な学問、物理科学的な学問にする。そして、結果的には経済科学、したがって個々人の経済活動を、かえって、一切の倫理基準から解放してしまう。こうして、経済および経済科学と倫理は、交換の正義を除けば、矛盾するどころか、もともとなんの関係もないという結論にまで至る。スミスの経済学は、ますます倫理学から離れていく。それとともに、公共性の概念が失われていく。次にそのいくつかの例を見ることにしよう。

スミスにおける公共支出論

スミスにあっては、税金の使い方が独特である。税金を近代的なインフラと呼ばれる公道や橋梁や運河の建設に投入する必要は必ずしもない、と彼は言う。
このような公共土木事業の大部分のものを、その社会の一般的収入にはどのような負担もかけずに、それ自体の経費で賄うにたりるほどの収入をそれぞれにあげるように運営するのは、たやすくできる。[46]
これが公共事業の民営化の主張であることは見やすいことである。
公教育も、スミスにあっては、否定的な概念になっている。だから、教育においては、「経費の自弁[47]」が原則で、税金を教育に使って、学校を運営することなどとんでもない、とスミスは言う。ただし、読み書き程度を教える庶民の学校は、分業が「無知」を生み、精神を「遅鈍」にするから必要である。しかしそれに費用はかからない。「公共社会はごく少額の経費で、人民のほとんど全部が教育のこういう最も基本的な部門を修得する[48]」ようにできる。民営化の主張の繰り返しである。

軍事費の肥大化

それに反して、スミスの社会観では、対外的な安全保障に責任を持つ、優秀な火器で武装された常備軍に公共支出の大半が当てられるので、国内の治安維持のための司法費でさえ、低く見積もられるほどである。スミスは、国内市場を警察が監視することをもちろん心よしとしなかったことは、いまさら指摘する必要もない。

スミスにおける軍事力重視の思想は、彼が「国家第一の義務」を「社会を他の独立の社会の暴力や不正から防衛するという義務[49]」とし、この義務は「軍事力によってのみはたしうる[50]」としていることの帰結である。しかし、それにしても、小さな政府が軍事支出を賄うわけだから、公共財政における彼の国防費重視は度外れなものとなる。それは、経済学的考察においては、スミスの先輩であるヒュームが、商業活動と工業生産の発展が国家の強大化と経済学的に正比例関係にあることを証明してみせたことに、大いに自信を得たことによるのかもしれない。ヒュームは、『市民の国について』で、「商業」の項目をもっぱらこの両者の関係の歴史的考察に当て、そこから両者の正比例関係を導き出している。それは、古代スパルタとは正反対の関係である。イギリスのように小さな国家であったスパルタでは、私有財産が禁止されたほか、奢侈や商業が否定され、禁欲と節約が奨励された。こうして、「尚武の気風と公共善を思う情熱」が養われることによってはじめて、スパルタは古代ギリシア最大最強の軍事国家となったのである。つまり、商工業の発展や奢侈は、国家の強大さと反比例の関係にあったわけである。しかし、当今は、まったく違うから安心せよ、とヒュームは請け合う。

事物の最も自然な成り行きに従うなら、生産活動ともろもろの技芸と商業活動とは臣民の幸福を増大させるだけでなく、主権者の武力をもそれに劣らず増大させる。私人の貧窮によって公共社会の武力の強大化を図る政策は無理無体な政策である。[51]

そして、ヒュームはこの小国の軍事強国化と対外貿易の発展とを緊密に結びつけている。すでにして、大英帝国が忍び寄っている。ヒューム、スミスの社会論理学は、誕生時から世界市場への小国家のグローバル化のバネを秘めていたということである。

大経費を必要とする常備軍と文明化作用

スミスは、近代世界においては、公共の防衛のために整える軍隊には、民兵と常備軍の二つしかないと断定する。[52]そうしたうえで、どちらが優秀かを問う。民兵も侮りがたいものの、当然、常備軍に軍配が上がる。それは、歴史が証明しているとスミスは言う。

一七三九年にスペイン継承戦争が勃発したとき、イングランドはもう約二八年間も森閑とした平和を享受していた。とはいえ、この国の兵士の勇気は、長い平和のために腐敗するどころか、カルタヘナ襲撃において比類なき勇名をはせたほどである。したがって、ある国の文明が永続するのも、常備軍によってのみできることなのである。[53]

常備軍こそが文明発展の担い手である。それはロシアの例を見ても分かる。ロシアの文明化は「軍隊の影響力」[54]のおかげである。

こうしてスミスにあっては、富裕な文明国民を貧しい野蛮な国民よりも優位に立たせるのは、火器にかけられた「大経費」[55]であるということになる。

この「大経費」という発想は、実は、またもやヒュームに由来するのである。ヒュームの場合は、大砲という「猛烈な機械」は、「たとえそれが人類を破滅させ、帝国を破壊するために考案されたもののように思われるにせよ、結局のところ、戦闘をより血なまぐさくないものにし、市民社会の安定性をより大にしている」[56]。

しかし、このように、肥大化した軍事費を必要とする社会は、ランゲに言わせれば、社会の基本原理となっている私的所有権そのものを脅しかねない危険性をはらんでいる。ランゲは警告する。戦争という「この怪物のぞっとするような大声が世界を震撼させるときには、所有権そのものまでもが、つまり、すべての権利を支えることの聖化された原理までもが沈黙に追いやられる。……陣太鼓の音が法律に引き起こすのは、眠りではない。死に至る失神である」[57]。

要するに、近代的商業社会において最も重要なものと見なされている私的所有とその私的所有を防衛する砦である社会の法律というものが、戦争においては、無視され、「失神」に追い込まれるということである。

4 意識的個人による公共性の復権

スミスは、奴隷ではない市民全員が分業にもとづいてなにがしかの私有財産を自由に形成できる私益追求型の経済システムを完成することで、結果的に、市場での交換を通じて、豊かな公共社会が形成されると考えていた。つまり、平等な「自然的」個人による自由な経済活動の生産物の唯名論的総和とそれらの公正な交換が自然に公共社会の調和的繁栄を作り出すと信じていたのである。

しかし、こうした経済システムが機能するには、苦役に繋がれた「労働貧民」を人為的に産み出すことが理論的にも、歴史的にも必要であった（第二節参照）。

この種の貧民を産み出すには、近代社会の「すべての要素が奴隷である」[58]ことが前提となる。あらかじめ、すべての自然的資本および人為的富には、主人すなわち私的所有者が存在していなければならない。なぜなら、富の私有化（民営化）が実現していなければ、公有と私有を含めて生活手段の所有者である人間がわざわざ奴隷的苦役に就くことはないからである。

私的所有が合法的で、むしろ奨励される近代社会では、プロレタリア（無産者）[59]ではない市民が進んでプロレタリアに身分を落とすことなどありえない。だから、ここでは、理論上、生活手段の所有者としての人間に対する所有剝奪は、すでに起こっていなければならない。理論上の要請は歴史において満たされた。所有剝奪は、イギリスにおいては、農民に限定された形で、土地囲い込み運動として現実化した（第一節参照）。

しかし、このシステムが現実的に運用されるためには、富をつくり出す、苦役としての労働に日常的に携わる人間が無理なく恒常的に確保されなければならない。つまり、社会は一定数の労働者をつねに確保しなければならないのである。この課題を社会の自然的資本および人為的富に対する私的所有権の拡大、つまり富裕の拡大によって解決するのが現前の資本主義システムである。奴隷が解放された近代の自由社会においては、圧倒的多数の人間の所有剝奪、つまり貧困を前提とすれば、「奴隷的」強制は「自由意志」による就役（就職）に転化してしまう。つまり、ここでは、第一節末尾で示したような労働観の劇的な、しかし今度は、自然な転換がもう一度起こるということである。ナチの強制収容所のように「労働が自由をつくり出す」のではない。「自由が労働をつくり出す」のである。スミスに発する古典派経済学には、こうしてすべての条件が理論的にはそろった。資本主義はこのロードス島で飛んでみせたのである。

しかし、スミスの考えた経済システムには、理論上、奴隷的労働に携わる労働貧民を産み出すための、社会全体に及ぶ全般的な人為的「所有剝奪」という忌まわしい概念が相変わらず残っている。

所有を剝奪された人間のみが必然的に労働市場に向かう。彼らプロレタリアは、労働することで食べていけさえしたらそれでよいわけであるから、労働は「生業部門でありさえすればよい」のであって、たとえそれが「無益な、公共に害さえある労働」[60]であっても構わない。非倫理的な労働であっても構わないし、戦争の片棒をかつぐような労働であっても構わない。しかも、ことが、第二節で触れたように、量を尊ぶ近代社会における労働の奴隷制[61]である以上、そうした苦役につながれた労働者の労働の産物は、今度は労働時間で測られ、一定の割合[62]で他人の手に渡っていなければならない。つまり、労働の原因と結果における二重の所有剝奪を前提とした苦役としての奴隷的労働が必然的に存続するということである。

このように、二重の所有剝奪が不可避的に存在し続けていることは、理論的には、私的所有同士の共食いであるだけに、あらゆる種類の私的所有を前提とした自由主義的自然経済学そのものの最大の理論的欠陥をなすものと言わざるを得ない。単純化して言えば、資本主義社会では、だれかが富む（私的所有の拡大）ためには、だれかが貧しくならなければならない（所有剝奪）ということである。

この二重の所有剝奪概念と組み合わさった、市民社会における労働の疎外は、近代に生きるわれわれの疎外感の原因となる。しかしながら、この疎外感は、資本主義時代の成果物に対するみずからの所有権回復への意志、すなわち欲望に転化する可能性を秘めている。

ところで、この転化の主体である個人は、疎外された個別存在ではなく、理性的な集団的、公共的存在でなければならない。地球全体の自然的、人為的成果物を所有せんとする人間存在が相変わらず現在のような無自覚で、疎外された「自然的」個人であるはずもない。こうした共同存在としての意識的個人が「協業とあらゆる生産手段の共同占有にもとづいて個人的所有を再建する」[63]。このマルクスの主張は、私的所有のヘーゲル的な「否定の否定」法則にもとづいている。私的所有の否定が資本主義を生み出し、その後再びそれを否定して、個人的所有が復活するということであるが、その個人は、もはや孤立した自然的個人ではない。

注

（1）F・フュレ『フランス革命を考える』大津真作訳（岩波書店、一九八九年）、一八一頁。
（2）常行敏夫『市民革命前夜のイギリス社会』（岩波書店、一九九〇年）、一〇三頁。
（3）常行『市民革命前夜』、三五、三七頁。
（4）常行『市民革命前夜』、一一九頁。
（5）常行『市民革命前夜』、一三二頁。

（6）P. Goubert, *L'ancien régime*. t.I, *La société* (Armand Colin, 1969), p.122.
（7）J・カルヴァン『キリスト教綱要（Ⅰ）』渡辺信夫訳（新教出版社、一九六二年）、二七頁。
（8）カルヴァン『キリスト教綱要（Ⅱ）』（一九七九年）、五三頁。
（9）カルヴァン『キリスト教綱要（Ⅱ）』、二〇四頁。
（10）カルヴァン『キリスト教綱要（Ⅱ）』、二〇七頁。「隣り人の財産や金銭をわれわれに誘致するいっさいのたくらみ」も盗みである。
（11）K・マルクス『剰余価値学説史（三）』岡崎次郎／時永淑訳（大月書店、一九七〇年）、一六四頁。以下、略記は『剰価史』。
（12）B・マンデヴィル『蜂の寓話』泉谷治訳（法政大学出版局、一九八五年）、三四頁。以下、略記は『寓話』。
（13）マンデヴィル『寓話』、二二頁。
（14）マンデヴィル『寓話』、二〇九―二一〇頁。
（15）P・ベール『続彗星雑考』野沢協訳（法政大学出版局、一九八九年）、五一〇頁。
（16）マンデヴィル『寓話』、三九頁。
（17）G・F・W・ヘーゲル『精神哲学（下）』船山信一訳（岩波書店、一九六五年）、一五〇頁。
（18）S・N・H・ランゲ『市民法理論』大津真作訳（京都大学学術出版会、二〇一三年）二〇〇―二〇一頁。以下、略記は『民法論』。
（19）マンデヴィル『寓話』、二六三―二六四頁。
（20）マンデヴィル『寓話』、二二八頁。
（21）マンデヴィル『寓話』、二四四頁。
（22）A・リシュタンヴェルジェ『十八世紀社会主義』野沢協訳（法政大学出版局、一九八一年）、二六七頁。
（23）マンデヴィル『寓話』、三五頁。
（24）A・スミス『諸国民の富（一）』大内兵衛／松川七郎訳（岩波書店、一九五九年）、一三二頁。以下、略記は『国富』。
（25）スミス『国富（一）』、三六五頁。

(26) スミス『国富（一）』、九一頁。
(27) スミス『国富（三）』（一九六〇年）、三五三―三五四頁。
(28) スミス『国富（一）』、二五三頁。
(29) ランゲ『民法論』、六七九―六八一頁。
(30) スミス『国富（一）』、同頁。
(31) スミス『道徳感情論（上）』水田洋訳（岩波書店、二〇〇三年）、二三二―二三三頁。
(32) スミス『道徳感情論（上）』、二〇六―二〇七頁。
(33) マルクス『資本論（1a）』、『マルクス・エンゲルス全集』第二三巻・第一分冊（大月書店、一九六八年）、一五頁。
(34) スミス『国富（一）』、八九頁。
(35) 大津真作『異端思想の五〇〇年』（京都大学学術出版会、二〇一六年）、五六頁。
(36) D・ヒューム『政治論集』田中秀夫訳（京都大学学術出版会、二〇一〇年）、一九頁。
(37) スミス『国富（一）』一五〇頁。
(38) G. Leff, *William of Ockham, The Metamorphosis of Scholastic Discourse*, (Manchester U.P., 1975), p.507.
(39) ヘーゲル『大論理学（上巻の二）』武市健人訳（岩波書店、一九六〇年）、二一五―二一六頁。
(40) 有江大介『労働と正義――その経済学史的検討』（創風社、一九八五年）、一一八頁。
(41) G. H. Sabine, *A History of Political Theory*, (Cornell University Press, 1937), p.686.
(42) スミス『国富（一）』、一一八頁。
(43) スミス『国富（一）』、一一九頁。
(44) ランゲ『民法論』、五四五頁。
(45) ランゲ『民法論』、一九三頁。
(46) スミス『国富（四）』（一九六六年）、五九頁。
(47) スミス『国富（四）』、一五六頁。

(48) スミス『国富（四）』、一五八―一五九頁、および一六三頁。
(49) スミス『国富（四）』、三四頁。
(50) スミス『国富（四）』、五頁。
(51) ヒューム『市民の国について』小松茂夫訳（岩波文庫、一九八二年）、二〇頁。
(52) スミス『国富（四）』、一七頁。
(53) スミス『国富（四）』、三〇―三一頁。
(54) スミス『国富（四）』、三二頁。
(55) スミス『国富（四）』、三四―三五頁。
(56) スミス『国富（四）』、三五―三六頁。
(57) ランゲ『民法論』、五七四―五七五頁。
(58) ランゲ『民法論』、一二七頁。
(59)「無産者」を意味するプロレタリアという言葉は、古代ローマの貧困な自由人が「子ども」（プローレス）だけを「私有財産とする者」（プロレタリウス）として定義されたことに由来する。
(60) マルクス『ゴータ綱領批判』、『マルクス・エンゲルス全集』第一九巻（大月書店、一九六八年）、一六頁。
(61) マルクスにとっても、近代社会は奴隷制である。「奴隷としては、労働者は交換価値を、すなわち価値をもつが、自由な労働者としては、価値をもたない」（『経済学批判要綱（Ⅱ）』高木幸二郎監訳（大月書店、一九六九年）、二一一頁）。この労働者観はランゲのそれである。ランゲ『民法論』、七〇二頁参照。
(62) マルクス『剰価史（一）』長洲一二訳（大月書店、一九五三年）、一七三頁。「価値の分配または取得は、決して取得される価値の源泉ではない」から、この一定の割合というのは、資本と土地と労働の分配比率に還元される。
(63) K. Marx. *Le Capital*, in *Marx Engels Gesamt Ausgabe*, (Dietz,1989), II, 7, p.679.

第4章

同志社時代の山川均

米原　謙

1　はじめに

冷戦終結後、日本の社会民主主義政党は壊滅状態になり、再建の方向さえ見えない。社会民主主義の思想や運動に対する研究者の関心は、現在、西ヨーロッパを主題とするものに偏っており、日本をテーマにしたものはきわめて少ない。他方、そうした傾向に抗するように、一九六六年から始まった『山川均全集』（全二〇巻、勁草書房）がじつに三七年の歳月をかけて二〇〇三年に完結し、また石河康国『労農派マルクス主義（上）（下）』（社会評論社、二〇〇八年）、同『マルクスを日本で育てた人（上）（下）』（二〇一四〜一五年、社会評論社）など、山川均や戦前戦後の社民主義者についての優れた評伝も発表された。

近代日本の思想家に関する個別研究という点から、もっと長い歴史的パースペクティブで考えると、山川均に関する研究はけっして少なくはない。[1] しかし前述の石河の著作が典型的に示すように、山川均に関心をもつのは、ほとんどが社会党左派に連なる人々である。[2] かれらの研究が山川の社会主義やマルクス主義の理解と実践に傾注したのは当然だろう。その結果、山川が思想家として自立する以前の同志社時代に関する記述は、『山川均自伝』[3]の叙述をごく簡単になぞるだけに終わるのがつねである。たしかに山川の同志社在学は満一四歳から一六歳にかけての二年間にすぎない。大正デモクラシー期から本格的に始まる山川の理論活動の独創性や影響の大きさに比べれば、同志社時代はどこにでもある少年時代の小さなエピソードにすぎないと見なされても仕方がないかもしれない。しかし同志社退学後に上京し、三年後に出した雑誌が『青年之福音』という書名だったこと、その当時を回顧して「自分はキリスト教を信じていると信じていた」(『自伝』一八〇頁)と述懐していること、マルクス主義者になって以後の著述でもしばしば聖書の章句を使っていることなどを想起すると、少年期の同志社とキリスト教の経験はもっと詳細に検討する価値があるだろう。

一般に、言論活動を始める以前の著名な思想家の事蹟については、客観的な資料が極端に少ないので、その思想家自身の自伝的記述に依存することが多い。やむをえないことだが、自伝や回想録には意識・無意識の合理化や記憶違いがともなうので、無批判に受けとると大きな誤解が生じてしまう危険がある。それを避けるには、自伝や回想の記述をその当時の政治・思想状況の現像液に浸して、再現してくる映像を記述するという手法をとらねばならない。[4] 本稿はこうした問題意識に立って、同志社時代の山川の姿を描出することをめざしている。

2　入学まで――義兄・林源十郎

山川が同志社に入学したのは一八九五年四月で満一四歳四か月ほどだった。それまでのかれの履歴をごく簡単にたどっておこう。一八八七（明治二〇）年、尋常小学校に入学した（満六歳）。山川は『自伝』でその小学校を「明倫小学」と書いているが、地蔵院境内にあった小学校で、正式名称を尋常倉敷小学校というのがそれにあたると思われる。一八九一年にそこを卒業し、精思高等小学校に入学した。この学校は一八八七年創立だが、山川が入学した年に字栄町に校舎を新築したばかりだった。(5)この高等小学校を一八九五年に卒業した山川は、父親の反対にもかかわらず進学の夢捨てがたく、家出して上京するつもりだったところ、同志社ならいいという父親の許可が出たのだった。

山川の同志社入学を父に説得したのは義兄の林源十郎（一八六五～一九三五）だった。源十郎は山川が人生の転機にあったとき、理解のある態度で何度もその窮地を救った人物なので、その事蹟について検討しておく必要がある。『自伝』でも簡単にふれられているが、林家は一六五七（明暦三）年に薬種屋「紀伊国屋」を創業した。(6)一七一五（正徳五）年、屋号を「大坂屋」と改称、一八二八（文政一一）年には養子の孚一が第八代当主・源介を襲名して大坂屋を継承した。孚一は林家の歴史において源十郎とともに特筆される人物で、国学を鈴木重胤に学び、幕末には勤王の志士の運動を助けたとして、一八九〇年に正七位に叙された。一八五七年に隠居し、長男の懐徳《かいとく》が第九代となったが、懐徳は一八六五年に死去した。懐徳の死後、次男の伴臣《ともおみ》が第一〇代当主となり、その死後、一八九二年に源十郎が第一一代当主となって、屋号を林源十郎商店と改称した。

源十郎は懐徳の長男として生まれた。産声もあげず仮死状態だったが蘇生したので幼名を蘇太郎といい、後に甫三と称した[7]。父の懐徳は源十郎が五か月に満たない時に死去し、母の寿加子は孚一の懇望によって次男の伴臣に再嫁して三人の子をもうけた。つまり源十郎は実母と一つ屋根の下で生活しながら、きわめて微妙な位置に置かれて育った。源十郎をかわいがったのは孚一で、「質素倹約を説き読み書き手紙の文に至るまで親しく指導」してもらったという[8]。林家は維新の変動で一時没落した。源十郎は少年の頃の「家財を売り払うの惨状[9]」を忘れることができないと語っているが、その「刻苦精励」もあって家業は再生し、大原孫三郎とともに石井十次の岡山孤児院を援助するなど、倉敷の篤志家としてその名望を後世に残した。

源十郎は一八七九（明治一二）年から三年近く同志社に在学し、その後、岡山薬学校で学んだという[10]。薬学校在学中の一八八八年に岡山教会でローランド宣教師から受洗している[11]。源十郎が入学した同志社では、かれが入学した年の六月に最初の卒業式が行なわれており、熊本バンドの熱気がまだ濃厚に残っていた。熊本バンドとは、明治初期のプロテスタンティズムのひとつの源流となった熊本洋学校出身のキリスト教徒たちのことで、草創期の同志社で、人数でも信仰の面でも他を圧した影響力をもっていた。一八七六年に、熊本バンドの先輩たちより少しだけ遅れて同志社に入学した徳富蘇峰が残した記録によれば、かれらは休暇中に関西近辺に伝道活動をしたり、学内で同心公社という結社をつくって演説会を開催したりしている[12]。有名な新島襄（一八四三―一八九〇）の自杖事件[13]が起こったのも、源十郎が在学中の一八八〇年四月のことだった。一八七八年九月入学組と翌年一月入学組の授業を合併して行なうことになったことに対して、生徒の一部が反発して抗議のストライキを行なった。これに対して新島が生徒たちを集めて演説し、学校側の処置の非を詫びて杖で自らを打ったという事件である。杖は何本にも折れたといわれており、生徒たちが異様な感激にうたれたことはいうまでもない。源十郎がその現場にいたかどうかはわからないが、当時の同志社の雰囲気は推測できよう。源十郎は、後年つぎのように語っていたという。「新島先生は温良な方でしたが、しかしドコとなく犯し難い人でした。そして先生方も生徒達も皆何か知らん高い理想を抱いて潔い生活をして居らるるのを見聞して、知らず知らずの裡に基督教の感化が自分の心にしみ込んだ様に思はれます[14]」。

倉敷におけるキリスト教伝道は一八七八年に新島襄が倉敷を訪れ、さらに一八八〇年に米国伝道会社（アメリカン・ボード）から川越義雄という伝道師が派遣されたことに始まるという。一八八〇年一〇月に岡山教会が設立され、金森通倫が牧師として赴任した（八六年に金森が同志社神学部に転任した後は安部磯雄）。一八八二年一月には倉敷で講義所が設立され、四月三日に源十郎宅でマタイ伝の会読が始まったという。管見のかぎりでは、同志社には源十郎の学籍に関する資料は存在しないが、八二年にはすでに退学して倉敷に在住し、信者としての活動を始めていたのである。

受洗したのと同じ一八八八年三月に、源十郎は山川の姉の浦と結婚している[15]。山川家は林家の真向かいにあったから、相互によく見知っていただろう。浦は神戸女学院に在籍していたことがあり、一九〇四年七月には林家で彼女自身や一族の受洗式が行なわれている。山川が不敬罪で服罪し、仮出獄して帰省した翌月のことである。倉敷に教会が設立されたのはずっと後の一九〇六年七月のことであるが、教会史を一覧すると源十郎が早くから倉敷のキリスト教徒の中心的存在として活動していた様子が窺える。

『倉敷基督教会略史』から源十郎に関する事項を抜き出してみよう[16]。一八八二年四月三〇日、夜の伝道説教の後、川越伝道師宅での祈禱会に出席。五月一三日、伝道説教会で「耶蘇教は外教に非らず」の題で説教。一八八三年二月三日、川越伝道師の送別会に出席。その後、しばらく源十郎の名は出てこないが、一八八八年一月六日に祈禱会に出席し、一月八日に前述のとおり受洗した。かれの名が出てこない期間は、岡山薬学校での学業に専念していたのかもしれない。一八九一年五月三日、岡山教会の晩餐式と説教出席のため岡山に出張。七月一日、岡山教会の安部磯雄の送別会に出席した。その後、九二年から一九〇〇年までは、教勢が衰えて教会の活動記録がほとんどないが、一九〇一年半ばから金曜夜に祈禱会が行なわれ、源十郎も出席している。そして翌年一二月から中央から著名人を呼んで「倉敷日曜講演」が定期的に開催されるようになる。源十郎がプロモーターで大原孫三郎が経費を負担したらしい。一九〇三年から伝道活動はめざましい復活ぶりを示し、源十郎宅などで種々の催しが行なわれるようになる。

以上の叙述によって推測されるように、岡山地方のキリスト教伝道には組合教会と同志社関係者が深く関与した。源十郎も同志社関係者として伝道にかかわったのである。山川が同志社予備学校に在学中の「明治廿九年三月取調」の学籍簿の末尾には、一八九七（明治三〇）年二月末時点での生徒の府県別人数が記されている。多い順に並べると、京都・五四、兵庫・四四、岡山・三二で、以下は大阪・一四、滋賀・一三となり、他は取るに足りない数字である。地理的に離れている岡山からの入学者が例外的に多いことがわかる。山川の同志社入学には、義兄をはじめとする倉敷のキリスト教関係者の色濃い雰囲気が影響したのである。山川は『自伝』で、同志社入学の年に誓願寺という浄土宗寺院で仏敵を攻撃する僧侶と論争したと書いている（一三五―一三六頁）。誓願寺は山川・林の両家から東に数軒隔てただけの場所に現在も実在する。山川はキリスト教も仏教も外教だから反感を持っていたと語っているが、そこには明治二十年代半ばの条約改正反対運動と日清戦争による排外主義の雰囲気に如実に影響された少年の姿を読みとることができる。[17] しかし利発ではあるが、山川はまだ満一四歳の少年である。キリスト教については源十郎の篤実な生活ぶりを通して雰囲気を見知っていたから、同志社入学後に、反感が親近感に変っても不思議ではなかった。

3　学籍

山川は自身の同志社入学について『自伝』で以下のように語っている。

「当時の同志社の学制は、四年の普通校が中心で、その下に二年の予備校があり、予備校の下に幼年校があった。普通校の上には神学校と政治学校と理化学校との三つの専門校があった。そして一般の高等小学をへて予備校に入る者のために、六ヵ月間の補習科がおかれていた。それで私たちは、この補習科に入学した」（『自伝』一三七頁）。

同志社が同志社英学校として創立されたのは一八七五（明治八）一一月のことだった。翌年、いわゆる熊本バンドの人々が集団で入学し、その後の同志社の動向に大きな影響をあたえたことは前述した。かれらはその信仰と伝道などの活動によって初期の同志社に独特の活気を注入したが、学校としての同志社の存在はまだ微々たるものだった。一八七五年から八四年までの一〇年間の入学生数は毎年二桁で、八四年の九四名を例外として毎年三〇～七〇名程度、しかも退学者が多く、八四年までの卒業生の累計は五一名にすぎなかった[18]。入学者が一〇〇名を超えるのは一八八五年からで、山川が入学した一八九五年は一八二名だった。しかしこの年度には多数の退学者もあり、翌九六年春の段階での在学生は

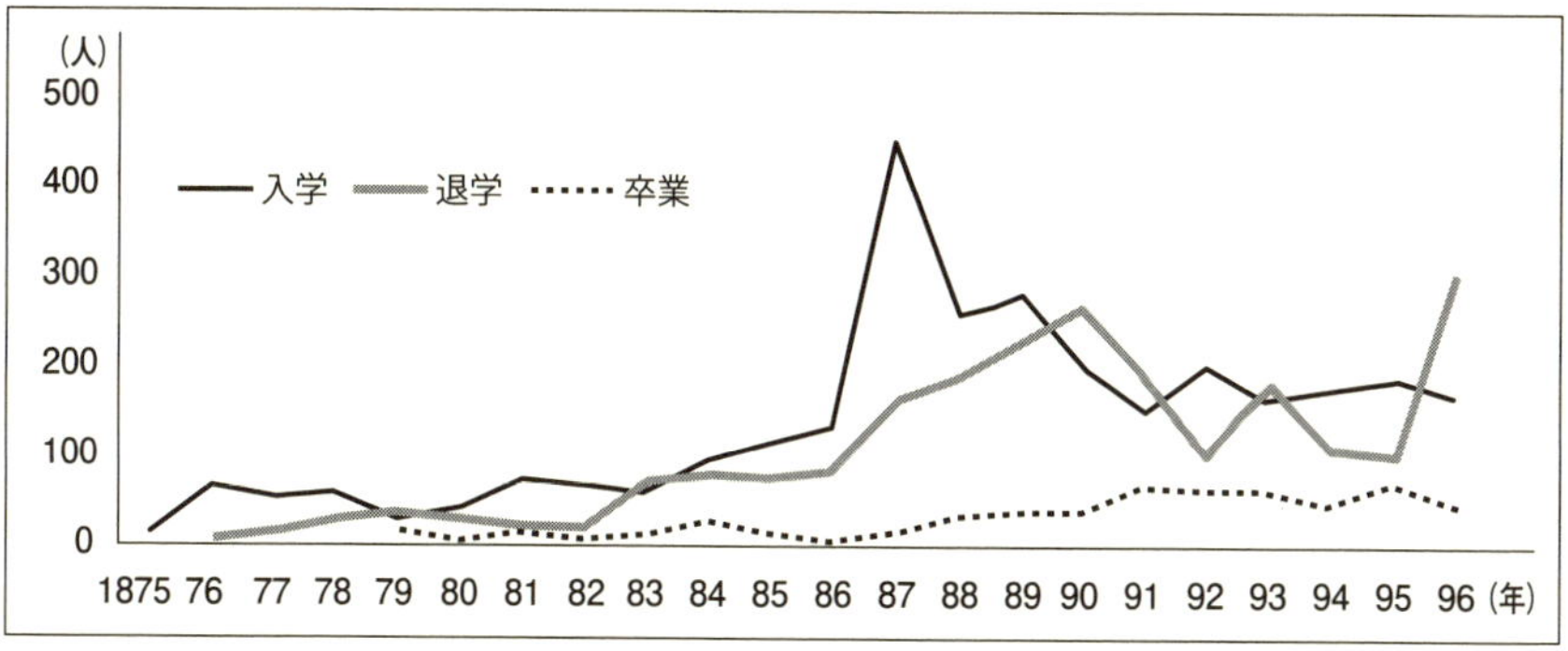

図1　初期同志社の入学・退学・卒業者数
出典：『同志社明治二十八年度報告』にもとづき筆者作成

三二一名だった。在学生数は一八八七年から急増し、概ね五〇〇〜六〇〇名を維持していたので、山川の在学中に激減したことになる。

創立後の同志社の学則は頻繁に改変された。とくに一八八三（明治一六）年の徴兵令改正によって、官立・公立学校や文部大臣が認めた私立学校在学者には徴兵猶予が認められていたが、同志社はその恩典を受けられなかったことで苦闘した（後述参照）。山川入学時の状態について説明すると、同志社は一八八九年九月の段階で普通学校・神学校・予備学校からなり、九〇年にハリス理化学校（九二年に理科学校と改称）、九一年に法政学校が開設されていた[19]。その後、予備学校に補充科幼年部を設立し、九三年に補充科（三か月）・幼年科（二年）・予備学校（二年）とした。幼年科は高等小学校一年以上を修了した者で満一一歳から一五歳までの者が入学することになっており、学習内容は幼年科と予備学校の四年で「形式、内容とも五年制の官公立中学に匹敵[20]」するものだったという。これを終えて普通学校に入学するシステムだったのである。補充科は「公立高等小学校を三月に卒業して、九月に新学期開校の予備学校に志願する者[21]」のために設置されたもので、学習期間は四月から六月までの三か月だった。

以上に紹介した同志社の入学制度にもとづくと、一八九五年三月に倉敷の精思高等小学校を卒業して同志社に入学した山川は、『自伝』の記述とは少し違って、四月に補充科に入学し、三か月の修業の後、九月に予備学校に進学したことになる。事実、同志社大学社史資料センターに残されている若干の学籍簿のうち、「同志社学生簿　明治廿八年九月」の「予備学校一年」の項に「山川均」の名があり、そのすぐ隣に「山本兵一」と記されている。これは小学校時代の親友で同時に同志社に入学したふたりが、学則どおり九五年九月に予備学校に首尾よく入学した事実を示すものである。「明治廿九年三月取調」という表題の名簿でも「予備学校一年」の項に二人の名前が記されており、かれらの在学が確認できる。

一八九六年六月の予備学校（幼年科・補充科）「概則」[22]によれば、学費は「束脩」（入学金にあたる）が二円、一期分の費用として授業料三円、校費五〇銭のほか、毎月の食費三円、嘱托費五〇銭だった。予備学校は九月～一二月、一月～三月、四月～六月の三学期制で、上記の費用のほか、筆墨紙や石油などの日用品や小づかいや入浴料などの雑費で月平均一円五〇銭ほどが必要だと記されている。毎月納入する費用は、食費・嘱托費・日用品・雑費で合計五円という計算になる。『自伝』では「食堂の食費が一ヵ月麦飯で二円八〇銭、米飯で三円」で、それ以外は「安い月謝と、ほとんど名目にすぎない額の寄宿舎費、ランプの石油、これくらいが定まった学費のすべてだった」（『自伝』一四一―一四二頁）とし、六円の仕送りで「どうにかやってゆかれた」（『自伝』五二一頁）と語っている。相当に切り詰めた生活だったことが推測できる。

ところで前述の明治二八年九月の学籍簿には、予備学校一年生は「明治廿九年四月尋常中学三年へ編入ス」と注記されている。これは一八九六（明治二九）年四月に、予備学校と幼年科を普通学校と統合して、中学校令に準拠した修業年限五年の尋常中学校が設立されたためである。つまり山川は同志社入学後、まず最初の三か月間、補充科で英学（週一〇時間）、漢文（週五時間）の授業を受け、九月から翌年三月まで予備学校一年生の授業を二学期間、受講したことになる。補充科の英学の内容はスペリングと「ナショナルリーダー」（National Readers）一と二、漢文は日本外史だった。[23]進学した予備学校の授業内容は不明だが、いずれにせよ、この課程は七か月で中断し、九六年四月、山川たちは新設の尋常中学校三年に編入された。こうした制度の変更が、山川たちの退学の遠因となることは後述する。

同志社での学生生活のいくつかの側面についてふれておこう。山川は同志社での勉学については多くのことを語っていないが、夕食後に寄宿舎の鐘が鳴ると自習時間になり、「毎日採点されるので、不勉強者でも、いちおうの予習をしてゆくことになった」と回想している。その事情はつぎのようなものだったらしい。「本校は中々自由にしてあったが、予備〔学〕校は訓練が厳峻で、朝は五時半に彰栄館の鐘が鳴ると起床、六時に朝食、五時に晩飯、六時が門限で、九時半自修を終り、十時に就寝することにしてあった。同志社の教授法は教科書を自修させておき、それを毎日教場でやらせて点をとる。毎日試験をしてをるやうなもので、本試験よりもそれに重きをおいてをり、毎日誰に当るやらわからないから、毎晩六時から九時半まで勉強してもなほ時間が足らない程であった」[24]。実際、先の学籍簿のなかには、名前の下に「退学」「休学」などと書かれている場合があり、退学者や休学者が異常に多いことを示しているが、「落第」と書かれたケースも珍しくない。同志社は入学は比較的簡単だが、卒業するには一夜漬けではない勤勉さが求められたようだ[25]。

4 ボート部の記憶

同志社在学中に関する『自伝』の記述で、もっとも光彩を放っているのは「琵琶湖の思い出」である。山川は先輩に誘われたのがきっかけで「ボート気ちがい」になった。そして「ボートをこぐこと以上に、琵琶湖そのものが好きだった。それで同志社の二年のあいだ、土曜日には、ほとんど欠かさず琵琶湖がよいをした。大津まで三里のトウゲ道を歩いて、それから一日こぎまわり、夕方にまた、三里の道を歩いて帰るのだから、なみたいていではなかった」(一四七―一四八頁)。琵琶湖通いが毎週土曜だったのは、日曜には礼拝があったからである。『同志社百年史』によると、一八九〇年に疏水工事が完成すると、大津三保が崎に大型貸ボート店ができたので、同志社の生徒たちが通うようになったという[26]。同志社から三条通りまで下り、蹴上・山科を経て大津まで、現在なら地下鉄東西線(京阪京津線)が通っている道を、草鞋・脚絆姿で雨も厭わずに往復したのである。片道一五キロ近い道のりで三時間は要しただろう。

山川は語る。「静かなときの湖面は、文字どおりカガミのようだった。とりわけ、朝はやく、深い霧が水面すれすれのところから立ちこめて、ものの一間も先きは見とおしがきかないようなとき、それこそ水面は油のようで、オールをつけてかき乱すのがためらわれるほどだった。漁船のロの音が近くに聞こえるが舟は見えなかった。こういうときの琵琶湖は爽快でもあり、なんだか夢幻的でもあった」（一五〇頁）。山川の文章は概ね散文的で抒情におよぶのは珍しい。『自伝』は一九四九年から翌年にかけて書かれた。起伏の多い波瀾の人生をおくった一社会運動家の回顧として読むと、この琵琶湖の情景は、貧しいが満ち足りた少年時代の心象風景を表象したものとも読める。油のようになめらかな湖面に、ほとんど音もしないほどそっとオールを差しいれ、わずかに力を入れて漕ぐと、舟は立ちこめた霧をかき分けるように静かに滑りだしていく。乳白色に染まって無と化した風景の静寂を際だたせるかのように、時として漁船の櫓の音が近くから聞こえてくる。船の行く手は依然として濃い霧に包まれたままであり、それを突っ切って進み出ていくにつれて、船の後尾は再び乳白色に包まれていく。時間はほとんど止まったままだ。しかしそれは、まもなく唐突に打ち破られるための前景にすぎなかった。あるいはむしろ、こうした静寂と平穏に自足できない山川の精神が、ある種の衝迫感に堪えかねて自らつき破ることになる光景にほかならない。

山川の同志社中退の事情について検討するまえに、琵琶湖に関するもう一つのエピソードについて述べておこう。山川のボート仲間のなかで特筆されているのが都留信郎という人物である。「都留は体格のがっしりした、健康そうで、かつてクッタクしたことのない、いつもはればれとした顔をした青年だった。（中略）都留はいろいろの点で私よりもすぐれていた。ボートはもちろんのこと、三日月楼の二階の座り角力でも、逆立ちして両手で歩くことでも、とうてい都留にかなわなかったが、腕角力だけは、私は都留に勝てなかったが、都留も私を負かせなかった」（一五〇―一五一頁）。三日月楼はボートの練習で昼食のために、かれらがしばしば立ち寄った石山の旅館である（当時の絵葉書で旅館の姿を知ることができるが、残念ながら現存しない）。都留と山川の人生はその後長いあいだ交叉することがなかったが、第二次大戦後になって都留から連絡があった。しかし会見が実現する前に、都留重人の父が死去したとの新聞記事で、山川は都留の死去を知った。かつてのボート仲間が都留重人の父親だったことを、山川はこのとき初めて知ったという。都留は予備学校での山川の同級生で、前述の明治二八年九月と二九年三月取調の学籍名簿に、出身地・大分の生徒として登載されている。

かれらはチームを組んでレースに参加した。「明治三十年の春には、はじめて全国の学校の連合でボートレースが琵琶湖でもよおされ、私たちのバンドも出場して金色のメダルをもらった」（一五一頁）。『同志社五十年史』によれば、ボート競漕は同志社に最初に輸入された近代的スポーツだった。一八九一（明治二四）年四月に第一回の水上大運動会（競泳とボート競漕）が開催され、その後、毎年春に三保が崎で全校挙げての水上運動会が、秋には唐崎で小規模の競漕会が行なわれたという。[27] 他方、琵琶湖での全国的規模での競漕会は一八九五年に始まったが、最初の二回（九五〜六年）は同志社はチームとしては参戦していない。[28] しかし九七年四月の水上運動会の二日後、本願寺文学寮（現龍谷大）の主催で行なわれたレースで、同志社クルーは滋賀師範、滋賀尋常中学の二校と対戦、さらに同年五月には京都尋常中学の招待で滋賀商業と対戦し、ともに勝利した。前者のレースのメンバーは「舵手塩津誠作、整調森光太郎、五番清水和三郎、四番都留信郎、三番石川弘、二番卜部八右衛門、艇舳小野寺寿雄」で、後者のメンバーは「舵手松井万緑、整調都留信郎、五番清水三郎、四番卜部八右衛門、三番鈴木岡造、二番山本兵一、艇舳沢田実」だった。

他方、同志社が全国規模の連合競漕会に参戦したのは、九七年七月一八日開催の第三回大会だった。同志社は、当初、二高または四高との対戦を希望したが実現せず、結局、慶應義塾との対戦になった。慶應にはいくつかのボート部があり、そのうちの最強といわれた赤いユニフォームの赤クラブが対戦相手だった。対抗する同志社は白のシャツに赤布を縫いつけた縞の即席ユニフォームを身につけた。両校の対戦は当日のプログラムの最後に組まれ、手に汗握る熱戦の末、三艇身の差で同志社が勝った。この勝利は同志社の正史が力説するところで、これを契機にそれまで貸しボートで練習していたボート部は自前のボートを所有することになった。このときのメンバーは、『五十年史』[29]によれば、「舵手塩津誠作、整調都留信郎、五番清水和三郎、四番卜部八右衛門、三番沢田実、二番山本兵一郎、一番小野寺寿雄」で、『同志社ローイング一〇〇年』[30]によれば、「舵手塩津誠作、整調都留信郎、五番清水和三郎、四番渡辺節二郎、三番沢田実、二番卜部八右衛門、艇紬小野寺寿雄」である。

記録に残っているメンバー表をあえてすべて記載したのは、ひとつには都留信郎がいずれの試合にも出場していて、「もし同志社の全校からボートの選手をえらんだとすれば、彼はかかすことのできない人だった」という『自伝』（一五〇頁）の記述を裏づけたかったからである（なお都留は九八年の第四回大会でもメンバーとなっている）。第二に、明らかに名前の誤記（清水和三郎と清水三郎、山本兵一と山本兵一郎のように）があるが、何より困惑させるのは山川の名がどこにも残っていないこと、そして山川の小学校の同窓生でいっしょに同志社に入学し、いっしょに退学した山本兵一もボート部だったことも注目してよい。前述のように、山川は『自伝』で「明治三十年の春」に初めて全国学校のボートレースが行なわれ、かれらの「バンド」が金メダルを獲得したとし、そのときの記念写真もあったが、関東大震災のときに憲兵に持ち去られたと書いている。しかし連合競漕会が開催されたのは、明治三〇（一八九七）年の春ではなく秋であり、山川はすでに退学して東京にいた。山川は記録に残っていない別のレースに出て優勝したのかもしれない。例えばそれが四月の水上運動会だったとすれば、おそらく五月初めに退学した可能性が高い山川にとって、とりわけ思い出深いものだっただろう。こうした事情で、かれの小さな勝利が同志社ボート部の歴史に残る輝かしい勝利と重なり、記憶の混濁が起こったのではないだろうか。山川のボートへの思い入れはそれほど深かったと想像したい。

5
退学

三十年の春、私たち少数の同志はタライのなかの竜巻ほどの小さな騒動をおこし、同攻会のメンバーのうち鹿児島の浜田仁左衛門、小学校時代からの親友の山本、それから私の三人が退学した。問題は、新しい学制に関連したことではなかったかと思うが、考えてみても分らない。しかしその時は、そうしなければ世界じゅうの正義人道が亡びてしまいでもするかのように、私たちはいきり立っていた。最後には、全校の学生に訴える長いゲキ文を書いた。私は徹夜でこのゲキ文を起草し、同級生のなかでいちばん字のうまかったIに、赤と緑の用紙十数枚に清書させ、公会堂のぐるりの壁にはりめぐらした。そして郷里へは一と言の相談もなしに、私は退学届を出してしまった。
（『自伝』一五九頁）

この『自伝』の記述で、山川の退学の事情を納得できる人はいないだろう。そもそも自分の人生の大転換をひき起こすことになった事件、しかも自ら主導した事件について、具体的な記憶がないというのは信じがたい。檄文を書いて公会堂（同志社教会）の壁に張ったというのに、書いた内容はまったく忘れてしまうということがあるだろうか。かれは自分の自伝を「凡人の記録」と称し、「まえがき」で「通りいっぺんの凡人が歩んだ平凡な道」だったと強調しているが、そこには山川一流の衒いがあるように感じられる。第一次共産党の結成（一九二二年）で、少なくとも当初、山川が主導的な役割を果たしたことは否定しがたいが、『自伝』ではそれを否定しており、荒畑寒村を憤慨させた。こうした山川の態度は「人格の高潔なように理論的にも高潔」だったことが原因だと、寒村は説明している。[31] 失敗に加担した自分が理論的に許せないという気持が働いたというのである。同志社退学についても、同様な事情が働いたのではないだろうか。山川らの起こした事件は自身が「タライのなかの竜巻」と称するほど、主観と客観の落差が大きかった。だからその具体的内容を記述するのはかれの自負心が許さなかったのではないか。

山川には、ボートのほかに、同攻会と自称した七人からなるグループの友人がいた。『自伝』によれば、かれらは新島精神に影響された「悲歌コウ慨の士」で、退学した三人のほかに足助素一の名が挙げられている。[32] 荒畑寒村は山川の死の直後に発表した文章で、この足助素一の山川評を伝えて次のように語る。「当時の山川君はいわゆる燕趙悲歌の士で、いつも慷慨激越な演説をやっていた、それだから、この男は将来は満州に渡って馬賊の大将にでもなるんじゃないかと思ったくらいで、今日のような山川君は、とうてい予想もしなかったそうだ」。[33] いくら悲歌慷慨の士だったとしても、日清戦争直後に満州の馬賊が連想されたとは信じがたいので、このエピソードは割り引かねばならない。しかし「クラスをリード」していた「志士的分子」についての『自伝』の回想によると、「大は新島精神と同志社伝統の精神教育の問題から、小はマカナイのサーヴィスにいたるまで」、自由に議論がかわされ、公会堂の掲示板に檄文を張って訴えるなどの行動をとっても、学校も寮長も干渉しなかったという（一四六頁）。後述のように、尋常中学校設立とともに、寮の規律が重視されるようになったらしいので、こうした自由な雰囲気は失われていったのかもしれない。いずれにせよ、日ごろの悲憤慷慨の延長線上で、山川は「タライのなかの竜巻」のような事件を主導し退学にいたったのである。

ではその原因は何だったのか。この問題について検討するまえに、まずこの時期の同志社の大きな改革について、簡単に述べておかねばならない。同志社はキリスト教伝道や伝道者養成を目的とするミッション・スクールではないが、創設当初からアメリカン・ボード（American Bcard of Commissioners for Foreign Missions）から人的・

財政的支援を受けていた。アメリカン・ボードはプロテスタンティズムの一派である会衆派（組合派ともいう）の海外伝道組織で、新島襄自身はボードの宣教師補だったので、その生存中はアメリカ人宣教師との対立が表面化することはなかった。しかし新島死後に同志社の経営と教学を主導した熊本バンドの人々は、アメリカ人宣教師たちとは信仰面でも違いがあった。同志社教授の浮田和民が「外国人宣教師論」（『六合雑誌』一八九四年八月）を発表してかれらを批判しているが、それは宣教師側には誹謗中傷といってよいような激しい内容である。こうした雰囲気のなかで、かれらはナショナリスティックな気分も手伝って教会運営での自立を企図し、一八九五年四月、日本組合基督教会がアメリカン・ボードからの独立を決議する。[34] さらにボード側が委員を日本に派遣して日本の事情を調査した末、資産や教育の問題で両者の対立が表面化し、同志社の社員会が九六年末でボードの寄付金と教員を謝絶すると決議した。[35] こうして同志社のボードからの自立の方策として、一八九六年四月、同志社は中学校令に準拠する尋常中学校を設立し、前述のように山川はその三年生に編入されたのである。

尋常中学校は四月一〇日に始業式を行ない、設置伺書を京都府知事に提出したが、認可されたのは九月一六日だった。[36] 設立後、認可までに半年を要したことになる。その間に問題とされたのが授業科目の「倫理」の内容だった。中学校令（一八八六年）は、「倫理」の「学科ノ程度」を「人倫道徳ノ要旨」と規定しているので、授業の詳細は学校側が自由に決められるはずだった。しかし認可の権限をもつ京都府庁は、教育勅語にもとづく倫理教育を要求した。[37] 同志社側は認可を得るためにその要求に屈し、校長・小崎弘道名で「同志社尋常中学校倫理科教育方針は教育に関する勅語に基き人倫道徳の要旨を授け徒に倫理学の理論に馳する事なく専ら躬行実践を目的と致申候（下略）[38]」との文書を提出した。

「明治二九年度同志社報告・各校教育上ノ状況」という文書には、尋常中学校校長・浮田和民の報告が掲載されている。[39] それによると、授業は基本的に従来の予備学校の教員が担当したが、「種々の理由により辞職して去られた人々少なからず」という状態で、新任の教師のなかには解任されるものもでた。体操科は「陸軍歩兵中尉早瀬松二郎氏」に依頼し、兵式体操は「次第に盛大」になったという。こうした記述から推測すると、初年度だったせいもあって、教育の現場はかなり混乱した状態だったのだろう。予備学校時代に比べると「学校の品位高きを以て生徒の自重心を加へた」ので、「学生の品行は漸次改良」したとされ、「寄宿舎は津下紋太郎氏寮内取締として各寮長と尽力せられたるにより甚良好の結果を呈せり」という記述も目を引く。どうやら寮の規律は従来よりも厳格になったらしい(40)。

尋常中学校のカリキュラムは、山川が在籍した三年生の場合、倫理、国語、漢文、外国語、歴史、地理、数学、博物、図画、体操で、倫理の授業内容は「講演」、体操は「器械体操・中隊訓練・野外要務令」とされている(41)。尋常中学校に入る前に、山川が七か月在籍した予備学校のカリキュラムは分明ではないが、一八八七年の「予備校概則」のままだったとすれば、体操の授業はなく、修身は「聖書講義」だった(42)。山川は尋常中学校の設置によるカリキュラム変更に不満を鳴らしている。一つは「体操という新しい科目ができ、下士官あがりの教官がやって来て、（中略）鉄砲をかついで体操をやらされた上、点数をつけられ」たことだった（『自伝』一五三頁）。体操は中学校令に定められたもので、内容は「普通及兵式体操」と規定されていた。同志社はそれに従っただけだが、山川は「ついに一度も」出席しなかったと述べている(43)。

もっと決定的だったのは聖書の講義が正課から廃止され、「倫理」で教育勅語の講義が導入されたことだった。前述のように、この変更は京都府庁の認可を得るためのやむを得ない妥協の結果だった。従来の学則によると、「生徒ハ凡テ毎朝七時三十五分ヨリ八時マデ同志社公会ニ出席シ徳育上ノ講話ヲ聴クコトヲ要ス」(44)とされている。同志社の全生徒が毎朝の礼拝への出席を義務づけられていたのである。おそらくこの制度は、聖書講義が正課から削除された後も続けられていただろう。しかし山川は教育勅語の押しつけに我慢できなかったらしい。「（前略）

国体の精華が、森田先生によってせん明されればされるほど、私の疑問は深く大きくなり、講義が進むにつれて、私はしだいに反発し、やがては反抗するようになった。そこで倫理の時間には、かならず意地の悪い質問をして、先生を手こずらせた」（『自伝』一五五頁）。

倫理を担当したのは、熊本バンド出身の森田久萬人《くまんど》（一八五八～一九〇〇）で、一八七九（明治一二）年の最初の一五名の卒業生のひとりだった。[45]卒業式の演説の題は「理学ト宗教ノ関係」というもので、卒業後、同志社で教鞭をとり、一八八九年から三年間エール大学に留学して哲学博士を授与された。帰国後は同志社神学校の教頭を務めたが、四二歳で死去した。教員不足の同志社では実にさまざまな科目を担当させられたらしい。まじめな学究で「紛糾錯雑せる問題も一度氏の頭脳を通過すれば『先づ此問題を三つに分けまして……』といふ調子で出て来る[46]」のが常だったという。山川は倫理の授業の質問で、「致命的な落し穴がある出口」に森田を誘導して窮地に追い込んだと述懐している。三段論法を常用する森田の思考の特徴を巧みに逆手にとったのだろう。篤実なクリスチャンで、やむを得ず引き受けさせられた授業を嫌々担当している教師が、頭の回転が速い小生意気な生徒にふり回されている姿が浮かんでくる。

山川が尋常中学校三年の課程を終え、四年に進級した直後の一八九七年四月、同志社史に残る事件が起こった。『同志社百年史』がまとめるところによれば、ボードとの関係を断ったことに対して同志社内で異論が表面化し、他方では聖書を正課から削除したことを非難する声もあって、社員の内部対立が激化した結果、社長兼校長の小崎弘道が辞任に追い込まれたのである。小崎の辞職が決まったのが四月一五日、小崎を補佐した尋常中学校校長の浮田和民も連袂辞職した。これに対して、四月二五日には小崎の、五月三日には浮田の送別会が生徒の発起で開催され、ついで五月八日に柏木義円が辞職している。[47]柏木には辞職しなければならない積極的な理由はない。おそらく名義の立たない理由で、小崎と浮田を辞職に追い込んだ人々に対する義憤によるのだろう。[48]柏木が発表した「辞職の理由」には、以下のような注目すべき一節がある。「（前略）被教育者たる生徒をして、校友会総会に訴へて、我儕と校長とは親密親子の関係あるを要するものなるに、社員は我校長を動かすに一指を動かすよりも容易に為したりと云ひ、遂に社員の処置は理由なき独断の処置なりと公言せしむるに至らしめ（後略）」[49]。

同志社の内紛は社員のあいだにとどまらなかったことはあきらかである。生徒たちが小崎・浮田に同情し、かれらを辞任に追い込んだ新首脳部を非難する事態になったのだろう。校友会総会でかれらを非難する声をあげた生徒たちとは誰だろう。「なにか問題があると、クラスを代表して出てくる顔ぶれは、ほぼ決まって」いて、それがグループを形成して「同攻会」と自称したと、『自伝』は語っている（一五一頁）。「同攻会」のメンバーだった足助素一をして、「燕趙悲歌の士で、いつも慷慨激越な演説をやっていた」と回顧せしめた山川が、校友会総会で「激越な」演説をぶったとしても不思議はない。『自伝』には退学理由を説明する父への手紙の一節が引用されている。「……《ママ》ご質問の今般の事件に賛成関係し運動したるものは、同志社高等普通部、尋常中学部生徒悉皆に御座候、但し専門校も一致賛成に御座候へども、専門校生徒は校友会員の資格有之候間、校友会員として運動せらるゝ都合にて、生徒としては運動無之候（後略）」（一五九頁）。これによれば、山川たちは校友会員ではなかったので、総会には出席できなかったかもしれない。しかしたとえそうだったとしても、校友会総会での生徒の言動が山川たちの行動と連動していなかったとは考えにくい。

それにしてもこの父への手紙にいう「今般の事件」の内容について、「そうとうな大問題だったらしいが、いまは少しも心当りがない」（一六〇頁）と山川がうそぶいているのには呆れるほかない。事件に関する具体的な説明がなければ、この手紙は弁明の体をなさない。この手紙の原文には退学にいたる一部始終がきちんと記述されていたはずだ。山川がその部分の引用を意図的に避けたとしか思えない。なぜだろう。

尋常中学校設立以後、山川たちには多くの不満があった。カリキュラムにおける兵式体操や教育勅語にもとづく倫理の授業、一月二三日の新島先生記念日が廃止されて、一一月二九日同志社創立記念日と合併されてしまったことなど。(50)こうした不満は山川退学の遠因だっただろう。しかしそれは退学の直接の契機となった「今般の事件」ではない。父への弁明の手紙には、「今般の事件」に生徒全体がかかわったと力説している。この時期にかれの主張に見合うだけの事件といえば、小崎・浮田辞任事件以外に考えられない。(51)だが『自伝』で言及した聖書授業の廃止などの原因となる改革を行なったのは、辞任に追い込まれた小崎・浮田らの執行部にほかならなかった。つまり山川らは、かねてから不満のあった改革を実施した張本人たちに同情して、騒動を起こしたのである。それは、兵式体操や教育勅語による教育を口をきわめて批判した『自伝』の記述とは齟齬する、名分の立たない行為だった。これが「タライのなかの竜巻ほどの小さな騒動」の中身について記述を避けた理由である。

ともあれ山川たちは校友会総会に訴え、檄文を公会堂の壁に張り出し、小崎と浮田の送別会を開催した。柏木義円の辞職は、生徒たちのこうした一連の行動の一環としてとらえるべきであろう。柏木は山川たちのクラスで聖書と代数、後には地理の授業まで担当していた。「聖書の講義のときの柏木先生のお祈りは、心から天の父を求める赤子の声だった。先生は、ハナ水が、開いた聖書の上に流れているのにも気づかずに祈りつづけていることが、しばしばだった。私たちのクラスには、柏木先生より代数のよくできるのが一人いた。しかし、そのために先生にたいするクラスの尊敬は少しも変らなかった」(一三八頁)。かれを慕っていた生徒たちの代表として、山川ら三名が退学を決意したのである。そのままこのクラスで教鞭をとり続けることは、柏木の良心が許さなかっただろうと、筆者は推測する。柏木は生徒たちの行為に引きずられるようにして職を投げうった。むろん柏木自身も同志社内の権力闘争や社員の無責任に憤慨していたに違いない。しかし生徒たちの造反行為がなければ、かれは辞職まで踏み込まなかったのではないか。

このように柏木の辞任が山川らの退学と連動したものだったとすれば、山川と山本兵一が退学後「ほんの少しのあいだ」だが、柏木家の居候になったというのも自然の流れだったことがわかる。山川は柏木夫妻の生活に接して「聖徒の生活」だと思ったという。「私はほんとうの『清貧』というものを、まのあたり見たような感じがした。毎朝のミソ汁の中には、近くの小川の堤に生えている小指くらいのシノ竹のタケノコや、裏庭に自然に生えたトウの立った三つ葉が浮いていた。しかし私はそれをまずいと思わず、イエスが割いて与えてくれたパンを食べる敬けんな気持で食べた」（一三八—一三九頁）。満一六歳数か月の山川は、このとき花岡山盟約をした熊本バンドの少年たちとほとんど同じ境地にいた。

6　おわりに

同志社時代の山川均について、これまで『自伝』の記述以上のことを調査した者はいなかったと思う。「はじめに」で述べたように、山川均の研究者の関心が社会主義（あるいはマルクス主義）に集中していたために、同志社時代はその前史として軽く扱われたためであろう。それに加えて、同志社時代の学籍簿などの内部資料や林源十郎に関する倉敷キリスト教会史の資料はアクセスが必ずしも容易ではないという事情もある。同志社の資料は山川の自伝の記述が必ずしも事実のとおりではないことを示しており、また林源十郎の活動が少年の山川に与えた影響も無視しえないほど大きいものだったことを示唆している。本章はこうした欠落を埋めるために書いた。

自分の過去の言動を将来の世代の人々の前に、すべてさらけ出すには途轍もない勇気が必要である。すべてを告白しなかったからといって、誰も自伝の著者を非難することはできない。逆の側面からいえば、自伝的な記述にはつねに意識・無意識の合理化がともなうことを覚悟しなければならない。山川の『自伝』にも記憶の誤りや、自己の行為の意図的な合理化がある。それを指摘するのは、思想家としての山川を貶めることではなく、むしろかれの苦闘の生涯に対する敬意の表現である。筆者の山川研究は緒についたばかりだが、今後もこの気持ちを忘れないようにしたい。

注

(1) 代表的な書物を挙げると、小山弘健/岸本英太郎編著『日本の非共産党マルクス主義者』(三一書房、一九六二年)、高木郁郎『山川均』(すくらむ社、一九八〇年)、川口武彦『日本マルクス主義の源流』(ありえす書房、一九八三年)、川口武彦『山川均の生涯　戦前編』(社会主義協会出版局、一九八六年)、川口武彦『山川均の生涯　戦後編』(社会主義協会出版局、一九八七年) などがある。
(2) 石河康国は社会主義青年同盟、社会主義協会を経て、現在も新社会党の執行部の一員であることが著書の奥付に明記されている。
(3) 山川菊栄/向坂逸郎編『山川均自伝』(岩波書店、一九六一年)。以下では『自伝』と略記してページ数を本文中に記す。
(4) 筆者はかつて丸山眞男と社会主義との関係を論じた際に、意識的にこうした手法を採用したことがある。米原謙「丸山眞男と社会主義――いくつかの側面」『思想』第九八八号 (二〇〇六年八月) 参照。
(5) 「精思男子高等小学校学校沿革誌」『新修倉敷市史』第一一巻 (山陽新聞社、一九九七年)、一〇七四頁以下参照。
(6) その創業の地には代々林家の住居と店舗があった。現在は「林義十郎商店」という店舗にブティックや洋品店、カフェが入った三階建ての建物になっており、二階に林源十郎商店記念室と題する小さな部屋がある。以下の叙述はこの記念室の展示パネルによる。
(7) 以下の叙述は田崎健作「林源十郎氏おいたちの記」田崎健作編集・発行『林翁之片影』(非売品、一九三七年)、二四頁以下、林彪太郎「父の思出」田崎編『林翁之片影』、八〇頁以下を参照。
(8) 『林翁之片影』、一九頁。
(9) 林源十郎「おぼえがき」上田昌三郎編集・発行『備中倉敷林家　孚一と源十郎の肖像』上巻 (私家版、二〇〇五年)、二頁。
(10) 源十郎の同志社入学が一八七九年であることは林源十郎「おぼえがき」による。

（11）以下の叙述は高戸猷（編集兼発行人）『倉敷基督教会略史』（倉敷基督教会、一九三五年）、一頁以下による。なお竹中正夫『倉敷の文化とキリスト教』（日本基督教団出版局、一九七九年）第二章～第四章も参照。ちなみに田崎健作「林源十郎氏おいたちの記」（『林翁之片影』、四二頁）では、源十郎が石井十次とともに受洗したと書かれているが、石井が岡山教会で金森通倫牧師から受洗したのは一八八四年である（石井記念協会『石井十次伝』大空社、一九八七年、二八頁）。源十郎は岡山医学校時代に石井の孤児院を訪ねて知り合ったと述べているので、むしろ源十郎の受洗は、直接には石井の導きによるのかもしれない（林源十郎「石井十次君の追憶」『石井十次伝』、四六〇頁以下参照）。
（12）花立三郎／杉井六郎／和田守編『同志社大江義塾　徳富蘇峰資料集』（三一書房、一九七八年）、一五―六九頁参照。
（13）『同志社百年史　通史編（一）』（学校法人同志社、一九七九年）、一七四頁以下参照。
（14）田崎「林源十郎氏おいたちの記」『林翁之片影』、三九頁。
（15）ただし田崎「林源十郎氏おいたちの記」では、翌年のこととされている。
（16）高戸『倉敷基督教会略史』、四頁以下参照。
（17）小崎弘道編著『日本組合基督教会史（未定稿）』（日本組合基督教会本部、一九二四年）は明治二四年から三三年を「試練の時代」と呼び、以下のように論じている。「入会者の統計を見るに、十六年より二十三年迄は、多い時は一千七百名に及び、少く共千名を下る事がなかった。然るに二十四年より三十二年にかけては、漸時受洗者の数を減じ、其の最も少いのは二十七年度で、僅に二百六十六人に過ぎない、最も多い年も千人を出づるはなかった。如何に教勢が頓挫したかを察することが出来る。而も会員全体の上に於て、減員の最も多くあったのも亦二十七年度で、其の数一千八百七十九人に達している。誠に甚しき減退と云はねばならぬ」（一〇九頁）。組合基督教会や同志社が苦難の時代に入ったときに、山川は同志社に入学したのである。
（18）以下の叙述は『同志社明治廿八年度報告』に挙げられた数字にもとづく。本文中のグラフも同報告書にもとづいて筆者が作成したものである。
（19）以下の叙述は『同志社五十年史』（カニヤ書店、一九三〇年）、『同志社百年史　通史編（一）』を参照。
（20）『同志社百年史　通史編（一）』、五二〇頁。

(21)『同志社百年史　通史編（一）』、五二一頁。
(22)『同志社百年史　資料編（二）』（学校法人同志社、一九七九年）三〇七頁以下を参照。
(23)『同志社百年史　資料編（二）』、三〇九頁。
(24)青山霞村『同志社五十年裏面史』（からすき社、一九三一年）、一二九頁。
(25)なお入学試験の規定もあるが、補充科や予備学校への入学は、小学校卒業者には入学試験が免除されたらしいので、山川は試験を受けずに入学・進学したと想像される。
(26)『同志社百年史　通史編（一）』、五三三―五三四頁。
(27)『同志社五十年史』、二八一―二八二頁。
(28)以下の叙述については『同志社ローイング一〇〇年』（同志社艇友会・同志社ローイング一〇〇年記念事業実行委員会、一九九一年）、四〇頁以下を参照。なお本書の閲覧は同志社大学ボート部のご好意による。記してお礼申しあげる。
(29)『同志社五十年史』、二八二頁。
(30)『同志社ローイング一〇〇年』、四三頁。
(31)荒畑寒村「知られざる一面」『荒畑寒村著作集（五）』（平凡社、一九七九年）、二四六頁。
(32)足助素一の名は「明治廿八年九月」の名簿の最後の部分に「廿九年四月入学」として記載されている。つまり足助は予備学校が廃止されて尋常中学校になったときに、山川と同じ三年生のクラスに編入されたことがわかる。
(33)『荒畑寒村著作集（五）』、二四三―二四四頁。
(34)『日本組合基督教会史（未定稿）』、一二一頁参照。
(35)『同志社百年史　通史編（一）』、四三三頁以下を参照。なおボード側の資料をもとにした同志社の動向については、ポール・グリーシー「同志社の土着化」北垣宗治訳、『同志社談叢』第二一号～第三一号（二〇〇一年～二〇一一年）を参照。
(36)日付については『同志社年表（未定稿）』（編集発行・同志社社史史料編集所、一九七九年）による。
(37)経緯の詳細は土肥昭夫『天皇とキリスト――近現代天皇制とキリスト教の教会史的考察』（新教出版社、二〇一二年）、二二二―二二四頁を参照。

（38）土肥『天皇とキリスト』、二二三頁。
（39）『同志社百年史　資料編（一）』（学校法人同志社、一九七九年）、八〇三—八〇四頁。
（40）ちなみに津下紋太郎について、『自伝』は神学校を出たばかりの津下が山川らの英語の訳読の授業を担当したとし、以下のように述べている。「津下先生は良い先輩で、ことに出身地が近かったので、同郷の先輩としても、入学の直後から、私たち三人の同窓生は、とくべつに面倒を見てもらった」（一二九頁）。想像をたくましくすると、神学校卒業生の津下が行なった寮の規則の厳格化は、新島の崇拝者だった山川にとって好ましいものだったのではないだろうか。
（41）『同志社五十年史』、二一一—二一二頁。
（42）『同志社百年史　資料編（一）』、三〇二頁。
（43）片野真佐子『孤憤のひと　柏木義円』（新教出版社、一九九三年）、九九頁以下によれば、尋常中学校教員の柏木義円が「体操科ニ関シテノ卑見」と題する文書を校長・教頭あてに提出している。これが片野の推測するとおり、兵式体操にかかわるものだとすれば、山川だけでなく多くの生徒が体操を欠席したらしい。
（44）『同志社百年史　資料編（一）』、三〇六頁。
（45）森田久萬人については、前掲『同志社百年史　通史編（一）』の一〇六頁、『同志社五十年史』、二五〇頁以下を参照。
（46）『同志社五十年史』、二五一頁。
（47）『同志社年表（未定稿）』による。
（48）柏木義円の辞職については、坂井誠「柏木義円と同志社問題——連袂辞任と綱領削除問題を中心に」『新島研究』第一〇〇号（二〇〇九年）を参照。なお八月九日付の湯浅治郎宛書簡で、柏木は「社員方ノ真成《ママ》ニ負フヘキ責任ヲ負ハルル御実意」を問題にし、校友会総会でも中村栄助が「胸襟ヲ開カスシテ、単ニ止ムヲ得ス」と責任回避の答弁を繰り返したことを批判している（片野真佐子編『柏木義円書簡集』（行路社、二〇一一年）、三六頁）。辞職理由の核心を伝えたものだろう。
（49）柏木義円「辞職の理由」『校友会報』第二号、一八九七年一〇月。
（50）『同志社年表（未定稿）』の一八九六年一一月二九日の項に、「新島先生追悼会を兼ね、同志社創立記念会が例年開会されるようになる」と記されており、山川が『自伝』（一五七頁）で書いたことが事実であることが確認される。
（51）『自伝』（一五九頁）で「我が尋常中学四年級より委員三名」が退学したと書いているので、事件は新学年に入って以降のことである。四月末から五月初旬に生徒主催による小崎・浮田の送別会が開催されているので、かれらの退学はその前後だった可能性が高い。

第5章

徹底して弱さの上に立つ

柏木義円の生涯と思想に学ぶ

片野 真佐子

1 柏木義円における信仰と社会問題

労農派の指導者山川均（本書四章参照）は、若い日に同志社に学んだ。だが、まもなく同志社は、宗教教育を禁止する一八九九年の文部省訓令第一二号発令に先駆けて、聖書講義を課目から外し、教育勅語の授業を開始した。山川は、これに嫌気が差して同校を退学した。在学中、山川は、同校で教鞭を執っていた柏木義円（一八六〇～一九三八）夫妻の家に友人と二人で居候した経験がある。山川は、「私が一生涯に聞いた人間の言葉のなかで、柏木先生のほどトツ弁なのもないが、またそれほど熱誠のあふれたのもなかった。聖書の講義のときの柏木先生のお祈りは、心から天の父に求める赤子の声だった。先生は、ハナ水が、開いた聖書の上に流れているのにも気づかずに祈りつづけてい」た。柏木夫妻の生活は貧しかった。しかし、そこには気の毒と思わせられる要素や、焦燥の影は微塵もなかった。山川は、「ほんとうの『清貧』というものを、まのあたり」に見たと述べている。この柏木が、山川によれば、「のちに上州安中の牧師となり、聖者として敬われた」のである。(1)

一八九七年八月、柏木は、新島襄の郷里の安中教会仮牧師に就任した。按手礼を受けて正牧師となったのは五年後である。柏木は、道で知人に会うと、深く頭《こうべ》を垂れた。相手がもういい頃かと顔を上げると、柏木はまだお辞儀をしている。あわてて相手がお辞儀を返しなおす。背が低く、無精髯をたくわえた柏木は風采が上がらない。栃木の足利教会の応援に出向いた時、旅館はその風体から柏木を階段わきの最下等の汚い部屋に通した。そこで静かに待つ柏木を教会の役員が訪問した。来客が名士になるにつれて、旅館側は柏木の部屋を替え、最後には最上等の部屋に通した。(2)柏木はこうした逸話に事欠かない。

矢内原忠雄が、第一高等学校の学生時代に柏木を訪問したことがある。案内したのは、同年輩の金沢常雄である。金沢は母のなお子が上州の甘楽教会員であったことから、一時、桐生教会（東校前）の主任牧師に就任したが、やがて札幌独立基督教会に転じる。矢内原訪問時、次男策平の看病で妻のかや子は留守だった。柏木にとっては、精神的にも金銭的にも最も悩みの多い時期だと思われる。破れ畳、破れ障子、会堂の欄干には濡れおしめが所狭しと垂れさがっていた。そのなかで柏木は、矢内原の学生らしい無邪気な問いに、一番嬉しいことは真に神を信じる人に接すること、艱難らしき艱難にはまだ遭ったことがないと応じたのである。(3)

柏木義円は、近代天皇制下で軍国主義、帝国主義を批判し、非戦論を展開したキリスト者・牧師として知られている。新潟県三島郡与板にある武家待遇の西光寺に生を受け、幼時に父を亡くし、母の薫陶により厳しい教育を受けた。その後は紆余曲折を経て、同志社で学び、新島襄の指導を受けるとともに教鞭を執り、後半生を群馬県の組合教会（日本組合基督教会）に属する安中教会で過ごした。妻かや子は、病弱ながら七男二女（三男寛三郎夭折）をもうけ、柏木の母とともに生活をし、牧師の妻としての仕事を全うした。妻の死後、柏木は不器用ながら家事をこなし、牧師夫人の役割も担った。父が生涯再婚しなかったことに子どもたちは感謝した(4)。柏木は、自らの主宰する『上毛教界月報』（一八九八年一一月創刊(5)）により、透徹した時代批判を展開した。ともすれば抽象論に終始しがちな宗教者としては異彩を放つ。本章では、彼の生涯の思想の一端に触れ、その根幹を貫いた生きる姿勢に学んでみたい(6)。

『月報』の創刊は、安中赴任後、間もなくである。早くも『月報』は明治期に二回の筆禍事件に見舞われている。柏木の舌鋒は鋭く、驚くべき首尾一貫性を特色とする。その筆致は、時に読むのが辛くなるような激しさで、後出の盟友湯浅治郎にたしなめられたこともある。柏木は、常に官憲に注視され、新聞記事掲載差止命令(7)は珍しくなかった。一八九二年、彼は同志社の教師時代に出向した熊本英学校で不敬事件に遭遇している。

時は下り、一九三一年九月一八日の満州事変勃発を境に、『月報』は、頻繁に発売禁止処分となった。柏木は、「孤憤」を掲載して、前年のロンドン海軍軍縮条約批准に反する日本軍部主導の軍拡と満州膨張を批判、「純然たる戦争行動があってもこれ所謂事変で戦闘では無いのか」と戦争開始の「事実」を直視することを訴えた。平時には平和を唱え一旦開戦となるや、愛国者に転じるキリスト教諸団体の「無定見無節操」を論難して、その中国非難を「苦々しき」ことと論《あげつら》った。とりわけ彼は、日本基督教婦人矯風会が「朝日新聞の手先き」となって戦意高揚に執心したのに立腹している。矯風会は、事変は事変で、不戦条約に抵触しないと、いち早く軍部支持の声明を発していた。戦争を呼びこむような矯風会に、柏木は手厳しい(8)。

翌一九三二年七月、信州小諸の小山源吾が、信仰と社会問題との関係について悩みを訴えてきた。小山源吾は内村鑑三系の無教会に通っていた。小山に対し、柏木は、生業の違い、貧富の差、政治信条の相違や、宗教の如何にかかわらず、「人ハ此世ニアル限リ生活セサル可ラス。政治ト関渉セサル可ラス。社会組織ノ善悪ニモ関心セサル可ラス」と述べた。しかし柏木は、「霊ノ問題タル宗教」が、この世の生活や政治に「超越」するとも伝えた(9)。

柏木のこの立場は、すでに、遠く一九八九年の大日本帝国憲法発布と翌年の教育勅語公布によって惹起された一八九一年初頭の内村鑑三不敬事件を直接的契機として表明されている。いわゆる教育と宗教の衝突論争である。論争の口火を切ったのは井上哲次郎である。井上は、キリスト教が教育勅語の精神と矛盾するとし、内村、植村正久ら多くのキリスト教徒と激論を交わした。

一八九二年九月、井上哲次郎は『勅語衍義』を刊行した。この書は教育勅語についての公的な解説書といっていい。ここで井上は、伝統的道徳が説いてきた近親者への信義を超えた国家に対する忠誠を、新しい道徳である「共同愛国ノ義心」として提示した(10)。同年から翌一八九三年にかけて、柏木義円も、『同志社文学』を中心に井上哲次郎批判を展開した。井上は、教育勅語の精神に悖《もと》るとして、宗教に対する国家の優越を主張し、キリスト教を猛攻撃した。これに対し、柏木は、「道徳上に於ては聖主慈父の意は戦々兢々薄氷深淵の思を為し、最上者に対しては臣子と同地位に在りて之に敬事せんと欲するに在る」と述べた。彼は、この文章に続けて「人なる名称は帝王と云ふよりも大統領と云ふよりも更に尊貴なる名称なり」というW・E・チャニングの言葉を添えた。彼が生涯好んで用いた言葉である。

ここで柏木が、「聖主慈父」としたのは天皇である。しかし、その天皇も「最上者」すなわち神に対しては「臣民」と同じ位置に身を置き、「最上者」を「敬事」すべきであるとしている。「敢て勅語を以て、君父の上に最上者を置くを排するの具と為すは何等の諂諛《てんゆ》ぞ」とも述べた。たとえ教育勅語が天皇の名で発布されたとしても、所詮は単なる道徳であり、「人間全体の価値」を「敬虔の念」をもって尊重する宗教とは違うから、これを至高の価値とするのは、単なるへつらいにすぎないというのである。柏木は道徳と宗教を厳然と分ける。彼によれば、

「人間の道念は完全円満にして且つ意識あり生命ある実在者を崇敬するに非ざれば決して満足せざる」ものであり、人間には、「完全円満最高至聖の存在者」への崇敬こそが至上なのである。[11]
柏木は、国民道徳のあり方を説いたにすぎない教育勅語と、国家をも超越する宗教とを峻別した。たとえ教育勅語の説く忠孝道徳がキリスト教と矛盾しないと述べたにしても、柏木は、道徳と宗教を同一の地平には置いていない。「勅語乱用の弊衡《へいしょう》破《は》せざる可らず」では、同志社先輩の元良《もとら》勇次郎、大西祝《はじめ》らの説を援用して、哲学や倫理の立場からも勅語批判を述べている。[12]
翌月、柏木は、「神道は祭天の古俗」により筆禍事件に問われて東京帝国大学を辞職させられた久米邦武の一件に言及し、「皇室と国体との名を以て学問の神聖を蹂躙《じゅうりん》し、自由討究の途を杜絶《とぜつ》せんとするもの」と論難した。[13]
柏木はいう、「宗教は固とより国家より大なり」、「国家が其分を忘れ」れば「宗教と国家の衝突起る」、「国家は、国家より大なる人、大なる思想、大なる宗教あるに由て偉大なり。国家より大なる思想を迫害し、国家以下の徒を出すを以て忠君愛国と誤想するが如き教育は、実に国家百年の大計を誤るもの」[14]と。この立場が、晩年に至るまでの柏木の教育勅語と天皇制への批判的視座を堅持させる。これに対し、かつての明六社同人、旧東京大学初代綜理にして強権的な国家主義に転じた加藤弘之は、柏木を不義不忠の「恐ろしい人物」だと罵倒することしかできなかった。[15]
日本の近代化過程における天皇と皇后、そして教育勅語の役割は大きい。しかし、私たちは、その一面的な解釈の呪縛に囚われて[16]、道徳と宗教の違いについて十分な検討をしてきたとはいえない。
柏木は、皇室と国家をむやみに否定しない。明治日本は、まだ幼い睦仁《むつひと》と姉さん女房の皇后美子《はるこ》を担ぎあげて船出し、封建制を脱却して国家統一と国民統合を成し遂げた、曲がりなりにも近代国家だったはずだからである。この意味で、柏木は、井上哲次郎のいう「共同愛国」の意味を正確に理解している。そのうえで、天皇が「主として国民国家に尽すの義務を訓示」するのは「当然」だが、信教や内面の領域に亙る「基督の説き玉ひし如き詔勅」を発するのは天皇の「越権」であると柏木は明言した(17)。

栃木県の県会議長として、明治憲法発布式典に出席した田中正造は、天皇睦仁はボーとして見えたが、洋装の皇后に日本近代化の黎明を見いだしたと弟子の島田宗三に語ったという。表象の効果は大きい。その田中正造が、自分の選挙区の政談演説会に麻布中学創立者の江原素六を招いた。まず田中は江原に何か位階や爵位があるかと聞いた。江原がないと応じると、田中は、田舎では爵位でもなければ話を聞いてくれないと、その場で江原の頭に「正八位」をつけて紹介し、講演に臨ませたという(18)。田中が、帝国議会開院式から帰る途中の明治天皇に足尾鉱毒事件の直訴を行なったのは、この翌年末であった。田中は足尾鉱毒のもたらした惨状を喧伝するために直訴した。天皇の威光を逆手に取る醒めた目の社会運動家は存在したのである。

官高民低の急速な近代化のもたらす現実の悲惨に呻吟する人間は、否が応でも政治社会と関わらなければならない。柏木は、明治憲法第二八条の「日本臣民は安寧秩序を妨けす及臣民たるの義務に背かさる限に於て信教の自由を有す」という、下位法がなく、融通無碍《ゆうづうむげ》に解釈しうる憲法条項を武器として、日本の近代を足元から見つめつつ歩んでいた。

次節では、柏木が、最もよく比較される内村鑑三の時論に触れてみよう。

2 柏木義円にとっての内村鑑三

内村鑑三は、勅語不敬事件以来、教派との関係を断って独立伝道者となった。彼は、日清戦争で義戦論を唱えたが、日露戦争で非戦論に転じた。柏木も同一歩調を取ったかに見える。日本だけでなく、朝鮮半島にも影響力の大きい内村を、著名なキリスト教史あるいは政治思想史研究者は高く評価する。実際、内村の弟子、とくに無教会を標榜する内村信者は、高名な知識人を始めとして実に多く、宮中に仕えた者にも内村の心酔者がいる。[19]日本のキリスト教史の研究者のなかには、柏木は『聖書之研究』（一九〇〇年創刊）に学びながら言論活動を展開したのだと述べ、柏木を内村のエピゴーネンつまり単なる追随者だったかのように見る者もいる。
内村と柏木は、ほぼ同時代を生きた。内村は不敬事件後に泰西《たいせい》学館や熊本英学校の教師となった。その後、京都に移住、『基督信徒の慰』『求安録』を著して文名を得た。そして万朝報《よろずちょうほう》社に入社し一八九七年に英文欄主筆、翌年退社、後に客員となって日露戦争非戦論を唱え、主戦論に転じた同社を退職した。この間、万朝報社の黒岩周六、幸徳秋水らと理想団に参加し、木下尚江や田中正造と足尾鉱毒被害地にも足を運んでいる。内村も、ともすれば抽象的な福音を唱える傾向の強い多くのキリスト者と比べて、抜群に社会的関心が高かったとされてきた。彼の影響を受けた矢内原忠雄や南原繁が時流に抗する姿勢を堅持したことは広く知られている。
内村は、全日本を敵に回したかと思えば平素は非常に臆病で、単独を好むと思えば群れをなし、初婚の失敗から家父長制的なふるまいに出る。宮沢賢治の「雨ニモ負ケズ」のモデルであるとされる斎藤宗次郎が、内村の非戦論を実行しようとして兵役拒否の挙に出ようとすると、内村は慌ててそれを止めに行った。内村の行動の軌跡は容易に理解しがたい。政池仁は内村の行跡が残した矛盾を「グレートX《エックス》」[20]と評した。内村自身、自らの矛盾を自覚しており、「日本的キリスト教」を唱道して、愛する二個のJ、すなわちJesusとJapanのいずれをより多く愛するか自分にはわからないと述べている。[21]
内村の父は代々五十石取りの馬回りを務める高崎藩士であった。新島襄とも交流がある。柏木もこうした縁をもつ内村に敬意を払い、内村の動向を凝視し、時に見守るような温かいまなざしを注いで、『聖書之研究』を家族ともども読んだ。筆者は、柏木に内村のよき理解者を見る。

しかしながら、柏木は、その信仰において内村だけに傾倒したわけではない。『月報』には、実に多くの伝道誌からの転載がある。『聖書之研究』は、たんにそのうちの一誌にすぎない。
柏木は、内村の教会論にとりわけ批判的であった。日露戦争後に発表された「吾人の主張」には、当時の柏木の主張が明快に述べられている。まずは、同稿の最初にある三つの「不健全の宗教」を見よう。すなわち柏木は、第一に「帝国主義に付会して国民の虚栄心に投じ、戦争に謳歌して衆民の敵愾心に和」する大勢順応型の「俗論」、第二は「神秘と称して専ら主観的に想考」する「高遠玄妙」の文字を羅列した仏教、そして第三に「無教会」を批判する。[22]
ここにいう「不健全」という言葉は、彼が最もよく用いる用語の一つである。例えば柏木の単著である『霊魂不滅論』には、「人生は心霊修養の場としてこそ深き意義もあれ、安楽を求むるの場としては概して失望の外はない」[23]とある。キリスト教においては、人間は、神から与えられた現世における所与の条件のなかで学び、その改革へと向かうべきであるとされる。前掲「吾人の主張」によれば、人間は「不完全」で必ず「欠点」があるはずで、無教会の唱道者のように「今の教会の欠点を指斥する」のは「病的」であり、「主観的」であり「変人」たるを免れない。そこでは仏教や、忠君愛国教育や、無宗教の社会主義が批判の俎上に乗せられている。無教会が、これらと併記され、「不健全」の宗教だとされているのである。
では、安中教会を擁する組合教会はどうかというと、安部磯雄らユニテリアンがいるかと思えば三十年前の旧思想を固守する者も抱えている。そのような組合教会は、柏木にいわせれば「雑多」であり、「政治に於て思想に於て全く不羈独立自由」なるのが自派であると、鷹揚にして多様な存在を排除しない同派の姿勢を「誇る」とする。[24]
別言して、柏木は、『聖書之研究』についても、高橋卯三郎の『霊潮』と比較して、こう述べる。『聖書之研究』

は、「一種独特の力ある筆を以て、最も明白に直截に純粋なる基督の福音を宣伝する本邦唯一の宗教雑誌である、唯其教会に対する態度に至ては勿論一面の真理、同情す可き点多々ありと雖も、要するに不健全なるを免れざるを惜しむ、併し深く基督の教を学ばんと欲する者は先づ此の雑誌を第一の友と為す可きを吾人は推薦する」と。これに対して『霊潮』（一九〇七年三月創刊）は「通俗的にして解し易く而かも津々たる霊味を以て、主として聖書を懇切丁寧に説明する雑誌である、『聖書の《ママ》研究』は少し堅くして歯弱き者には消化し難き恐れあれば、初心の方には此の霊潮は信仰の糧として最も可ならんか」と、むしろ柏木は、『霊潮』に高評価を与える。高橋は、同志社普通学校出身で平伝道師から出発し、その後、明石教会在任中に按手礼を受けたが、諸教会各派の巡回伝道をなし上毛地方も度々訪問した。精神治療の施術でも知られている。主宰した『霊潮』は五銭、『聖書之研究』は一二銭であった[25]。

柏木は、『聖書之研究』第九四号の処女懐胎の記事について「近来出色の文字にして吾人は之を読で少なからす啓発せらるゝ」と賞賛する。だが同時に、内村が外国紙は読んでも日本の新聞を読まないという記事も載せている[26]。

内村の最初の妻の浅田たけは、新島襄が安中で最初に授洗した三〇人のうちの一人である。浅田家ではたけ、兄信芳、母よねの三人が同時に受洗した。内村のアメリカ留学のきっかけとなったともいわれる浅田たけとの破婚には諸説がある。この浅田家の存在を柏木は忘れず、牧会的配慮を与え続けた[27]。他方で内村は、一八九三年に家父長制的な色彩濃厚の『貞操美談　路得記』を出版している。対する柏木は、思想・信仰の自由こそが近代社会の原点であるとする立場からして、神道はともかく、他宗教にも一定の評価を与えたのであり、ましてやプロテスタント内の党派の相違など意にも介さなかった。

内村は、明治末年の長女ルツ子の死を契機に、再臨信仰を提唱し、第一次大戦へのアメリカの参戦以降、その主張を高揚させていった。内村によれば、人間の思想や努力によってはこの世の不義や闘争を止めることは不可能で、キリストの再臨と審判によってしか止まない。内村は、終末論的信仰を強調し、デモクラシーを罵倒した。内村は、黙示録一九章一六節を引いて、人類の平和は政治が神のために行なわれる時にのみ来る、人の政治という点では米国の民本主義も独逸の帝国主義も変わらず、民本主義によって世界改造と人類平和を図るのは「迷妄」の極みで、米国主唱の国際連盟は世界人類の平和を破壊しつつあると述べた。[28]これに対し、柏木は、「英米二国を悪罵し、国際連盟を罵る」内村を深く「憂慮」した。そして柏木は「一歩にても世界を公義と平和に進めんと努力」する「世界政策者の誠意の空しくならんことを小気味よく思って」いる内村の「反動的性格」を指弾した。[29]柏木は、内村が自らを天空の高みにおいて政治社会を論じているつもりでいると考える。しかし、それらは何ら現実政治とかみ合ってはいないと彼は思う。これに比すれば、柏木の政治的洞察力は鋭敏である。大戦はアメリカの参戦がなければ、止めようがなかったというのである。

「今回又内村先生ノ『研究十年』ヲ警醒社ヨリ送ラセ申候。先生ノ教会観ハ不健全ニ候ヘトモ其他ハ実ニ深クシテ有益ノ書ト存候」。[30]これは、アメリカ留学中の長男隼雄宛の書簡である。また、「私は内村先生其他の純福音の信仰には服しますが其の社会的識見や時事に関する論には服しません」[31]とは、新島襄が安中で最初に授洗したうちの一人である尾崎なみの娘の牛山濱子へのものである。牛山濱子は信州上諏訪に住み、柏木家とは親戚のように親しい間柄であった。柏木は内村に対する、とくにその美しい文章と聖書研究についての敬意を生涯変えなかったが、牛山濱子に述べたように、内村批判は無教会問題にとどまりはしなかった。

内村には、「自ら教会を排斥し乍らも自らも、矢張り教団やうなものを作って教会の向ふを張る、其処に論理上の矛盾」があると柏木は指摘する。[32]いわば内村はキリスト教ならぬ、内村教を設立しようとしていると柏木はいう。柏木は、ここに無教会集団の病理を読み取るのである。以下、その日本的特性を見てみたい。

内村教に内在する宗教的病理は、若きヘーゲルがユダヤ民族の始祖アブラハムに見いだした精神の病理、関係の拒否と同一であろう。アブラハムは「共同生活と愛の紐帯」の関係全体から離反し、行く先を知らされないまま荒野へと出ていった。彼を導いたのは、「あらゆるものにたいして自己をどこまでも厳しく対立させていく精神」であった[33]。この精神が何らかの集団を構成しえたとして、そこに現出するのは、M・ヴェーバーが、「愛と同胞関係の喪失のうちでももっとも苛酷な形態」と述べた「救済の貴族主義[34]」に貫かれた集団でしかない。内村教は、少数のエリートが少数であることによって、自らの立場の普遍性、普遍的正義を主張していく。

教会を否定しながら、自らと考えを一致させる者だけの集団を作り、これを他者に強制する。柏木は、ここに内村教の「不健全」さを見た。宣教師や教会と内村との確執を評して、柏木は「一寸触ってもアイタと高声を放つ児童にも似て、平素日本武士の精神を口にせらる、内村氏にはチト不似合」と揶揄さえする[35]。内村教から排除された弟子は藤井武や塚本虎二など少なくはない。

このいわば自己認識としての反権威主義、実情としては反権威主義的権威主義が一貫していわゆる戦後知識人を嚮導してきた。彼らは常に「良心的」な少数者である。とりわけ、矢内原忠雄、大塚久雄と続く無教会派の小集団の知識人への影響力は強い。内村を始めとする彼らを、強力な〈個〉を所持した人物の理念型と評価した丸山真男の、戦後社会への影響は今も絶大である。丸山は、つねに日本には個の確立が欠如しているとし、主体的人格が形成されてこなかったと日本を批判した。丸山は、前近代的な人間は「最初から関係を含んだ人間」（傍点ママ）であり、「その人間の具体的環境ぐるみに考えられた人間」（傍点ママ）であると述べて忌み嫌った[36]。丸山も、内村教の重症患者ではなかったか。

柏木は彼らとは異なり、思想弾圧やテロが横行するなか、「思想ハ団結ノ力ニテ左右ス可キモノニアラス（中略）軍部ヤ政治ヤ思想ニ。思想問題ハ学者ノ事、学者ノ無気力。機関説ノ如何ヲ知ラス、ミノベ博士ノ学者トシテノ敬重ス、昭和ハ退歩コレ誰ノ為ゾ[37]」（傍点ママ）と断片的な表現ながら時流に抗する気力を維持したことを示し、死の直前まで若手の牧師の育成に努めた。思想は組織や数の力には左右されてはならないとして、思想の自由を守るべき知識人の無気力を断罪し、美濃部達吉の天皇機関説に言及する。柏木がこの記述をなした日、政府は、天皇機関説を国体に反するとして第二次国体明徴声明を発した。『月報』の発売禁止処分が度重なるなか、「学問の自由」、「奇怪なる国粋団体[38]」、偶像を校中に祭るのは「神社非宗教」政策への迎合であると同志社を批判した「同志社と偶像崇拝[39]」を掲載するなど、柏木は健筆を揮っている。彼は、教会を手放さず、異質なものを排除しない。そうして、教会に住みながら、浄土真宗の信仰を捨てなかった母を受け入れてくれた教会員に感謝するのである。

次節では、〈現代の貧困〉のもたらす格差社会、殊に社会的弱者の救済、少数意見の排除が定着してしまった感がある現代日本の状況を念頭に置きつつ、柏木の弱者を見る目の先見性と重要性、その考察の基礎となる弱者とは誰かについて、手短に触れたい。

3 他者とともに生きる

安中教会の人々を見てみよう。湯浅茂世は、柏木の盟友の湯浅治郎の母である。一八八一年初頭に安中教会で海老名弾正から受洗した。生前は、その旺盛にしてさりげない働きにより婦人矯風会から褒章を受けている[40]。一九〇五年に亡くなった時、未信者が茂世の死を知って、「ア丶安中の神様が亡くなられた」と語ったという。湯浅家は醬油醸造業を営んでいたが、小商いにはその懐を察して大安売りする商法だったといい、茂世の死に、実の父母の死よりも寂寥を感じたという者もある。家の縁側で来客に漬物とお茶を出して聖句を伝え、大いに訪問伝道にも努めて、その訪問の範囲ははるかに牧師を凌駕した[41]。

湯浅治郎吉と茂世の子として安中に生れた治郎は、群馬県の県会議長となり、同県を全国に先駆けて廃娼県とし、その後は国会議員として三期連続当選した。治郎の後妻の初子は、徳富蘇峰と蘆花の父母である一敬・久子の四女として生まれ、社会事業家として活躍した。湯浅治郎は、現存する安中教会堂の建築に尽力し、自由自治をめざす会衆派として各個教会の独立を掲げた組合教会が中央集権的運営に傾いた時や、朝鮮総督府の匿名寄付を受けてキリスト教伝道に名を借りた日本帝国主義の宣伝工作を始めた時には、柏木や彼に賛同する少数の人々と行動をともにした。

安中は、蚕糸業が盛んであり、教師を輩出することでも知られている。比較的豊かな「中流」階層の多い土地柄で、隣の原市教会が「商農」中心で「政治思想ハ無之《コレナク》」の状態であるのとは対照的だったと柏木は見ている。(42)だが、そのような安中でも、病苦や貧苦の悩みは多く、夫婦の死別や養子縁組、再婚による家庭争議も日常茶飯であって、湯浅家とて例外ではない。(43)

一九〇二年九月、柏木の友人にして早稲田大学教授浮田和民の講演に集い、西毛基督教青年会を結成した面々の一人である西田昌吉(44)は、長患いの末、最後の四年間を千葉で療養し、凄惨な病床にあって神の恩寵を讃え、継母の厚い看護を受けて、幸福な生涯であったと八通の遺書を遺した。(45)西田は病苦により信仰を強くした。西田の生き方を想うと、柏木のよく用いる聖句、詩篇第一一九篇－七一節「困苦にあひたりしは我によきことなり」が浮かぶ。

日中戦争下には、小山くら子が、海外で農業を営みながら安中教会に献金を送り、高橋よしは、近隣にいて嫂《あによめ》らに仕えるかたわら、柏木家の書籍によって、信仰に接することを救いとした。家族のなかの嫁姑嫂関係は、なかなか他人にはわからない。女性たちは自らの悩みを柏木に訴えた。彼は手紙によってそれに答えている。柏木のまなざしは男女の別なく注がれていた。

小山豊吉は手がけた事業の全てに失敗し、九人の子どもも次々と亡くした。唯一残った息子の一人が病死すると、看護疲れと落胆とでその後を追うように命尽きた。この夫を針仕事によって支えた時子は、なお満ち足りた人生を想うと語った[46]。時子の死後、柏木は、小山夫妻のために乏しい家計を工面して墓を建てた。安中教会では健康感謝会を設立した。

柏木が五男の寛吾に宛てた書簡では、学業等で苦しんでいる寛吾が、友人の苦境を父に相談したことへの返答が目にとまる。姉が娼妓となって弟の学資を稼ぎ、その姉の犠牲により牧師をめざす弟が、そうした自分に矛盾を感じて自殺した。柏木は、姉の境遇を「誰レシモ自ラ好ンデ苦海ニ身ヲ沈ムルモノ無之《コレナク》[47]」とし、また寛吾に、主を見れば自分も「自ラノ汚レヲ感ジ」るが「其レニモ拘ラス救ヲ与ルノハ贖罪愛ノ為メ」であるとし、「自分ノ汚レハ伝道者ノ資格ニ妨ゲアリマセン[48]」と述べて、「単純ナル信仰[49]」の必要性を説いた。娼妓も牧師も神の前では等しい存在だというのである。父は息子に「同志社ノ信仰ニ化セラレズ健全ナル信仰ヲ養ヒナサイ[50]」とも述べている。

柏木の取り上げた社会問題は、裾野が広く、その洞察も深い。廃娼問題から、足尾鉱毒問題、傷病者問題、未解放部落問題、社会主義思想、思想弾圧事件等、きわめて多岐に及んでいる。むろん、軍拡批判、帝国主義批判にも舌鋒は鋭い。

組合教会で朝鮮伝道を担当した海老名弾正の弟子の渡瀬常吉は、三・一独立運動時、軍隊の出動により朝鮮半島の人々を虐殺した水原事件などで総督府の弁護に終始した。柏木は、この事件を報道すると同時に、湯浅治郎ら数名の盟友や吉野作造とともに朝鮮伝道を批判した。台湾・朝鮮半島・中国への日本侵略にも柏木の批判の視座に揺らぎはない。国家といえども「世界に於ける一の大なる党派」である、「国境が世界を分割」すれば「人間の弱点」として「奇怪なる心理状態の存在」が暴威を振るう。柏木はここに愛国心の負の側面を指弾する。しかし、この愛国心が維新の初期には「改革の精神」にもなった[51]。この率直な分析は、柏木自身が日清・日露の両戦争を通じて、自己の内なるナショナリズムに驚愕し、凝視し続けた結果であった。人間の弱さは、現世の政治秩序をも翻弄する。柏木のいう人間の弱さは、決して個々の人間の生活のみにとどまらない。「人生は戦場である、霊と肉との激烈なる戦場である[52]」。

一九二三年九月一日からの関東大震災に関する柏木の記録は生々しい。二日には「未曾有ノ大惨災」であることが号外で判明し、三日には東京よりの避難民から「鮮人ノ放火、爆弾投擲」等の流言飛語が飛び交った。五日には「鮮人迫害青年団ノ暴行」につき『月報』に記事を書こうとする。四男の大四郎は白米や蠟燭などを持参して東京に向かった。しかし、翌六日には、案の定、検事正より記事差止の警告が届く。前夜には埼玉県内の神保原で「鮮人三十余人殺害」があった。一四日には「当局ガ世話シテ自警団ヲ永久的ト為スモ軍閥維持ノ為メトナルベシ」という予測さえしている[53]。

『月報』の発行月は、原稿締切の関係で一カ月ずれる。したがって、同年一一月発行の『月報』第三〇〇号の原稿には、伏せ字入りの「偶像破壊＝甘粕正彦論」が、翌月の第三〇一号には、「亀戸事件や甘粕事件」、「自警団の殺人暴行」から始まる「殺す勿れ」が掲載された。「戦争」でも「国法」によっても「正当防衛」でも殺人は正当化できないというのである。柏木は、戦争による殺人、死刑による国家の殺人を糾弾し、徹底的無抵抗を呼びかけた。これに対し、震災の渦中の東京柏木にいた内村は、一〇月も終ろうとした時期に「放火窃盗の危険」に対処するため、その面倒を厭いながら自警団の当番をしていた[54]。

柏木は、繰り返し、コリント人への第二の手紙第一二章の九～一〇節から「我が恩恵《めぐみ》汝に足れり、我能力《ちから》は弱きうちに全うせらるればなり」を引く。使徒パウロは苦しみ通しの生涯を送った。彼は唯一肉体の健康を必要とした。しかし彼の身体に与えられたのは思い上がりを抑える「一つの刺」であった。そして、実にそれこそが「神の恩寵」であった。柏木は、パウロのこの信仰の逆説の上に立って説く、弱い人間こそが信仰を必要とする、信仰は、現世における微弱、恥辱、艱難、迫害、苦難に遭遇して、その矛盾や権力の暴威に立ち向かっていく強さの支えとなると。柏木は、「そは我れ弱き時に強ければなり」と述べる。[55]
筆者の旧稿「柏木義円の時代批判精神」の最終章は「克己と同情」であった。[56]柏木が日記でよく用いた言葉である。彼は、出エジプト記第一六章、エホバの神がイスラエルの民に与えたマナの話にある「多く歛《あつ》めし者にも余る所なく、少しく歛めし者にも足らぬ所無かりき」を引いて、これを、衣食住生活の「平均」と「個人的富の蓄積の排斥」の教え[57]であると説いた。ここで柏木は、いかなる人間も、人間の名に値する生命と生活を維持しうる社会に住むことが約束されなければならず、そのためには生活保障制度と相俟って、各人の不断の努力が必要であると述べている。何びとにも、この努力を積み重ねる〈健全〉さを要求するのである。それは自己の内面的な弱さの克服であると同時に、社会的政治的出来事の理非を直視しない弱さの克服をも意味する。今や、〈健全〉というこの言葉が、柏木の信仰理解のキーワードの核心の一つであることを首肯しえよう。
戦前天皇制は、国家そのものを究極的な価値とし、社会的弱者や女性、異民族に対する差別と抑圧を構造内化していた。現代日本においても、この構造がより巧妙な形をもって急速な勢いで構築されつつある。その対極に立ち続けた柏木には、家族・教会・地域との関わりを通じて、彼とともに学び、彼を支える隣人がいた。彼には、関係を峻拒する精神の内村とは異なり、自己とは異なる他者のいる〈世界〉があったのである。
例えば、義円の母ようは、熱心な仏教徒で、安中教会の会堂に住んで、朝夕の勤行を怠らなかった。その母が死の直前に受洗を求めた。けれど柏木はこれを拒否した。仏教を信じ、「二心は宜しからず」といっていた母[58]の信仰を尊重し、他者として遇したのである。柏木は、さぞ辛かったであろう。その彼を慰めたのが信徒たちだった。

ところで、アーレントは、近代における世界疎外との関連でキリスト教を批判している。彼女の批判の要点は、キリスト教が人間の条件としての複数性・多様性を認めず、「一つになること」を強制するという点にある。[59]人間は、自分とは異なる他者とともに、一つの世界に生きる。しかし、キリスト教は信徒に「一つになること」を求め、他者性を認めないという。世界は自分とは違った他の人間と自分が出会う場であるが、キリスト教では〈われわれは一つの体〉であることが強調され、他者が見失われると解釈されるのである。

しかし、我々は、柏木が安中教会や地域との関連で、他者のいわば他者性をどれほど大切にしたかを見てきた。柏木にとって母はかけがえのない存在であった。その母をも、最期まで彼は他者として遇したのである。彼は、教会に集うものが「一つになること」をあえて求めない牧師であった。悩みを抱えた点では共通だけれども、人間は、誰一人として同じ顔をもたない。柏木は、個別・具体的な生に関わる問題に悩む他者を発見し、互いにそれぞれの弱さを価値とし、いわば弱さを紐帯として連帯する人間社会を構想した。「苦痛にみちた存在だけが、神的な存在である[60]」と述べたのはフォイエルバッハであるが、柏木もまた、他者の苦悩に〈神の似姿〉を見たといえるかもしれない。

翻って、再度、初期柏木のキリスト教理解を見てみよう。柏木によれば、井上哲次郎は、キリスト教が未来を望んで現世を軽んずるとキリスト者を論難したが、パウロは「都《すべ》ての事神を愛する者の為めに皆働て益を為すを我儕は知れり」（ロマ書第八章ー二八節）としていると反駁した。また、井上が、キリスト教の博愛が「無差別的の愛」であるのに対し、勅語の博愛は「差別的の愛」である、つまり勅語は日本人への愛、ナショナルな愛という意味だとしたが、柏木は、キリスト教の博愛は、「人の心に神あり」、その神を愛するにあって、すべての人は神の愛し玉う所、その心に皆尊重すべき「神の肖像」、すなわち創世記冒頭の神の似姿があると批判した。[61]国籍・民族・性別を問わず、すべての人間には、神から与えられた、他者には譲り渡すことのない生きる権利があるとする柏木の主張は、すでに同志社時代に育まれていた。そして、我々は、この信仰、すなわち、他者のなかに神の似姿を、それも十字架にかけられたイエス、まさしく受難＝受苦的存在としての人間を見るという姿勢を、柏木が安中教会での教会実践を通して貫き通したことを、本章で見てきた。

柏木は、自らの内なる強烈な〈愛国心〉を、生身の人間として全否定することなく、きわめて現実的、具体的な非戦論に向かう。彼は常に葛藤していた。なぜならば、彼は、日本で懸命に生きる人々を愛していたからである。日本におけるナショナリズムの再検討は、柏木が提起してくれた、現代日本に最も必要な一つの大きな課題である。

安中教会に赴任した柏木は、田舎の茅屋の人々に教えを伝えるという新島精神を掲げた。彼は「田舎牧師」に徹する覚悟をした[62]。その働きが、街道筋の飯盛り女と呼ばれる娼妓の救済や、貸座敷業者の転業、未解放部落の人々の解放とその自立や、地域産業の育成などに注がれたのは当然であった。日本帝国主義の植民地から渡海した労働者たちも身近にいる。さらに教会運営や伝道には、組合教会の活動を援助する宣教師たちの世界史的知見や精力的な活動も不可欠であった。柏木は、これらの人々とともに、地域に革新の風を起こそうと努めた。

4　いのちの「尊貴」

柏木義円の研究史をひもとくと、武田清子の「臣民教育とキリスト教人間観との関係を日本のプロテスタントの中では、最も厳密、かつ、良心的に分析し、一貫した抵抗を生涯を通じて行った人[63]」という人物評に行きつく。武田は安中に分け入って最初に資料を探し出し、柏木研究を開拓し、後進に多くの課題を提供した。

最近、植木献は、柏木を「神学的視座としての価値」をもって「肉体を肯定的に捉えた数少ないキリスト者」

と評価した。さらに植木は「儒教的・武士道的伝統との接続を強調するキリスト教理解において肉体が否定視され、精神性を強調する理解が主流となっていくなかで、異なる方向性を示した[64]」とも論じている。

柏木は、何よりも神学なるものの観念的性格を忌避した。彼は「真正の宗教は事実でありて空理でない[65]」、「基督教は徹頭徹尾事実の宗教である[66]」という地平に屹立する。柏木の説く「単純」な信仰という言葉には深い含蓄があることがわかる。

ところで、かつて家永三郎は、内村が脚光を浴びるようになったのは戦後からではないかと疑念を呈した[67]。生身の内村像に肉迫した太田雄三は、父よりも母の影響の強さや、女性蔑視の家父長制的思考などを問題視した[68]。最近では渡辺京二が、昭和期の内村は、親鸞に傾斜し、八百万の神にも魅かれていくと述べており[69]、柏木も、同様の内村批判をしている。すなわち「絶対他力、ひたすら阿弥陀を頼む願力こそは唯業の流れの外に逸脱する唯一の道である、これが所謂親鸞教の救ひである、（中略）其所謂絶対信仰が基督教の其れに似たりとて直ちに親鸞教と基督教とを其絶対他力の信仰に於て同一視せんとするが如き蓋し軽躁浅薄を免れまい、内村氏の如きさへ尚ほ此弊があった[70]」と。柏木の内村批判は仏教批判とも相即不離の関係にある。批判の刃は、無教会論にとどまらず、その信仰の内実にまで及んでいたのである。

紙幅も尽きてきた。最後の難問である近代天皇制批判の問題に移る。想起されたい。柏木が、信教、内面の領域にわたる「基督教の説き玉ひし如き詔勅」を発するのは天皇の「越権」であると明言したことを。この問題は柏木思想の根幹に関わる大問題であった[71]。

敗戦直後に天皇制論議が盛んだった頃、松本三之介は、天皇が象徴天皇制として「新憲法のなかにとりこまれ、それによって天皇の非政治化がすまされたという考えに大いに疑問を感じていた」。松本は、「政治的であれ非政治的であれ」、「天皇の人格にまつわりついた伝統的な権威というものが、むしろ天皇制国家においては重要な政治的機能を果たしていたんじゃないかという問題意識」から出発し、「生きるということは、人間の最も本能的な自然的な欲求」であり、「近代的な権利の観念」はそこから出てくるのであって、戦前においては「国家が最大限に『生きる論理』を駆使」し、「個人には最大限に『死ぬ論理』」を要求したとする。そうして、「個々人の生きるという最も自然的な事実」は本来「非政治的な価値」であって、丸山真男が「『自然』と『作為』というカテゴリー」で徳川の思想史を分析し、「作為」のなかに日本の近代政治思想の源流を見ていこうとしたのは「一つの国家の『生きる論理』からものを見る見方」であり、むしろ自分は、「作為」に対する「自然」のなかに「私的な人間の『生きる論理』がある」のではないか、そして「自然が権利となったときに自然権という近代的な個人権の観念」になるのではないかと考えると述べた[72]。

明治から大正への代替わりの時期に、柏木は、浄瑠璃「うめの芳兵衛長吉殺し」を引きながら、今は「如何にして善く死なんか」でなく「如何にして善く生きんかを大切とする時代」だと、乃木希典の自殺を批判した[73]。これに照らせば、大濱徹也が、柏木を「乃木については、日露戦争後に喧伝された『乃木』像を通じて、とくに同情的[74]」と評したのは理解に苦しむ。大逆事件時にさえ、記事差止命令下で、自分への批判を誘導する記事を書いて真相を読者に知らせようとした柏木である[75]。生きることに価値を見いだす柏木は、庶民の生活をともに楽しみ、説教の題材をもそこから導き出す。

柏木において、いのちは神の賜物である。いかに死ぬかでなく、いかに生きるかという、いのちの所与性が、柏木の神学の根本にあり、現世を生きる懸命さを根底で支えている。柏木は、東京に行くと時間が許せば寄席に足を運んだ。伝道の傍らで碁に興じるのが柏木である。ここに田舎教会の牧師としての矜持がある。

安中や上毛の教会では、日曜学校に多くの生徒が集って、勉強するのみならず、幻灯会や、音楽会、季節の遠足に出かけた。教会の親睦会では、食事、蓄音機をもちよって、遊戯、綱引、合奏、落語などの余興に興じ、時に抱腹絶倒、時に季節の自然を愛で、愉快な思い出を作り、慣習打破とばかりに男女共に楽しむ機会を大切にした。

安中教会員出身で、のちに同志社大学教授になる松井七郎の母たくは、浪花節が好きで、浪曲のレコードをかけて涙を流しながら聴き入った。教会生活を通じて、この習慣は、庶民から地方の有力者までをつなぐ大切なものとなっていく。たくは近隣の子女を預かって教養を身につけさせた。来客の悲しみや苦しみに耳を傾け、喧嘩の仲裁に長けていた。母が「人情の機微」を知っていたからであろうと七郎はいう。(76)「人生活動の八九分は情である。情は社会活動の根本である」(77)と柏木も思う。柏木は地域に溶けこんでいた。柏木の政治社会批判は怯むことなくやまない。しかし彼は自説を人々に強要しない。「日本ハ特殊ノ国体ナリ（中略）、国民ヲ皇室ノ犠牲ト為シ、国民ヲシテ皇室ト共ニ情死セシムル処以ニアラザルカ、教育勅語ト共ニ日本ノ存亡ニ関スル大問題也」(78)、柏木は、日本の人々の「情」を揺さぶる近代天皇制の特質を見抜いていた。

一九三〇年夏のことである。北海道にいる五男の寛吾から義円に「戸籍面で『私生児』」の笠原金子と結婚したい旨の書簡が届いた。(79)むろん義円は戸籍などに拘泥しない。「戸籍ノ事ナド私ニハ更ニ問題ニテハ無之《コレナク》候」(80)と二人を祝福した。柏木は、「〈場〉の思想家」と呼ばれた江渡狄嶺や、田中正造に洗礼をほどこした新井奥邃に共感し、男性が女性を道具視しない社会の必要を痛感して、女性参政権実現の暁には、男性主導の政治とは異なる、女性ならではの政治が求められると述べている。(81)柏木のジェンダー論については他日を期したい。

『月報』は「戸籍謄本に此事録さるゝを以て学校への入学を拒まれ縁談に障害を与へ幾多の子女を悩まし居候。此等の子女に何の罪有之候てか、国家は戸籍なる簿書を以て彼等を苦しめ一生をも誤らしめ候や、実にこれ人道上の由々敷き大問題と存候。特に之に苦しめらるゝ者は私生児の名を負はせらるゝ女子と存候。婦人矯風会の如き斯る問題の解決に一臂《いっぴ》の力を借《ママ》されては如何に候や」(82)と論じた。ここには、近代天皇制国家が構築した戸籍制度が社会的差別の根源となっているという認識が明快に示される。私生児や畜妾制度の残滓が、とりわけ根強い女性蔑視の温床となり、神代回帰の風潮が追い風となっていると柏木は考える。「日本歴代の皇室」に一夫一婦の倫理なく、[83]華族や法主の後嗣に妾腹の子が居座る不道徳も看過できない。
柏木は、キリスト者による「武士道」の強調や、[84]内村鑑三らの「日本的基督教」[85]傾斜に対する批判を強めた。「今は神代の昔話などが勿体らしく持出さるゝ時代となった」[86]と柏木は痛罵する。天皇の政治利用と「家」制度の神話化が、多くの社会的悲劇の元凶となっていると柏木は日々思う。柏木が天皇制の歴史的展開を見直す必要性と、近代皇室の存在そのものへの疑念を募らせているのがわかる。
かつて寛吾は、天皇嘉仁《よしひと》の病勢悪化に際して平癒祈願をする教会の祈禱会に、「俺の心はその世界に入り切れない」とし、「俺の家は元来皇室に対しては冷淡なのである」と懊悩する心境をノートに記した。[87]
一九三四年一〇月、神戸の組合教会総会に出席した柏木は、同行した隼雄、寛吾と別れて東京理化学研究所の和田猪三郎博士のもとに出かけた。和田は東宮御学問所で裕仁に理化学を教授する担当者であった。柏木は天皇裕仁が研究する生物学に関する「教育」について聞きに行ったのである。[88]柏木は、たった一人で、生物学者裕仁という人間の科学的知見がいかなるものかを知らんとする挙に出た。その詳細に触れるいとまはないが、このことも『月報』の教報欄により信徒たちの知るところであった。[89]こうして、自らに与えられた「尊貴」なるいのちを賭して、柏木は天皇制の根幹を貫く「死ぬ論理」と対決し続けた。

注

(1)『山川均自伝』(岩波書店、一九六一年)、一三七—一三八頁。
(2) 柏木寛吾「父の想い出」伊谷隆一編『柏木義円集』第一巻(未來社、一九七〇年)月報一。

（3）矢内原忠雄「岩かが美」『矢内原忠雄全集』第二七巻（岩波書店、一九六五年）、六二〇―六二一頁。
（4）片野真佐子『孤憤のひと　柏木義円――天皇制とキリスト教』（新教出版社、一九九三年）、とくに第五章、以下『孤憤』と略記。
（5）一九三六年一二月廃刊、後継誌は『新生命』が継承。
（6）以下、『上毛教界月報』は『月報』、飯沼二郎／片野真佐子共編・片野真佐子解説『柏木義円日記』（行路社、一九九八年）は『日記』、片野真佐子編・解説『柏木義円日記補遺』（行路社、以下同、二〇〇一年）は『補遺』、『柏木義円書簡集』（二〇一一年）は『書簡集』、『柏木義円史料集』（二〇一四年）は『史料集』と略記、また柏木の文章の引用に際しては、旧字体は新字体にし、適宜句読点や濁点を補った。
（7）『日記』口絵参照。
（8）柏木義円「孤憤」『月報』第三九八号（一九三一年一二月）。
（9）一九三二年七月一二日付・小山源吾宛柏木義円書簡、『書簡集』書簡番号三八〇。
（10）井上哲次郎「勅語衍義」『日本近代思想大系六　教育の体系』（岩波書店、一九九〇年）、四〇八頁。
（11）柏木義円「勅語と基督教」『同志社文学』第五九号（一八九二年一一月）。『同志社文学』は現在入手しにくいので、同誌よりの引用には伊谷隆一編『柏木義円集』第一巻（未來社、一九七〇年、以下「伊谷編著」と略記）の掲載頁を添える。二二三―二二五頁。
（12）柏木義円「勅語濫用の弊衝破せざる可らず」『同志社文学』第六七号（一八九三年七月）、伊谷編著、三九―四一頁。
（13）柏木義円「衝突断案を読む」『同志社文学』第六八号（一八九三年八月）、伊谷編著、四六頁。
（14）柏木義円「加藤文学博士に答ふ――所謂国家主義者の妄謬を排す」『月報』第二四号（一九〇〇年一〇月）。
（15）柏木義円「対加藤博士論戦」『月報』第二六号（一九〇〇年一二月）。
（16）この点については、小股憲明『明治期における不敬事件の研究』（思文閣出版、二〇一〇年）が、さまざまな検証を試みている。とくに、第三章「動揺する教育勅語」の第二節「西園寺公望文相の『第二次教育勅語』計画と『世界主義』」、一三一―一五一頁を参照されたい。柏木も「西園寺公と教育勅語」『月報』第九五号（一九〇六年九月号）で、教育勅語の改正や撤回意見を紹介し、倫理教育上の妨げであると述べている。
(17) 柏木義円「勅語と基督教（井上博士の意見を評す）」『同志社文学』第六四号（一八九三年四月）、伊谷編著、二六頁。なお、最近の研究を見るに、例えば徐正敏は、教育と宗教の衝突論争について、土肥昭夫「近代天皇制とキリスト教――帝国憲法発布より日清戦争まで」富阪キリスト教センター編『近代天皇制とキリスト教』（新教出版社、一九九六年）、三〇三頁、あるいは『孤憤』、八二―八五頁をあげて、柏木の教育勅語批判を、他のいかなるキリスト者の反駁《はんばく》よりも「力強く確信に満ちている」が、その論理は他者と比較して大きな相違はないとし（『日韓キリスト教関係史研究』（日本キリスト教団出版局、二〇〇九年）、一九頁）、キリスト教史学会編『植民地化・デモクラシー・再臨運動――大正期キリスト教の諸相』（教文館、二〇一四年）、二九頁も、天皇の不可侵性と信教・良心の自由の制限もしくは統制を強調している。しかしながら、明治憲法に照らすと、第一条「万世一系」の規定こそ日本独特の条項だが、第三条の天皇不可侵《ふかしん》条項は、例えば不敬罪の根拠となりうるとともに、君主無答責や主権の尊重とも受け取れなくはない。政府権力が、臣民（国民）に対して、天皇の権威の浸透を企図して教育勅語を用いたことを建前（顕教《けんきょう》）とし、他方で、天皇の大権が輔弼の大臣たちによって行使され、通常、天皇は人事承諾権のみを行使していた事実を対比すれば、天皇国家機関説が現実政治のにない手である官僚たちの間で支配的な学説となった経緯とその事由、いわゆる本音（密教《みっきょう》）の存在と機能を無視できまい。明治国家は、この両面を玉虫色に使い分けて初めて成り立ったのであって、建前（顕教）の側面のみをもって歴史的思想的な解釈をなす極論は避けるべきであると考える。
(18) 田村紀雄編『私にとっての田中正造』（総合労働研究所、一九八七年）、一〇七頁、江原素六「人爵の光」『大日本婦人教育会雑誌』第一二六号（一九〇〇年七月一〇日）、片野真佐子『皇后の近代』（講談社、二〇〇三年）、七一頁参照。
(19) 赤江達也『「紙上の教会」と日本近代――無教会キリスト教の歴史社会学』（岩波書店、二〇一三年）とくに巻末資料1参照。
(20) 政池仁『内村鑑三伝』（教文館、一九七七年）、五九三頁。
(21) 政池仁『内村鑑三伝』、三四一頁。
(22) 柏木義円「吾人の主張」『月報』第八八号（一九〇六年二月）。
(23) 柏木義円『霊魂不滅論』（警醒社、一九〇八年）、六〇頁。

(24) 柏木義円「吾人の主張」『月報』第八八号（一九〇六年二月）。
(25) 柏木義円「村田叫天翁の絵解伝道に就て」『月報』第一二〇号（一九〇八年一〇月）。
(26) 柏木義円「処女の懐胎は果して信じ難き乎」「新聞紙に就て」『月報』第一一一号（一九〇八年一月）。
(27) 教報欄『月報』第一〇四号（一九〇七年六月）。
(28) 内村鑑三「連盟と愛国」『聖書之研究』第二二六号（一九一九年五月）、『内村鑑三全集』第二四巻（岩波書店、一九八二年）、五五三―五五四頁。
(29) 柏木義円「内村氏の基督教革正論」『月報』第二四八号（一九一九年七月）。
(30) 一九一四年二月一四日付・柏木隼雄宛柏木義円書簡、『書簡集』書簡番号八七。
(31) 牛山濱子宛一九三〇年八月一四日付・牛山濱子宛柏木義円書簡、『書簡集』書簡番号三三九。
(32) 柏木義円「無教会主義の正体如何」『月報』第三八三号（一九三〇年一〇月）。
(33) ヘルマン・ノール編『ヘーゲル初期神学論集Ⅱ』久野昭／中埜肇訳（以文社、一九七四年）、一一四―一一五頁、訳語については、高野清弘『トマス・ホッブズの政治思想』（御茶の水書房、一九九〇年）、二四三頁を参照した。
(34) マックス・ヴェーバー『宗教社会学論選』大塚久雄／生松敬三共訳（みすず書房、一九七二年）、一二六頁。
(35) 柏木義円「内村氏の基督教会革正論」『月報』第二四八号（一九一九年七月）。
(36) 丸山真男「肉体文学から肉体政治まで」『丸山真男集』第四巻（岩波書店、一九九五年）、二一九頁。
(37) 柏木義円日記一九三五年一〇月一五日、『史料集』第二部Ⅲ。
(38) 柏木義円「学問の自由」「奇怪なる国粋団体」『月報』第四四三号（一九三五年九月）。
(39) 柏木義円「同志社と偶像崇拝」『月報』第四四四号（一九三五年一〇月）。
(40) [一九――] 年一月四日付・柏木かや子宛湯浅茂世書簡、『史料集』第一部Ⅵ書簡番号R五七。
(41) 柏木義円「故湯浅茂世子老姉の追懐」『月報』第八八号（一九〇六年二月）。
(42) 一九一一年三月二日付・古谷久綱宛柏木義円書簡、『書簡集』書簡番号二六。
(43) 教報欄『月報』第一九七号（一九一五年三月）。

(44) 教報欄『月報』第四八号(一九〇二年一〇月)。
(45) 教報欄『月報』第三三九号(一九二七年二月)。
(46) 教報欄『月報』第二四七号(一九二一年九月)。
(47) 一九二六年六月一九日付・柏木寛吾宛柏木義円書簡、『史料集』第一部Ⅱ書簡番号一二二。
(48) 一九二六年九月二〇日付・柏木寛吾宛柏木義円書簡、『史料集』第一部Ⅱ書簡番号一三四。
(49) 一九二五年一一月六日付・柏木寛吾宛柏木義円書簡、『史料集』第一部Ⅱ書簡番号九三。
(50) 一九二三年七月一九日付・柏木寛吾宛柏木義円書簡、『史料集』第一部Ⅱ書簡番号一五。
(51) 柏木義円「国境と戦争」『月報』第二二五号(一九一七年八月)。
(52) 柏木義円「思想上の物質主義――来世の観念」『月報』第一〇〇号(一九〇七年二月)。
(53) 『日記』一九二三年九月一日~九月一四日。
(54) 内村鑑三日記『内村鑑三全集』第三四巻(岩波書店、一九八三年)、二三四頁。
(55) 柏木義円「我れ弱き時に強し人力絶え果てた所に神力顕はる」『月報』第三五六号(一九二八年七月)。
(56) 『福音と世界』一九九一年一月号。
(57) 柏木義円「キリストの主義と社会主義」『月報』第三五一号(一九二八年二月)。
(58) 柏木義円「母の死に就て」『月報』第一一四号(一九〇八年四月)。
(59) 高野清弘「第二章　政治と宗教についての一考察」『政治と宗教のはざまで――ホッブズ、アーレント、丸山真男、フッカー』(行路社、二〇〇九年)、六六頁。ハンナ・アレント『人間の条件』志水速雄訳(筑摩書房、一九九四年)、七九―八二頁参照。
(60) フォイエルバッハ『将来の哲学の根本命題』松村一人/和田楽訳(岩波書店、一九六七年)、一一〇頁。
(61) 柏木義円「勅語と基督教(井上博士の意見を評す)」『同志社文学』第六〇号(一八九二年一二月)、伊谷編著、二八頁。
(62) 「太田夫人を懐ふ」『月報』第二三六号(一九一八年七月)、「田舎教会、田舎伝道、農民教会、農民伝道」『月報』第九七号(一九〇六年一一月)参照。

(63) 武田清子『人間観の相克』（弘文堂、一九六七年）、二三三頁。
(64) 植木献「肉体の肯定——柏木義円におけるキリスト教土着化の論理」上村敏文／笠谷和比古編『日本の近代化とプロテスタンティズム』（教文館、二〇一三年）、一二四頁。
(65) 柏木義円「宗教選択の標準」『月報』第一〇三号（一九〇七年五月）。
(66) 柏木義円「基督教は唯一事実の宗教」『月報』第四二一号（一九三三年一一月）。
(67) 家永三郎「日本思想史上の内村鑑三」鈴木俊郎編『回想の内村鑑三』（岩波書店、一九五六年）、一一四頁、山口陽一「柏木義円の教会論」東京基督教大学紀要『キリストと世界』第二三号、二〇一三年三月参照。
(68) 太田雄三『内村鑑三——その世界主義と日本主義をめぐって』（研究社出版、一九七八年）。
(69) 渡辺京二『幻影の明治』（平凡社、二〇一四年）、一七〇—一七一頁、一八〇—一八五頁。
(70) 柏木義円「主宰（義《ママ》）の神と父なる（愛《ママ》）神」『月報』第四一一号（一九三三年一月）。
(71) 柏木義円「勅語と基督教（井上博士の意見を評す）」『同志社文学』第六四号（一八九三年四月）、伊谷編著、二六頁。
(72) 松本三之介「生きる論理と死ぬ論理（「著者に聞く」二三）」『未来』（一九七〇年三月）、一八—二五頁。
(73) 柏木義円「乃木大将と自殺」『月報』第一六八号（一九一二年一〇月）。
(74) 大濱徹也『乃木希典』（講談社学術文庫、二〇一〇年）、三二一頁。
(75) 『史料集』解説、三九二—三九三頁参照。
(76) 松井七郎『安中教会初期農村信徒の生活——松井十蔵・たくの伝記』（第三書館、一九八一年）、五四頁。
(77) 柏木義円「宗教と智情意の関係」『月報』第六一号（一九〇三年一一月）。
(78) 『日記』一九一二年四月一五日。
(79) 一九三〇年七月一九日付・柏木義円宛柏木寛吾書簡、『史料集』第一部Ⅵ書簡番号R二六。
(80) 一九三〇年七月二三日付・柏木寛吾宛柏木義円書簡、『史料集』第一部Ⅱ書簡番号二〇一。
(81) 『史料集』解説、四〇七—四一三頁参照。
(82) 柏木義円「戸籍上の私生児」『月報』第三八八号（一九三一年三月）。

(83) 一九三四年一〇月二四日付・柏木隼雄宛柏木義円書簡、『書簡集』書簡番号四〇〇。
(84) 柏木義円「武士道と基督教」『月報』第三六八号(一九二九年七月)。
(85) 柏木義円「顰《ひそみ》に倣《なら》ふ」『月報』第三八一号(一九三〇年八月)。
(86) 柏木義円「武士道と十字架道」『月報』第四三八号(一九三五年四月)。
(87) 『史料集』解説、四一七頁。
(88) 一九三四年一〇月一五日付・柏木大四郎宛柏木義円書簡、『史料集』第一部Ⅲ書簡番号三八。
(89) 教報欄『月報』第四三三号(一九三四年一一月)。

第6章

平生釟三郎と大正自由教育

安西 敏三

1 はじめに

大正一二（一九二三）年一月三一日、平《ひら》生《お》釟《はち》三郎《さぶろう》は甲南高等学校設立の認可を受け、早速理事会を平生邸において開催し、諸事について協議、さらに主要な教授を招待して晩餐を催し、高等学校設立趣旨を概説して出席者の賛同を得るべく演説をする。すなわち平生が「主動」し、多数の有志家の賛助を得て設立される甲南高等学校は、決して好事家的発想・個人的名誉心・私人の記念碑的事業などの一環としてではなく、また画一的・形式的にして知識の切り売り的教育、さらに職業予備的教育ではなく、「自由にして個性を尊重し人物を作るを以て主眼とする」私《わたくし》による「真の意味における公有」、すなわちパブリックな高等学校として創設されるものであると。

私立は官公立の学校の如く「官憲といふ独裁的権威者」や「公税といふ恒久的の財源」とは無縁であって、理事・校長・教職員が一団となって維持しなければならない。一私学を権威あるものにするためには関係者が「和衷協同して其改善を計り、其進歩に努めざるべからず」と断じたのである（二三・二・一⑤二二〇）。第一回卒業式にあたっては、とくに富豪の奉仕活動としての私立教育こそが社会に平和を齎し、国家の安寧を保ち得るとして、封建時代ではなくデモクラシーの時代であるからこそ、国ではなく私《わたくし》による公教育が可能であり、それこそが甲南をして「新教育革新の急先鋒たらしめる」（二六・四・一一⑧六九—七〇）とも述べた。時代を見据えた上での展望を持って平生は、その教育理念を実現すべく、奮闘する決意を示したのである。(1)

2 自由教育思潮の諸相

平生が教育に関心を抱き始めたのは、日清日露両戦役を経て第一次世界大戦の勝利という時代にあって、「文化」あるいは「教養」が、天下国家と連動する形で推進された「文明開化」や「啓蒙思想」に対抗する思想として登場するに至った頃である。ケーベル博士や漱石門下が盛んに「教養」を唱え、阿部次郎の『三太郎の日記』がこぞって読まれ、ヒューマニズムの動きが文学運動にも現れ、宗教的な動きも加味された倉田百三の作品が登場し、武者小路実篤らの白樺派の新しき村運動も興り、大正教養主義と呼ばれる時代へと進行する時であった。(2)とくに大戦後の世界的なデモクラシーの高揚期は、教育の方面においても自由闊達な思想と運動が高まりを見せ、「大正新教育」あるいは「大正自由教育」と呼ばれる一時期をもたらし、画一主義的注入教育あるいは取り締まり的訓練教育に代わって個々の人間性を引き出し伸張させ、自発的学習を多様に取り入れようとする思想と運動が見られるようになったのである。

　こうした時代思潮の中にあって、目が注がれた一冊が、明治三五（一九〇二）年に『独立自営大国民』（著者名はヅモラン）と題して慶應義塾関係者によって訳出されたフランスの社会学者J・ドモラン著『アングロサクソンはなぜ優れているのか』（一八九七年）である。ドモランはフランス流の知識詰め込み受験教育を批判し、スコットランドのアボッツホルム校で全人教育を実践しているC・レディの教育思想[3]を取り上げ、イングランドのパブリック・スクール教育は非実用的であるとし、現代語・自然科学の重視、それに労働教育の尊重を謳った教育論を紹介したが、[4]逆説的にもそれを通してパブリック・スクール教育に関心を持ち、研究し、兵営教育の牙城と目された師範学校教育に対抗する教育論としてそれを師範教育に取り入れたいと考えたのが姫路師範学校長野口援太郎であった。野口はドモランが見てとった英国教育に由来する人格・自由自治・体験的労作・鍛錬・宗教をその教育理念としたのであった。[5]またC・レディの立場にたつドイツのH・リーツの影響を受けた東京師範学校附属小学校訓導樋口勘次郎や谷本富、さらにアメリカのプラグマティズムの推進者J・デューイやW・ジェームズの画一的注入教育を批判し、子供の個性・自発性・自治を重んじる教育論を導入した帝国小学校創設者西山哲次、長野師範附属小学校訓導杉崎瑢《せん》などが現れた。[6]また自己を活かすことによって人類に貢献しようとする白樺派も教育思潮に影響を与えたのであり、鈴木三重吉や芦田恵之介の綴り方教育、小砂丘忠義の綴り方運動や自由画運動の山本傑もそれに呼応するものであった。[7]
　こうした流れの中で及川平治、木下竹次、幣原助市、手塚岸衛らが現れ、新学校が設立されるのである。中村春二の成蹊小学校（大正四年）、沢柳政太郎の成城小学校（大正六年）、羽仁もと子の自由学園（大正一〇年）、西村伊作の文化学院（大正一一年）、赤井米吉の明星学園（大正一三年）、桜井祐男の芦屋児童の村小学校（大正一四年）、上田庄三郎の雲雀丘児童の村小学校といった私立小学校の設立がそれである。さらに千葉師範学校附属小学校、奈良女子高等師範附属小学校といった官立小学校にあっても、自由教育とか自学主義が唱えられたのであった。

これら新教育の試みは、大戦後の相対的安定期にあって経済的に保障された富裕層や中産市民層に受け入れられ、また大正デモクラシーの思想を生活様式や意識構造に組み入れ得る知識層によって支持運営されるものであった。[8]
ところで平生釟三郎が創立に加わった甲南尋常小学校（以下、「甲南小学校」）は明治四五（一九一二）年に産声を上げたゆえ、新教育運動の先駆けともいえるが、当初は明確な教育理念でもって出発したわけではない。その創立については、兵庫県武庫郡住吉村付近における富裕層ないし中間層の子弟にふさわしい学校の不在という理由以外になかった。白紙であるがゆえに平生は甲南小学校において自らの教育理念を活かそうとする。すなわち「人物陶冶を根本義」とする教育理念である。これは平生と成蹊学園の創設者中村春二の意見を聞き、中村に私淑した甲南小学校三代目校長堤恒也の了解を得てなったもので、大正三（一九一四）年のことである。[9] まさに自由教育思潮が開花せんとする時期である。平生は「文部省一流の形式的教育、専制的教育」が「世界の大勢」に逆行しているとして、それは「恰も専制政治が民本主義に対する」のと同様であって、「自由なき教育制度」の下、「自由を失ひたる教育者」が「潑剌たる生気に富みたる青年児童」を指導しようとするのは、「死せる者が活ける人を導かんとするもの」であると断言し、「捧腹の外なし」とまで述べる。そして「其言稍奇矯に過ぐる」と言われるとしても、平生にあってはその教育理念が「捕はれたる教育家」には「頂門の一針たるを失はず」（一八・二・二四②五九四―九五）であった。この年、吉野作造は民本主義が普遍的価値を有し、歴史を通じて必然的に現実化される、との認識を表明している。[10] 平生と吉野の視点は共通するものがあったといえる。[11]
さらに甲南小学校卒業生の進学先としての中学校開設にあたって平生の宿望が「自由教育」・「人物養成」にあり、それがための教育事業を自らの天職として、それこそが実業家や経済人であることよりも、後世から見た自らの功績でありたいと希求している（一八・二・六②五八一）。そして「自由教育」による「人物養成」こそ「寛厚にして気品高尚なる紳士の雛児を養成」することになると言明する（一四・九・四①一五二）。すなわち「寛厚にして気品高尚なる紳士」たる「人物」を養成する階梯としての教育は「自由教育」においてのみ達成可能であるというのである。

ところで平生、ひいては甲南教育に影響を与えた中村春二はすでに「中流以下の男子に質素堅実な品性を涵養せしめ、その自立発展に必要な知識をさずけること」を目的とし、意思の鍛錬・注意力の涵養のための曹洞宗の「行」教育に発する静坐の一種である凝念法を、園芸などの肉体労働とともに取り入れ、強健たる身体を養うことも旨とした成蹊実務学校および、その教育方針を中等普通教育に広げるべく成蹊中学校を設立しており[12]、英米流の教育思想である自発性や自立性の重視と相まってそれらは成蹊教育の特徴ともなっていた。平生は中村の教育理念に共鳴し、愛息太郎を成蹊中学校に入学させることになる。「英国に於ける教育の精神を斟酌し、我国体国情に応じて国民的教育を施さんとする」成蹊教育に、平生は「大に我意を得たり」と感じ入るのであった（一三・一二・二〇①二九―三〇）。そうして献身的に児童の教育に従事し、各自の性格を洞察してその性格に適切な学科を授け、学芸の教授を第二として、人格人物の養成を主眼とする成蹊教育は「平生家の嗣子」太郎にとって最適と期待するのであった（一四・四・七①八二―八三）。以後、平生と中村との関係は親密になり、甲南と成蹊は各々小学校・中学校、あるいは高等学校として整備されていくにつれ、姉妹校的存在となっていくのであった。

さて甲南小学校の設立に際しては田辺貞吉、才賀藤吉、弘世助太郎、静藤四郎、生嶋永太郎、岸田杢、阿部元太郎、野口孫市、山口善三郎、中島保之介、小林三郷、進藤嘉三郎と平生釟三郎らが発起人となったが、小学校運営に伴う財政支援をめぐって脱落者も出、結局、田辺、才賀、阿部、小林、進藤、平生の六名が残って運営することになった。いずれも関西の実業家たちで、すでに二年前の明治四三（一九一〇）年に甲南幼稚園を設立していた。平生は公立小学校の画一主義的詰め込み教育の弊害を少しは除去し得るとの考えで設立発起人にその名を連ねたが[13]、これが大正自由教育運動の流れに沿ったものとなり、その担い手の一人である中村春二への共感ともなって、さらに堤恒也校長を加えることによって、その線が一層明確になっていったといえよう。「本校は一の理想の実現を趣旨として設立されたもの」と後年平生が事あるごとに述べているのはその表れである（三一・九・四⑬三三六）。児童の健康増進を図り、そのための環境・施設を整えること、児童数を少数に制限し、教育の徹底を期すること（一学級男女合わせて三〇名）、個性を尊重し、自学の習慣を養い、創造力を培って、その天分を伸ばすこと、質実剛健の気風を尊び、社会国家に奉仕すべき素質を養うこと、家庭との連携を密にして父母をして子女の教育に力を注がしめること、[14]といった堤の目標には中村の影響があり、またその目標は平生自身のものでもあった。こうして甲南教育はさらに初等教育のみならず中高等教育への展望となっても構想される。「甲南小学校に継続すべき中学校を創設せんとすることは余が宿望にして甲南小学校創設当時より余が腹案として有せしところ」であって、富豪として名を馳せ、住吉に居を構えていた久原房之助の協力を得て二楽荘の一部を借り受け、この地に校舎と学寮を建設し、中学より大学に至る学生全員を寄宿舎に収容して教育するならば、「真の意味に於ける紳士を養成するを得んか」と平生はいうのである（一七・一一・二六②五三二）。

平生の試みんとする教育は、まずは甲南中学校の創立となって具現化し、さらに高等普通教育においても、その機会が到来する。大正七（一九一八）年一二月六日に改正高等学校令が公布されたからである。これは大学予科の性格を廃して七年制を本体とする高等普通教育機関とし、従来の官立に加え公私立の設置も認めるというものであって、都市中間層と地方名望家層に応えるという原敬内閣の内政の一環として捉えられ、原内閣の基盤たる政友会の党勢拡大という党略的立場が色濃く投影していた。[15]これによって中高等普通教育の一貫教育が可能となり、平生の宿望がかなうこととなった。甲南中学校は甲南高等学校尋常科として発展的に解消し、高等科とともに七年制甲南高等学校が誕生することになるのである。浪速や府立（東京府）、富山の公立三校と甲南や成蹊、成城、それに武蔵の私立四校が、官立としては東京高等学校が創設された。また高等学校高等科と正式に見なされることになった宮内省管轄の学習院高等科、[16]さらに総督府立の台北や旅順が加わった。このうち私立四校と公立三校、それに官立では東京と学習院が大都市圏にあり、しかも尋常小学校を卒業して帝国大学に直結できるという制度上の利点などから既存の三年制高等学校とは異なった雰囲気を醸し出していた。とくに都会的洗練さを持ったのが大都市圏にある七年制高等学校であった。[17]
「東高的」という形容語で語られた東京高校の校風はどこから見ても都会的であり、「スマート」であることを意味した。[18]また自由教育の担い手の一人である沢柳政太郎のダルトンプラン[19]を導入した成城教育の一環として設立された成城は美術や音楽も時間割に織り込まれ、蛮カラが通念であった「高校的バーバリズム」は軽蔑の対象ですらあった。[20]同じ私立高でも、武蔵は既存の官立高の教育方針と格別変わるものではなかったが、少人数教育で個性を引き出す教育を施し、外国語学習に力を入れて外交官を多数輩出させるなど、国家的課題に対応しようとしつつも、私立の自由な学校経営の特性を活かそうとしていた。[21]
ところで平生が、その教育理念に共鳴した中村春二の成蹊では、高校は甲南より二年遅れて設立されたが、どうであったろうか。成蹊は中村死後、岩崎小弥太理事長自身の教育観が表面化してくることになる。元々七年制高校は、文部省の審議において武蔵の校長となる一木喜徳郎が極力主張したといわれるが、そのモデルを英国のパブリック・スクールにとり、ドイツのギムナジウムを手本とし、あるいはフランスのリセのようなものを構想し、大学準備教育のみではなく高等普通教育としての機能が要求され、中等教育から高等教育への一貫教育を通じて、型にはまらない教育の要請を打ち出したことに特徴があるといわれた。[22]そこで成蹊では中村没後、パブリック・スクールであるリース校に学び、ケンブリッジでの生活を体験した岩崎や今村繁三が、パブリック・スクール教育を成蹊に求め、その教育方針を中村の教育理念も加味して小学校をも含めた一三年一貫教育体制によって大幅に取り入れようとしたのであった。[23]

しかしながらさまざまな教育理念を掲げて出発した高校も結局は帝国大学への進学率によって評価され、現実的には大学予備校的性格を強化されることを余儀なくされ、尋常科（四年制中学に相当）においてその理念は具体化されるも、高等科においては無理であった。確かに選ばなければいずれかの帝国大学へ進学でき得たが、一部の学部は入学試験が課され、高等科の教員も授業では受験英語としてのJ・S・ミル『自由論』を読むことはあっても、その研究自体は帰宅後に行なわざるを得なかった。[24]とくに成蹊と武蔵は共に東京帝国大学への進学率が一高と首位を争うまでになり、一躍世間の注目を浴びるに至ったのである。[25]
それでは甲南高校の教育方針はいかなるものと映じたのであろうか。平生の片腕ともなった伊藤忠兵衛によれば、良き体、良き考え、少しでも世の中に尽くし得る人間に育ってもらい、制度上では画一的教育を避け、個々の人間の才能を伸ばし得る教育を続けたい、これだけであるという。[26]また甲南の教育方針は個性を尊重し、自由に個々の個性を活かし、人物本位に若者を育てようと、個人教育に近い方法が採用され、「天真爛漫によく学びよく遊びました」との回想に見られるような人物本位の個性尊重教育であった。地方の中学より高等科に入学した者は、一学年七〇名、全校でもしたがって四九〇名という少人数教育であった。一クラス三五名以内、一学年で五、六名のクラスもあって、英国貴族の子弟の学校のようにさえ思われたとの感想を持ち、同学年の文理はもちろん、上下の学年とも親しく付き合い、教師にも親近感を抱いた、と学生の目に甲南は映じたのである。[27]
ところで七年制高等学校、とりわけ私立校はいずれも世間からはブルジョワ学校とか貴族的といわれつつも独自の存在理由を強調したが、それでは次に平生釟三郎の教育理念について考えてみよう。[28]

3　三育主義の理念

平生釟三郎は大正一五（一九二六）年甲南高等学校創立記念式において次のように講話している。「私の考へでは真の教育といふものは人格の修養と健康の増進を第一義とし、之に添えるに各人が享くたる天賦の特性を啓発指導するにありと思ひます」と、以後、平生が事あるごとに唱える教育理念をまず述べる。そしてその理念を打ち出す背景として、現代の学校教育がその趣旨に沿ったものではなく「模倣を主としたる詰込画一主義に則りたるものです」と教育の現状を指摘し、「知育偏重で人格の修養健康の増進に力を用ゆることが少ないのです」と分析する。そして平生も英国教育で家庭との連携教育とともに導入可能とみた野外教育、(29)すなわち運動競技について、「近来、スポーツが流行いたしまして各学校に於いても之を奨励する傾向を生じて来ましたが、人格の修養を伴わざるスポーツの奨励はスポーツマン・シップを養成せずして単に勝敗のみを争ふ競技の流行を見るに過ぎませんのは残念であります」として、「人格の修養に至りましては制度の然らしむると、指導者其人を得ざる為か形式に止まりて其目的を達する能はざることが普通の状態です」とした上で、「本校に於いては人格の修養に尤《ママ》も重を置きます、健康の増進に大に力を用ひます、而して知育の方面に於ては政府が規定せる制度の範囲内で（不満足ながら）出来得る丈け各生徒の個性を傷けずに其天賦の特性を啓発する様、教授をなすことを我校に於いて教授の任に当る諸先生方に御願して居るのです」(30)と演説する。

ここで平生は当初は「現代の教育制度」が科学万能主義にして知育と体育を主とする結果、知識豊富、身体強健な少壮者を出すことはあっても、「品性高潔、理想深遠なる人物を陶冶するに適せざる」点を「久しき以前より看破せるところ」であって、「甲南学園を創立し小学校、次いで中学、高等学校、大学をも設立せんと鋭意努力しつつある」は、その欠陥を補填する教育を施して、「社会の盲《ママ》を開《ママ》かん」との試みに過ぎないと断言する（一九・六・二〇③三二五）。後に強調することになる体育の有する徳育性について触れることなく、徳育の何物たるかをそれは示しており、徳育を第一とし、体育・知育を二次的なものとする三育主義を旨としていることが分かる。平生がこう述べる背景には「人格の修養なきものに知識を授くる」ことは「社会国家に害あって益ないこと」であることを見聞していたからであり、知識は力であって、利用する人間のでき如何によって、その効果は善にも悪にもなるからである[31]。

こうした現状は欧米の科学的知識の進歩と物質文明の脅威に直面して、先進西欧に対等に交際することを目的とした政府指導型の知育偏重教育と身分変動によるものである、と平生は分析する。科学的文化の発達を第一とした明治新政府は人格教育や健康増進などを考慮することなく教育制度を定めざるを得なかったのである。「先進」欧米に追いつけ追いこせがための官僚指導型知育偏重教育であった。平生はそれを一応は認める。当時にあっては教育ある層は士族身分が大多数であり、徳育は武士道によって、体育も武道の鍛錬によって賄われていたと認識していたからである。しかし士族も「自ら働き治めざるべからず」こととなって、「武士道もいつしか其影を収る」に至る。そうして農工商は「虐げられたる階級として国家的社会的観念の如きは毛頭考ふるの余裕を有せず」であり、それだけに「自己を守るに急にして奉仕犠牲の思想を全然有せざりしもの」であった。その農工商の子弟が多数を占めるようになった学校教育の場において、「同一の方針」すなわち知育偏重の方針によって教育を施してきた結果は「今日の世相となりて現はれ来りたる」というのである[32]。

平生の認識が正しいかどうかは疑問であろう。武士が「利勘」で動かざるを得ない状況はすでに享保時代を活写した荻生徂徠の認識に見られ（『政談』）、さらに「道理筋目」よりは「利勘に賢き風俗」に陥っていると手厳しい武士批判が文化時代の一九世紀初頭には現れ（武陽隠士『世事見聞録』）、旗本・御家人も「一〇に七、八」はその有様が婦人のようであり、その志が卑劣であることは商家のごときであって、「士風廉恥の意は絶たる様」という杉田玄白の認識もあったからである（『野叟独語』。一八〇六年九月以降執筆）。さらに徳育問題をめぐる論争はフランス教育制度に倣って出発した明治五（一八七二）年の「学制」頒布以降、常に論争されており、(33)その結果ともいうべきものが教育勅語の発布であった。平生が武士道を唱えるのは一面、武士道ブームが起こっていたこと、(34)他面、平生の実父が百姓出身にして没落していたとはいえ名門武家田中家に養子に入ったことから、武士道を体現していたからであろう。百姓家から養子を迎えるということ自体、武士の名にふさわしい武士が存在していなかった証である。

むろん家職国家といわれた徳川日本にあっては、「家職」が徳育の中枢を占めた。「武士の家に生まる丶人は奉公」であって、「座敷の上にての奉公」と「戦忠の奉公」とがあり、出家は「仏道修行の儀」、儒者は「儒道の儀」、町人は「あきなひのこと」、百姓は「耕作のこと」が、家職としての道徳である（『甲陽軍鑑』。一七世紀初頭）。身分ごとに世間体の道徳があったのである。その意味で「満世界の人ことごとく人君の民の父母となり給ふを助け候役人」（『徂來先生答問書』）なのであり、武士のみが道徳的存在であったわけではない。

ところで知育偏重批判は近代日本の教育史を見ても常に唱えられているが、問題はその意味内容である。平生も英独仏の中高等教育機関を甲南高校設立後に訪問するが、「学制」の元ともなったフランスでは、まさにドモランが描いていた状況を呈しており、人物本位を中心とする英国のパブリック・スクール教育と好対照であった。(35)

しかしながら知育を知識詰め込み教育に限定し、その何たるかを問わずして徳育を強調することは、体育の効果とともにきわめて疑問である。徳育・体育・知育の三育主義がいかなるものであるかの考察がなされるべきゆえんである。

三育主義が日本において唱えられたのは、明治の西洋教育思想が導入された以降の話である。とくに明治六

（一八七三）年にお雇い外国人として文部省学監となったデヴィッド・マレーが、知的道徳的かつ身体的に均衡のとれた全人的な人間形成を目標とするペスタロッチ主義を日本に導入しようとしたのはその走りであろう。それは一九世紀後半のアメリカ教育界の主流でもあった。マレーはラトガーズ大学に在職中の一八七一年に森有礼からの「日本の教育」についての質問に回答したことが縁となって岩倉使節団による面接を経て来日したのである。彼は新興国として発展目覚ましいプロイセンの教育制度にも詳しく、教育の中央集権化を唱え、その意味ではドモランがフランス教育とともに批判しているドイツ流の国家主義的立場をとっての三育主義を旨としていた。[36]さらに三育主義が明確な形で日本の近代教育思想史上に現れたのは、ペスタロッチ主義やパブリック・スクール教育を批判している、明治一三（一八八〇）年に尺振八《せきしんぱち》によって翻訳されたハーバート・スペンサー『教育論』（一八六〇年）がその嚆矢とされる。[37]スペンサーの教育論は当時の新説であって、鎌田栄吉によれば自由教育の元祖ともいわれ、福澤諭吉もそれを読んで智徳体の三育の分類法を学び、慶應義塾でそれを踏まえた教育談をなしたという。[38]実際、福澤は教育論を論ずる際、三育論を取り上げている（「教育の力は唯人の天賦を発達せしむるのみ」）。

平生は三育主義を採りつつ、さらに武士道に徳育と体育の契機を見るも歴史的にその復活は無理と考え、それに代位するものを見いだす。精神的修養と健康の増進がともにもたらされるもの、すなわちスポーツである。そこから生まれるスポーツマンシップは体育を通じての徳育ともなるからである。「本校に於いて sports を奨励するのは単に遊戯としてではありませぬ。本校教育の方針が人格の修養、健康の増進でありますが、sports は精神の修養と健康の増進のために必須のものであります」（三二・一〇・六⑬三九〇）。そして「Sportsmanship は我国の封建時代及び直後にも存する武士道と同一であります」（同上⑬三九〇―三九一）。それゆえに「正を踏んで怖れず、義に伏して屈せず、廉恥を尊び、犠牲を敢えてするの行程にして、この精神は個人間にも又国家に対しても其光輝を発し、其真髄を表するものなり」（二五・一・二九⑥五一一）である。したがって自身はスポーツ観戦を好むも、それが興行の対象と化すのには反対であった（二六・一・一六⑦六一〇）。

さらに平生はソクラテスの教育論を例に出して、思考力の欠如を日本の教育の欠陥とみる。「日本人は詰込主義の教育を受け、模倣一点張」であるとして、「五十余年間模倣に模倣を重ねて何の考なしにきました」から、「大変な速力」で今日になるに至った。したがって「外人も我々も日本は長足の進歩をした」と論じるが、しかしそれは「進歩といへましょうか」と疑問視する。平生にとって注入的教育は知育ではなく、どこまでも「個性を尊重して各人が有する天賦の知性を啓発すること」が知育であり、それは「真の教育とは真人間を造るに在り、正しき道に依りて自ら働き自ら活きるの人を造ることを主義としたるものなり」（同上）という「人物養成を本位とする」（三三・一・一六⑬五六三）学校教育観であって、これはまさに平生が見聞した英国パブリック・スクールやオックスブリッジの教育であったのである（三二・一〇・一〇⑬三九七）。

イングランドのパブリック・スクールは現在でも排他的特権階級の教育の場と目され、エリートの再生産をしているといわれているが、その授業料の高額さはつとに有名である[39]。しかし元々は教会附属に端を発する慈善学校が母体であった。公に開かれた学校ということでパブリック・スクールと呼ばれ、独立学校《インディペンデントスクール》よろしく政府や市から干渉されることなく、カリュキラムも校長の自由であった（二五・二・五⑦三）。とくに一九世紀に至って、その教育に大きな影響力を与えたのはラグビー校の校長トーマス・アーノルドであり、さらにその思想を小説によって著したT・ヒューズである。ヒューズの描いた『トム・ブラウンの学校生活』（一八五七年）はラグビー校の学園生活を描いたもので、その一節は平生もひもといた可能性がある新渡戸稲造の『武士道』（一八九九年）に引用されてもいる[40]。アーノルドはキリスト教社会の理念をラグビー校に、またそれを国家にまで実現することを目指した。そうしてスポーツとともに上流階級の証ともなっていたギリシャ・ローマの古典語や歴史を見せかけのみの装飾としてではなく生きた教材として教えたといわれ、とくにキリスト教は社会集団の目的を真理ではなく善であるとし、科学や文学がその判断力を養成し得ないがゆえに必要とされたのである。(41) クリスチャン・ジェントルマンの養成が目的とされるゆえんである。古典語教育に集団スポーツを通じての団体精神の養成や規則の遵守、それに肉体的精神的勇敢さを涵養し、これを人格陶冶のための教育手段としていた既存のパブリック・スクール教育に、(42) アーノルドはピューリタン的自己労働に対する使命感という中産階級の証ともいえる教育理念を導入したのであり、教育そのものを人間の精神的成長と、とらえたのである。(43) かくして人物養成教育がその目標とされ、一九世紀後半には「紳士」が一つの宗教的意味を持ち、パブリック・スクールは「紳士を作る工場」といわれるまでに至った。(44)

平生が事あるごとに言及し感嘆するのは、オックスブリッジの学生が志願兵として戦場に赴き、その結果学寮に刻まれている多数の戦死者名の目撃であった。しかも両大学生はイートンやハロー、それにラグビーといった名門パブリック・スクールの卒業生で、富豪か名門の子弟であった。しかるに一旦緩急あるや義勇公に奉ずる勇猛心を揮って国難に赴いた英国の貴族や中産階級に比し、日本の富豪貴族の子弟はどうであったか、(45) と自問する。日清日露で名門の子弟が戦死したのはきわめて少数であった。英国の中等教育は人格本位の教育であって、これに配するにラグビーフットボールというスポーツを以て精神と人体を錬磨している結果のなせる技が義勇公に奉じたのである。日本でもかつて武士道があり、武士をして「忠君愛国の念」に駆り立てていた。ところが今や「武士道の清華」は散り、「浪花節に其片鱗を残す」のみとなり果てた（三二・一〇・一〇⑬三九七）。日英比較をして徳義心に日本は劣ると見る平生は武士道に代わるものとしてのスポーツを挙げることになる。

平生にあっては、当時大いに疑問視されていたが、(46)「ウォータールーの勝利はイートン校のグランドで獲得された」とのかのウェリントン将軍の名言はまさに銘言であったのである。O・T・C（将校養成団）という組織があって軍事教練が課せられていたのもパブリック・スクールである。したがって「札付きのイートン」に在学したら、それこそ地獄であり、その苛烈なスパルタ教育は「紳士道の修業」を教育理念とするオックスブリッジと好一対であった。それだけに戦地に赴いたときの態度は率先垂範、まさに脱帽に値し、文字通り貴族の義務を全うするといわれていた。[47]平生は英国の中高等教育機関を訪れてまさに脱帽したのである。

しかし平生は日本の教育的伝統にもその精神を見ようとする。すなわち徳川政権末期にあった松下村塾である。吉田松陰の門下より多数の卓越せる人物が輩出し、「明治維新の大業を補佐して隆々たる国運の基礎」をつくったのであるが、その理由は「吉田先生の徳風の感化を受けた」からである。寝食・労働・余暇、それに学びを共にする共同体が松下村塾であり、そこは単なる知識の伝授機関ではなかった。徳育・体育・知育の教育がそこにはあったのである（三二・一〇・六⑬三九〇）。平生は自ら創設した奨学組織である拾芳会は言うまでもなく、甲南でもそれを活かそうとする。すなわち師弟の人格的接触を重んじ、パブリック・スクールよろしく大食堂を設け、スポーツを奨励するもその部長には教師を充てるなど、「師弟同行教育」を試みたのである。スポーツは軍事教練や武道と両立し相補うとするが、そこにはオックスブリッジやパブリック・スクールの例とともに、新たに平生が知ることになったセルヤーンのドイツ体操における、マタリングのスウェーデン体操におけるが如き、体育を通しての徳育論も加わっていた（三二・一〇・六⑬三九〇）。さらに平生の人生に最も影響力を行使した教育者、すなわち高等商業学校校長矢野二郎がいる。「矢野翁は虚偽を憎むこと神の裁判の如し」（竹越三叉）[48]はまさに平生の琴線に触れるものであり、高商時代の矢野からの人格的影響は平生の人格教育に刻印されているといってよい。

武士道が廃れ「物質本位権勢本位」の時代となり、青年が精神的に堕落するのは平生によれば「画一主義官僚主義の教育組織」と「知育偏重の教育方針」に由来する。それゆえに校長・教師はすべて教育者でなければならず、分担する学科を教授すると同時に生徒の指導訓育を任務としなければならない（三二・一〇・一〇⑬三九六）。専門学者である前に何よりも教育者たることが師の条件なのである。その意味では白紙にある学生に特定の思想を科学の名をもって教育することは批判される。公平さを欠いた一方的色づけは倫理的問題となるのである（三二・一一・二五⑬四七七）。「教育は須く自由にして個性を尊重し人物を作るを以て主眼とせざるべからず」（二三・二・一⑤二二〇）と述べ、「真の教育は人間愛の国民を作るにあり」[49]と論じている平生は、共産主義国ソ連社会の悲惨な現状を知っていただけに、マルクス主義の中高等教育機関における流行を前にしてはそのように言わざるを得なかったのである（三三・一・一一⑬五五五）。

ところで改正高等学校令第一条には男子の高等普通教育の完成と並んで「国民道徳の充実に力《つと》むべき」ことを謳っている。そうして高等普通教育が大学への予備教育ではない旨をも強調している。国民という冠があるものの徳育を旨としているのである。すでに一高校長木下広次も徳育を重視し、学校・寮における生活を通じて人間としての精神と行動様式の修得を課していた[50]。とくに人格教育は一高においてはクリスチャンにして札幌農学校出身者である新渡戸稲造によってもたらされていたとの回想は平生の後継校長天野貞祐の語るところでもあった[51]。平生が甲南に人格教育、ひいては紳士教育を求めるも（三三・一・一〇⑬五五三―五五五）、既存の旧制高校はすでにパブリック・スクールに端を発する紳士教育を自他ともに謳っていたのである[52]。

ところで三育主義を謳ったスペンサーは、進化論の立場から科学に力点を置いて三育論を展開している。科学は知的訓練のみならず道徳的訓練にとっても最善であるとの主張であり、知育と徳育を結びつけるのである。知育による真理の発見過程は、「真の自負と真の謙虚」という徳性がもたらされるというのである。スペンサーの知育徳育論は「紳士の教養」を批判したものであり、徳育の目標も「人から治められる人間ではなく、自ら自己を治める人間」なのである（『教育論』）。

かかる意味でのセルフ・メイドマンの希求は平生の採るところでもあった。志を立てようとする者が愛読したスマイルズ『自助論』（一八六七年）について平生は「余は小時好んでスマイルス氏のセルフヘルプを読み、其初章に於いて、God helps those who help themselves. の一齣を読み、常に肝銘してこの主義を以て一貫し来りたるもの」（二二・九・一九④三六二）と記し、まさに独立心を涵養し「真の紳士」たらんと志していたのである。[53] 平生の主観では、あるいは多くの大正自由教育運動の主唱者、さらには旧制高校賛美論者は、パブリック・スクール教育に前出のレディの全人教育やスペンサーの実用教育論を読み込んでいるのである。紳士教育を説いたロックですら、六、七年間も学校で鞭打たれるラテン語修得よりは現代英語を重視し、簿記などの実用教育を推奨しているのである（『教育論』）。

翻って日本の徳川政権下の末期においては文教熱が隆盛をみるに至っていたが、そこでは三育主義なるものが皆無であったろうか。藩校が多数出現し、塾や寺子屋の普及が全国的に見られ、身分を超えた「知の共和国」も出現していた。教材の一つ『中庸』には「知・仁・勇の三者は天下の達徳なり」という言葉がある。これは三育主義の奨励を謳っているようにも思える。むろん孔子は「学を好むは知に近し。力《つと》めて行うは仁に近し。恥を知るは勇に近し」と述べ、あるいは「知者は惑わず、仁者は憂えず、勇者は懼れず」（『論語』「子罕」）とあるが如く、知的情的意志的に「徳」という至上の用語で人格者が具えるべき資質を謳っている。勇の由来ないし、それに至る修養を論じていないが、「仁者は必ず勇あり。勇者は必ずしも仁にあらず」（「憲問」）とあり、仁と勇との一体化を意図するとともに仁者＝人格者には勇が不可欠であるとも読める。しかし「勇敢にして強く力ある者は天下に事なければ即ちこれを礼儀に用ひ、天下に事あれば即ち戦勝に用ふ」と『礼記』（「聘義」）にあって、そこに広義でいう体育、しこうして武道、さらにはスポーツを当ててもあながち誤ってはいないであろう。平生もまた身体的鍛錬が男性的勇気と勝敗に拘泥しないで正々堂々と戦うスポーツマンシップに結びつくことを確信しているのである。[54]「勇もまた聖人の大徳なり。天下において懼れるなきを謂ふなり」（荻生徂徠『弁名』）である。さらに『論語』「陽貨」にある「仁を好んで学を好まざれば、其の蔽なるや愚」は知育を伴わない徳育は結果として愚になるとも解釈できる。また「勇を好みて学を好ばざれば其の蔽なるや乱」との言もあるが、これは知育を伴わない体育はその害として乱暴となるとも解し得る。学び＝知育の必要性を徳性＝徳育との関連で説き、それがまた君子＝紳士に通ずるのであると諷っていると見てよいであろう。

さらに徳川期に隆盛をみるに至った朱子学が説く「聖人学びて至るべし」は、常人成仏の変容であって「人欲浄く尽きて天理渾然なる人」を聖人としたまでとの批判があるにしろ、誰しもが学によって「人らしく生きる」人格者になれることを謳っていよう。「聖人学びて至るべからず」と喝破した荻生徂徠のように「学は寧ろ諸子百家曲芸の士と為るとも道学先生と為ることを願はず」（『徂徠先生学則』）という「自分らしく生きる」個性尊重の知育論も広まっていた。[55]体育を別にすれば知育徳育思想はすでに受け入れる基盤があったのであり、「徳余りありて智足らざるなり」との言及も明治一二（一八七九）年にはあったのである（福澤諭吉「小学教育の事　四」）。

4　普通教育と専門教育

平生は英国のエリート教育を人物中心のそれと認め、それを踏まえない西欧知識導入の知育教育を批判しながら、「英国に於ける貴族若しくは上流社会の子弟」の多くがオックスブリッジでは古典科に入学するとして、「古典科の如き超俗的学問を修むるものは自から崇高なる観念を抱き、遠大の思想を生じ、所謂高尚なる人物を生ずる」からであり、古典が学習者に「深謀達識」をもたらして「国家を率ゆるの俊才たるを得る」と認識する（二五・二一・一六⑦一六）。パブリック・スクールで古代ギリシャ語とラテン語を学び、オックスブリッジでギリシャ・

ローマの古典を修得することが支配層に求められていたのである。平生が見聞した時代にあっても、こうした通念があったのであろう。[56] 平生は古典語重視のパブリック・スクール批判を聞いた上でも（二五・二・一四⑦一四）、その教育、さらにはその進学先であるオックスブリッジに感銘しているのは、古典というよりも人物養成を主眼とした教育があったからである。英国は学科を重視せず人物養成に重きを置いていること、これが「余の尤《ママ》も敬服するところ」であったのである。そして「余は帰国後、大いに英国の教育の精神を加味して日本現代の教育を改良せんとす」と決意するのであった（二五・二・一四⑦一四）。

　ところで平生は人物養成において職業教育について批判していたが（一九・六・一六③三一）、ドイツのケルヘン・スタイナーの「職業教育は人間教育の門口に立って居るもので、職業教育の最も重要なる手段は生産的労働であり、職業教育に依りて人間教育が出来るのである。蓋し職業教育と普通教育との間に存する矛盾を取り除くものは此の生産的勤労である」との説に同意する（二六・九・二四⑧三三）。たしかに江戸期に見られた家業のための労働は、広い意味での教育過程といえる。身分的社会化は身分的教育化でもあるのである。しかし家業に精を出す実用教育は、身分以上に家職、すなわちイエの問題と結びつく。そこにはたして公共的世界の意識は生まれるであろうか。いやしくも人間教育という以上は、人と人との連携を可能にする社会化が必要であろう。その意味では何人にも交際可能な普通教育が要請される。人と人との間の基底ともなる常識や教養が不可避となるゆえんである。職業人たる前に、あるいは専門人たる前に何人《なんぴと》も一個の人間なのである。真に人倫において業を司るには「五常」である仁・義・礼・智・信を学び、「六芸」である礼・楽・射・御（馬術）・書・数を学習しなければならない（『甲陽軍鑑』）。

　平生は教育論の古典ともいうべきJ・J・ルソーの『エミール』（一七六二年）をひもとき（一九・一・二三③二一四）、貧民層より富裕層の教育が困難なることを認識しているが、ルソーはその中で、人間の教育は誕生とともに始まるが、経験によるものと授業によるものがあるとし、前者をあらゆる人間に共通のものであるとして、後者を学者に特有なものとする。そうして「人間よ人間的であれ、それがあなた方の第一の義務だ」と断じ、階級や年齢を問わず人間に無縁でないものすべてに対して人間的であれという。しかも人間は事物への依存とともに社会への依存を有し、これが悪を生み出し支配者と奴隷を相互に堕落させるが、それを防ぐのに法を建て一般意思に現実性を持たせ、そうして悪から免れる自由に美徳へと高める道徳性を結びつける。しかも教育は一個の人間を作ることであるが、それには教育者自身が人間として完成され、有徳にして善良でなければならないと主張する。教育を受ける者たちの模範たることが教育者に要求されるのである。

ルソーの影響を受け人間性の覚醒と天賦の才能の調和的発展を目したペスタロッチを批判したスペンサーも「真の教育は真の哲学者によってのみ実現可能なのである」（『教育論』）という。さらにJ・S・ミルは、「聖アンドルーズ大学名誉学長就任講演」において、大学は職業教育の場、つまり生計の手段を知識として身に付けさせることを目的とするものではなく、熟練した法律家や医師、あるいは技術者を養成するのでもなく、まさに「有能にして教養ある人物」の育成にあると主張する。専門技術を持とうとする人間がその技術を知識の一分野として学ぶのか、あるいは単なる仕事の一手段として学ぶのか、あるいはその技術を修得した後にそれを賢明かつ良心的に利用するか否かを学ぶのかは、専門教育ではなく、知性と良心をその技術の中に発達せしめる一般教育にあるというのである。そしてミルはルソーと同様にこう述べる、人間は法律家や医師、あるいは商人や製造業者の前に何よりも人間であると。そこに普通教育たる一般教養が要請されるのである。ミルが求めているのは、専門分野の技術的知識を人間にとって正しい利用法に適うべく光を当て、正しい方向に導く一般教養《ジェネラルカルチャー》なのである。それはたんに詳細な知識を詰め込むのではなく、むしろ道理《プリンシプルズ》を探求し把握する能力であって、これはミルによれば古典に精通する普通教育《ジェネラルエディケーション》による以外にない。(57) そうして初めて哲学的法律家や哲学的医師、あるいは哲学的技術者となり、人間の顔をした専門人が生まれるというのである。

大学教育はしたがって普通教育と専門教育の両者を必要とする。そうして普通教育が専門人である前に人間たることを導く以上、その名の通りそれは誰しもが共有し、公共性をもたらすものである。ミルが公共的《パブリック》モラリスト、あるいは公共的知識人《パブリックインテレクチャル》といわれるゆえんである。(58) 科学技術的知識が、あるいは法律的知識や経済的知識が高度に細分化され、その内容が高度になればなるほど人間性は矮小化し、人間にとって重要な事柄に対しては適格性を失っていくという予測をミルは持っていたのである。人間精神の偏狭性は他の学問や研究をすべて排除し、一つの学問や研究に没頭すればするほど増し、人間を誤らせるというのである。まさに「知を好みて学を好まざれば其の蔽なるや蕩」(『論語』「陽貨」) である。したがって人間にとっての最高の知性が一つの事柄のみを知り高遠に走ってとりとめもなくなることに陥ることから免れるためには、多種多様な事柄についての一般的知識と絡み合わせて統合する能力、すなわち「学」が伴わなければならない。単なる技術的知識の持ち主でない教養ある知識は学科を媒介とした人格の陶冶をもたらす教育機能をもつことになろう。知育の徳育性である。(59) 専門人である前に常識人や教養人たることが不可避なのである。

5　おわりに

平生が文部大臣の公職にあったとき、平生は、自らを文部大臣に推挙した寺内寿一陸軍大臣に陸軍幼年学校の非なることを述べ、海軍兵学校同様、中学校卒業を要件として陸軍士官学校に入学させるべきことを進言した。否、軍人のみならず実業人、小学校教員にせよ、少なくとも八年間の普通教育は必要であるとの見解を有していた。それは常識に富み、狭量でない一般教養を有した見識があって初めて有能な職業人たり得るとの念が平生にはあり、わずかに六年の修了をもって専門的領域の中に閉じ込める職業教育や専門教育は不可であるという信念を抱いていたことを物語っており、それが義務教育年限延長案として広田内閣を動かしたと、平生に文部次官として仕えた河原春作は後に回顧している(60)。

専門職業人に必要なのはたしかに普通教育であり、これによって得られる人間として世界に通用する豊かな教養ないし常識であろう。平生が時に唱える人類愛に満ちた人間である。それは余人をもって代えがたい一人ひとりの豊かな個性を培い養成する人物教育こそが然らしめる。平生は明治人よろしく教育勅語を取り上げしばしば人物教育を説く。それに代わるものとして戦後登場した教育基本法は、しかし個人の尊厳たる個性を重んじ、真理と正義を希求し、公共の精神を尊び、豊かな人間性と創造性を備えた人間の育成、すなわち人格の完成を目的とすることを謳った。平生の教育理念をそこに読み込むことは不可能であろうか。

注

（1）以下、平生日記からの引用は、このように記す。一二三・二・一⑤二二〇は一九二三年二月一日の日記を指し、⑤二二〇は甲南学園平生釟三郎編集委員会編『平生釟三郎日記』第五巻（甲南学園、二〇一〇年）、二二〇頁を意味する。なお日記原文は片仮名と漢字であるが、本稿では片仮名を平仮名とし、片仮名の場合の表記は慣例に従った。
（2）三木清『読書と人生』（講談社文芸文庫、二〇一三年）、三三一四六頁。また教養主義を確立するにあたって、岩波書店およびその創業者である漱石門下岩波茂雄の果たした役割については佐藤卓己『「図書」のメディア史――「教養主義」の広報戦略』（岩波書店、二〇一五年）、一―七頁。
（3）ヅモラン『独立自営大国民』慶應義塾訳（金港堂書籍、一九〇二年）、二一五、五九―一〇七頁。
（4）ドモランが共鳴したレディの教育法は、英語を第一とし、次に仏語、その次に独語、最後にラテン語、そして希望があればギリシャ語を教えるというものであり、近代語は第一に会話、第二に会話に必要な文法を教えるのを良とし、数学も実際的なものとし、自然科学も自然界の実物を観察させるのを旨とし、歴史も事実や年月日の暗記ではなく、事変の性質成り行きの因果関係を見、一国の有様や国民性が政治商業の発達に及ぼす影響を研究させ、英国史、ついで世界史を学び、ギリシャ史では現在の社会制度の根元を調べさせ、ローマ史ではいかなる形態の国家をつくれば、その国民を外国に発展させるのに有利であるかを勉強させ、学生をして教育に適応させるのではないことを主張し、体育を重視し、実業的知識とそれを楽しむ心を養成するという実際上の生活に役立つ教育論であった。内容的にはパブリック・スクール教育と重複するところもあり、さらに紳士教育のためのJ・ロック『教育論』（一六九三年）とも重なる面があり、それまでの教育論を踏まえたものといえる。歴史教育や自然科学教育など平生が訪問したパブリック・スクールでの教育と符号しており、レディ的教育論が広く行き渡っているようにもみえる。「我慶應義塾の主張する所にして実に我国多年の弊習を矯むるに極めて緊要の薬石たるを信ず」と緒言にあるように、明治後期の教育問題に一石を投じ、慶應義塾の実学主義の一端を知る上でも重要な書物である。ヅモラン『独立自営大国民』三、六五―六九頁。
（5）中野光『大正自由教育の研究』（黎明書房、一九六八年）、八一―八五頁。
（6）中野『大正自由教育の研究』、一六―一七、九一―九二、一四二頁。樋口は直接にはドイツのT・ツィラーの道徳的宗教的情操教材を中心とするカリキュラム構造論、すなわちヘルベルト派の中心統合法と呼ばれるものから示唆を受けている。また谷本も当初は日本のヘルベルトをもって任じたように、ヘルベルト派からの影響が大であったが、のちにドモランの主著を読んで「ゼントルマンシップ」を念頭においた「デル・モデルネ・メンシ」の育成に努めることになった（中野『大正自由教育の研究』、二一一―五七頁）。谷本も野口と同様、パブリック・スクール教育批判の著書を読んで、その教育理念に魅かれていったのである。
（7）中野『大正自由教育の研究』、一四二―四六、二〇三頁。
（8）中野『大正自由教育の研究』、二〇三頁。
（9）平生釟三郎『平生釟三郎自伝』安西敏三校訂（名古屋大学出版会、一九九六年）、三一七、三二三頁。なお後年にあってもこの点を強調して、中村春二の衣鉢を継ぐものと明言している（三二一・一二・一七⑬五一二）。甲南学園五〇年史出版委員会編『甲南学園五〇年史』（甲南学園、一九七一年）、五一六頁。
（10）三谷太一郎『大正デモクラシー論』（中央公論社、一九七四年）、一七七頁。

(11) ただし平生の吉野作造に対する見方は、資本と労働の融和協調を唱える平生には、労働の資本に対する闘争を唱えると見做した吉野のデモクラシー論は人類社会のためにも国家のためにも、あるいは労働者自身のためにも喜ぶべきものではなく、暴を以て暴に代える類であった(一九・九・一四③三九八)。
(12) 小林一郎編『中村春二選集』(中村秋一、一九二六年)、七九、八三、三八六、四〇七頁。ただし成蹊中学校は授業料も高額であり、東京高等師範学校附属中学の出身者たちの設立ということもあって、その分身ともいえる学校でブルジョワ色の強い貴族学校の如き様相を呈していたといわれる。成蹊学園編『成蹊学園六十年史』(成蹊学園、一九七三年)、一四八―一五一、三五二―五四頁。
(13) 河合哲雄『平生釟三郎』(羽田書店、一九五二年)、一九五―一九七頁。
(14) 『甲南学園五〇年史』、二一―六頁、『甲南学園の六〇年』、一七―二〇頁。
(15) 岡義武『日本近代史大系　第三巻　転換期の大正』(東京大学出版会、一九六九年)、一五一―五三頁。
(16) 筧田知義『旧制高等学校教育の展開』(ミネルヴァ書房、一九八二年)、六〇頁。
(17) 高橋左門『旧制高等学校研究』(昭和出版、一九七八年)、二九三、三〇五―三〇六頁。
(18) 高橋『旧制高等学校研究』、三一八―三一九頁。
(19) アメリカ人のH・パーカーストの創始したもので、学校の社会化を目指し、学校生活を民主的な共同社会の雛型にしようとするものであり、その原理は自由・協同・個別的作業であり、日本では成城学園において導入されたといわれる。中野『大正自由教育の研究』、一九〇―二〇三頁、『成城学園六十年史』(成城学園、一九七七年)、六四―八七頁。平生も自由教育・人格教育・個性尊重の教育への高まりの一環として、それを評価し、その精神として「完成せる人を造らんとせるよりも、智徳体各方面に進歩と改善を求め、向上に努力する人を造らざるべからず」を挙げて、自律的に学習するそれを高く評価している(二二・一二・二八⑤一八九)。
(20) 筧田『旧制高等学校教育の展開』、一〇一、一〇四頁。
(21) 筧田『旧制高等学校教育の展開』、八七―八九頁、および『武蔵六十年のあゆみ』(根津育英会、一九八四年)、七―八頁。
(22) 筧田『旧制高等学校教育の展開』、二頁、『武蔵六十年のあゆみ』、七頁、『成蹊学園六十年史』、三九九―四〇〇頁。

(23)『成蹊学園六十年史』、四一七—四一九頁。
(24) 松浦高嶺「『学術文庫』のためのまえがき」『英国を視る—一九三〇年代の西洋事情』(講談社学術文庫、一九八四年)、三—四頁。
(25)『成蹊学園六十年史』、四二二頁、『武蔵六十年のあゆみ』、三二二頁。
(26) 筧田『旧制高等学校教育の展開』、八九頁。
(27) 筧田『旧制高等学校教育の展開』、八九—九〇頁。
(28) 安西敏三「平生釟三郎と甲南教育」『甲南法学』第五三巻第四号(二〇一三年)、およびこれを改稿した同名の論文(安西敏三編著『現代日本と平生釟三郎』(晃洋書房、二〇一五年)、八六—一〇八頁)は平生と明治期の知育・徳育論争にふれつつ英国教育との関連について論じたものであり、安西敏三「平生釟三郎、その教育理念に関する一考察」『甲南法学』第二六巻第四号(一九八六年)を改稿した本章を補足するものであり、併せて参照していただければ幸いである。
(29) 平生はロンドン市教育局長ローバート・ブレアー卿の話として英国における偉人輩出理由として第一に宗教、第二に歴史的影響、第三に野外遊技におけるスポーツマンシップの涵養、第四として学校と家庭との連携教育を挙げ、「感嘆措く能わず」として、第三と第四を甲南学園(小学校・女学校・高校)に応用可能としている(二五・一・二九⑥五一一)。
(30) 甲南学園編『平生釟三郎講演集—教育・社会・経済』(有斐閣出版サービス、一九八七年)、三九、四一頁。
(31)『平生釟三郎講演集』、四一—四二頁。
(32)『平生釟三郎講演集』、六三—六九頁。なお同日の高等科父兄会の講話は内容が異なっている(二六・一一・六⑧四三二—四三三)。
(33) 安西「平釟三郎と甲南教育」、四四九—四六〇頁。
(34) 井上哲次郎・有馬祐政編になる『武士道叢書』全三巻が博文館から出版されたのは明治三八(一九〇五)年三月であった。日露戦争が始まった翌年である。また新渡戸稲造の『武士道』が英文で刊行されたのは一八九九(明治三二)年のことであり、その日本語訳が櫻井鷗村によってなされたのは明治四一(一九〇八)年である。平生が東京海上の大阪神戸両支店長に就任していた頃であり、甲南幼稚園・小学校の創立に協力するのはその数年後である。

（35）マーチャント・テェイラーズ校での生物、化学、物理の授業は講義よりも実験を主としていること、ローマ史は毎回一章を予習させ、次いで講義をなし、そしてその事実についての因果関係の問題を生徒に考究させ、その結果を発表させるとの方法をとっていた。クライスツ・ホスピタルでの理科の授業も実習を主としたものであって、器具を用いて、自ら参考書や教科書から得た知識を実習させるものであった。生徒は親しく教師と顔をつきあわせて講義を聴くという形態をとるが、それは一時間のうち十分ほどであり、生徒は興味をもって学科の研修をし、実際的知識を持つに至るというのである。生徒は同一ではなく個別的に実験を行なうのである。また音楽も随意に練習ができ、寮生活も家族的雰囲気を醸し出しており（二五・二・一二、二・二四⑦三、四、九―一一）、これら平生が訪問したパブリック・スクールはまさにその教育を批判したレディのアボッツホルム校の如き教育であった。
（36）ゾモラン『独立自営大国民』、二四―二八頁、奥中康人『国家と音楽――伊澤修二が目指した日本近代』（春秋社、二〇〇八年）、一一七―一一八頁。
（37）森秀夫『日本教育制度史』（学芸図書、一九八四年）、四五頁。
（38）石河幹明『福澤諭吉伝』第四巻（岩波書店、一九三二年）、六六九頁。
（39）例えば寄宿舎制をとっているラグビー校は、二〇一六年現在、年三万三〇〇〇ポンド、一ポンド一六五円とすると日本円で五四四万五〇〇〇円の費用がかかる。Stephen Castle, "Exclusive schools try to be a little less so," *International New York Times*, March 7, 2016, p.4.
（40）平生の蔵書の中には新渡戸の『武士道』英語版がある。それは甲南大学図書館に寄贈されたが、目下所在不明である。なお新渡戸が描いている「戦闘におけるフェアプレイ！野蛮と小児らしさのこの原始的なる感覚のうちに甚だ豊かなる道徳の萌芽が存して居る。これはあらゆる文武の徳の根本ではないか？『小さい子をいじめず、大きな子に背を向けなかった者、といふ名を後に残したい』と言った、小英国人トム・ブラウンの子供らしい願ひを聞いて、我々はほほゑむ（恰も我々がそんな願ひを抱く年輩を通り過ぎてしまったかのように！。）けれども此の願ひこそ、その上に偉大なる規模の道徳的建築を建て得べき隅の首石であることを、誰が知らないであろうか。最も柔和であり且つ最も平和を愛する宗教でさへこの願求を裏書すると私が言へば、それは言ひすぎであろうか。トムの願ひの基礎の上に、英国の偉大は大半打ち建てられたのである。而して武士道の立つ礎石も之より小なるものでなき事を、我々はやがて発見するであろう」(矢内原忠雄訳、岩波文庫、一九三八年、二七—二八頁)の箇所のヒューズからの引用文は Thomas Hughes, *Tom Brown's Schooldays*, Oxford World's Classics, Oxford University Press, 1989, p. 313〔前川俊一訳『トム・ブラウンの学校生活』下(岩波文庫、一九五二年)、二二六頁〕にある。なお平生は人格教育を第一高等学校にもたらしたといわれる新渡戸に対して奨学生推薦の件が反故にされ「如何に現代の教育者が職業的にして、単に報酬の為に其地位を占め居るものにして国家に対して教育者たるの責任を尽くするのにあらず、また生徒に対しても師父たる親切心あるにあらず」と批判して、結局自ら拾芳会なるものを創設して奨学生を募ることにしたのである(平生『平生釟三郎自伝』三〇九—一〇頁)。
(41) バジル・ウィリー『十九世紀イギリス思想』米田一彦他訳(みすず書房、一九八五年)、六〇—六二、七一—七二頁。
(42) J. A. Mangan, *Athleticism in the Victorian and Edwardian Public School: The Emergence and Consolidation of an Educational Ideology*, (Cambridge University Press, 1981).
(43) 中産階級のパブリック・スクールへの期待については J. R. de S. Honey, *Tom Brown's Universe: The Development of the Victorian Public School*, Millington, 1977. pp.47-103, Terence Copley, *Black Tom: Arnold of Rugby The Myth and The Man*, (Continuum, 2002), p.122.
(44) この点、フィリップ・メイソン『英国の紳士』金谷展雄訳(晶文社、一九九一年)、二三〇—二五七頁。
(45) イートン、ハロー、ラグビーの如き教育の学習院での失敗について平生は報告を受けている(三三・一・二四⑬五八〇)。
(46) 松浦『英国を視る』、二二五頁。
(47) 松浦『英国を視る』、二三六—二三九頁、Peter Parker, *The Old Lie: The Great War and the Public School Ethos*, (Constable, 1987); および平生も現地で会い、リース校を見学することになった池田潔の『自由と規律——イギリスの学校生活』(岩波新書、一九六三年)、四—七頁。
(48) 平生『平生釟三郎自伝』、七二頁。
(49) 『平生釟三郎講演集』、一〇三頁。
(50) 筧田知義『旧制高等学校教育の成立』(ミネルヴァ書房、一九七五年)、六〇頁。

(51) 天野貞祐『教育五十年』(南窓社、一九七四年)、一一―一三頁。
(52) 例えば南原繁も専門的な知識や職業教育に拘束されることなく自由に物を考え、自由に本を読み、人間としての教養を身に付ける制度を一八世紀イギリスの紳士教育を主眼とした高等教育などを模したものとしている(丸山眞男・福田歓一編『南原繁著作集』第八巻、(岩波書店、一九七三年)二一八頁)。南原は別のところでも旧制高校を一八世紀パブリック・スクールと同じと述べているが(丸山眞男・福田歓一編『聞き書 南原繁回顧録』(東京大学出版会、一九八九年)、三七六頁)、何を根拠にしているかは明らかにしていない。ラグビー校、ひいてはパブリック・スクールを紳士教育の場としたとされるアーノルドは一九世紀ヴィクトリア時代の人物である(メイソン『英国の紳士』、二三〇―五七頁)。イートンが蛮カラ校風との世評を得ていたのは二〇世紀初頭でもあった(松浦『英国を視る』、二三六頁)。むろん一六世紀の詩人エドマンド・スペンサー卿が母校マーチャント・テェイラーズ校の紳士教育を謳歌している例もあり、「紳士を作る工場」といわれる契機はすでに存在していた。なおロックが王侯貴族とは異なる紳士のための『教育論』を公表したのは一七世紀末のことである。
(53) 平生が原著で読んでいることは、その引用文によって分かるが、甲南大学図書館に寄贈されたのは、その続編ともいえる*Character*で、これも平生は読んでいるが(一九・二・二③二二一)現在、不明である。なお『自助論』の日本近代史における意義については Earl H. Kinmonth, *The Self Made Man in Meiji Japanese Thought: From Samurai to Salary Man*, (University of California Press, 1981).
(54) 平生『平生釟三郎講演集』、四三頁。
(55) 渡辺浩『日本政治思想史 十七〜十九世紀』(東京大学出版会、二〇一〇年)、一三〇頁。
(56) 二〇世紀にはすでに高等官試験において必ずしも古典重視ではなくなっていることは、オックスフォードにあってグレーツ(古典)に加えるにモダン・グレーツたるPPE(哲学・政治学・経済学)がシラバス上導入された点からも理解可能である。それは一九二〇年のことであって、平生がオックスフォードを訪問したのはその直後と言ってもいい。但しそれを承認しなかったコーパス・クリスティー学寮も存在していたから(マイケル・イグナティエフ『アイザイア・バーリン』石塚雅彦他訳(みすず書房、二〇〇四年)、五一頁)、平生の理解も肯ずることができる。なおケンブリッジについてはS・

コリニー他編『かの高貴な政治の科学――一九世紀知性史研究』永井義雄他訳（ミネルヴァ書房、二〇〇五年）、二九三―三一二頁。
(57) Alan Ryan, *Liberal Anxieties & Liberal Education*, (Profile Bools, 1999), p. 79.
(58) Stefan Collini, *Public Moralists: Political Thought and Intellectual Life in Britain 1850-1930*, (Clarendon Press, 1991), pp.121-196. 竹内洋「教養ある公共知識人の体現者J・S・ミル」J・S・ミル『大学教育について』竹内一誠訳（岩波文庫、二〇一一年）、一七六―七七頁。
(59) 天野貞祐『道理の感覚』（岩波書店、一九三七年）、一六二―一六三頁。
(60) 河原春作「文部大臣としての平生先生」津島純平編『平生釟三郎追憶記』（拾芳会、一九五〇年）、九〇―九一頁。

II

現代に向き合う知の交響

第7章

この三〇年間でこの世界についてわかったこと

物理学科一年生だった時の自分へ

市田　正夫

1　はじめに

高野先生の退職記念出版の話を最初に聞いた時、人文社会系の方はそういうことをされるのかと、純粋に驚いた。大学入学からおよそ三〇年間、どっぷり理系に浸っていた私にとっては新鮮な驚きであった。その時、まさか私にも参加しろ、と誘いがかかるとは思ってもいなかった。執筆の話をいただいた時、戸惑いながらも、いわば「戦友」でもある高野先生のために、と軽く引き受けたが、その後、人文社会系の方々がずらりと並んだ中に、完全に門外漢な私が執筆陣に加わり、一体何のメッセージを伝えることができるのであろうか、と不安になり、また、「そもそも『知的公共圏』って何だ、それをどう『復権』しようというのか」と、一度はお断りをさせていただいた。しかし、今年がまさに、私にとっても大学入学から三〇年目にあたり、一度、初心に帰り、「なぜ、自分が物理を専攻することになったのか」を自問自答し、見つめなおすにはよい機会ではないか、という、きわめて「個人的理由」で、再度、参加させていただくことにした。「『個人的』な退職記念なのだから、『個人的』な理由で、『個人的』な思いを書いてもよかろう」といういわば開き直りである。

さて、私が物理学を専攻するきっかけとなったきわめて個人的な疑問は、「宇宙はどうなっているのだろうか」「宇宙はどのようにできたのであろうか」「宇宙はどうなっていくのであろうか」という、ごくありふれた、しかし、おそらく人類が太古の昔から抱き続けている疑問であった。もちろん、この疑問は大きすぎて、物理を専攻しているとはいえ私の手に負えるものではないし、現在、多くの物理学者がこの問いに答えるべく、日夜研究を行なっているが、完全な解答を誰も持っていない。本稿では、この三〇年ほどで、この宇宙や世界についてわかってきたこと（物理学としてわかってきたこと、および、私が新たに知ったこと）について、いくつか取り上げる。

この、私の「個人的」な駄文が、読者の方々に直接役に立つとは到底思えないし、ましてや、「知的公共圏の復権」に一役を担えるとも思えないが、一種の箸休めとして、軽く読み流していただければ、幸いである。

2　きっかけ

この原稿を引き受けた経緯については先に述べたとおりだが、少しだけ補足したい。私に宇宙についての漠然とした疑問から、さらに踏み込んだ強い興味を持たせるきっかけとなった一つの出来事は、ＮＡＳＡの惑星探査機パイオニア一〇号、一一号（一九七二、一九七三年打ち上げ）とボイジャー一号、二号（一九七七年打ち上げ）が送ってきた木星、土星の鮮やかな映像を目にしたことであった。当時、土星にしかないと思われていた輪が木星にも発見され、土星の輪の構造がより詳細にわかり、それらの惑星にたくさんの衛星が新たに発見されるなど、これまでの太陽系の惑星に対する知識が格段に増加した。その、いわば、惑星探査のフィーバーの中に、少年だった私がいたわけである。技術的には、最近、「はやぶさ2」でも話題となった惑星の重力を用いた探査機の加速、いわゆるスイングバイが、一九七〇年代のこの惑星探査に利用されていた。もちろん、その背景には、物理学（具体的には、エネルギー保存則と運動量保存則）があるのだが、ともかく、子供心に「科学」への興味が芽生えた。

もう一つの大きな出来事（？）は、その時期にテレビ放送されていたカール・セーガンの『コスモス』である。これは、私と同世代の同業者が多く持っている共通の経験であるようだ。星の誕生と死、惑星、分子、原子、生命の誕生と進化、さらには、地球外生命の可能性について当時の最先端の科学を用いて、わかりやすく紹介するものであった。ヘイケガニによる進化の人為選択の説明など、いまでは否定されていることもあるが、多くの内容は、いまだに色あせていない。番組の中で、とくに印象深いのは、銀河系内に人類とコンタクトする可能性のある地球外文明の数を推測する「ドレイクの方程式」であった。すなわちその数は、〈銀河系内で一年間に誕生する恒星の数〉×〈一つの恒星が惑星を持つ確率〉×〈生命の存在する惑星の数〉×〈生命が実際に発生する確率〉×〈知的なレベルまで進化する確率〉×〈星間通信を行なう確率〉×〈技術文明の存続期間〉である。ドレイクによればその数は一〇程度となるが、セーガンは、これらの値のうち、もっとも大事なものは最後の項、〈技術文明の存続時間〉であると、述べていた。当時は米ソの冷戦のさなかにあり、核戦争の危機が現実のものであった。そのような当時の時代背景のなかで、「われわれ人類が孤独にならないためには、知恵を尽くして、平和を保たねばならぬ」と主張していた。これは、現代にも続く、重要なメッセージであり、当時の私にはショッキングなことであった。いずれにせよ、この番組によって、「宇宙と科学との結びつき」や、「科学的に物事を考えること」の大切さを知った。

さらにもう一つ、これは、前述の二つとはかなり異なることであるが、高校生の時に読んだブルーバックスの『ビッグバン』が物理を専攻する最大のきっかけになったように思う。この本で､宇宙の謎を解く道具としての「物理学」が紹介され、その内容のすべては理解できないながらも、すっかり物理学の虜になった。この本の著者は、湯川秀樹が日本人として初めてノーベル賞を受賞したことがきっかけでつくられた、京都大学基礎物理学研究所の所長でもあった佐藤文隆である。京都大学を定年退官後、二〇〇一年に甲南大学理工学部物理学科の教授となったが、同じ年に私も赴任し、憧れの佐藤さんと同僚となったのも何かの縁かもしれない。

3 物理帝国主義と自然科学の階層構造

さて、その佐藤さんは、「私は物理帝国主義者ですから」とおっしゃったことがある。おそらく、本書の読者の誰一人としてこの言葉を聞いたことはないであろう。もちろん、どんな辞書にも載ってはいない。Wikipediaによれば、帝国主義は、「一つの国家が、自国の民族主義、文化、宗教、経済体系などを拡大するため、（中略）他の民族や国家を積極的に侵略し、さらにそれを推し進めようとする思想や政策」とある。これを、物理に当てはめれば、「物理学が、物理学の理論体系や手法などを拡大するため、他の自然科学の領域を積極的に侵略し、さらにそれを推し進めようとする思想や政策」といったところだろう。高校までの理科の教科書は物理、化学、生物、地学とそれぞれ分かれているし、大学の理系学部においても、学科としてそれぞれ分かれている。化学は物質を研究対象としているし、生物はその名の通り生物を研究対象としている。また、地学は地球や天体を研究対象としている。では物理は何を研究対象にしているのであろうか。物理学者の答えは「この世界のすべて」である。物理の分野は、物質の性質を調べる分野（物性分野）と素粒子や宇宙などをとりあつかう分野の大きく二つに分けられているが、どちらも共通の物理学的な手法や論理体系が用いられている。大学の学部においても、低学年時に力学や電磁気学などの基礎的な物理学を学び、高学年や大学院において、より専門的な物性物理学、宇宙物理学、素粒子物理学などをそれぞれ学ぶ。しかし、それらの専門的な物理でさえ、同じような物理モデルや計算手法がしばしば用いられる。その手法や論理体系を物質に拡張すれば、化学で研究されている対象となる。また生物が扱う生命体の営みは、究極には化学で説明されるので、当然、物理でも説明されうる。一方、地学で取り扱う現象も複雑な物理現象にすぎない。そういった意味で、物理は自然科学の分野の中でもっとも基本的であり、したがって万能である。物理学はこの世界の森羅万象を記述する。これが、まさに、物理帝国主義である。

しかしながら、実際は、生命体は複雑すぎて化学だけでは説明できないし、化学が取り扱う物質も物理の手法だけで取り扱うには複雑すぎる。地学についても同様である。したがって、依然として自然科学の各分野は独立して存在しているが、物理学者は心の奥底では物理帝国主義者であり、「(生命をも含む）この宇宙のすべては物理学で記述できる」と考えている。物理学を学ぼうと志した当時の私も、そのことは漠然と感じていたように思う。

4　統一と分割の歴史

ここで、話題が変わって、世界情勢について述べようというわけではない。物理学はまさに、「統一」と「分割」で発展してきた歴史がある。すなわち、物理現象を統一的に記述する理論の構築と、そのために必要な物理対象物の分割化である。本題に入る前に、このことについて少し触れる。「わかってきたこと」を知るためにはその前に「わかっていたこと」を知ることが重要と思われるからである。

アインシュタインが、一般相対性理論を確立し、重力の理論を完成させた後、取り組もうとしたことがある。

それは、重力と電磁気力の「統一理論」である。一見、異なる現象や法則が、実は同じものであり、同じ理論で記述される。それは、ニュートン以来の物理学が辿ってきた道でもある。

ニュートンは一六八七年に『プリンキピア』を出版した。これによって古典力学の基礎が確立され、また、物理現象を数学的に取り扱う手法も確立された。しかし、何よりも重要なことは、地上の物体も天上の天体も、同じ運動法則と万有引力に従って運動していることを明らかにしたことであろう。ニュートンとしては、この世の中のすべてが神による秩序のもとに運動している世界観を示そうとしたようだが、この古典力学によって、天上界は地上界と同じレベルに引きずり降ろされた。天上の星々も樹上のリンゴも、その運動においてはなんら違いがなく、まさに、天上界と地上界は古典力学の下に統一されたのである。この古典力学は、一八世紀にラグランジュによって解析力学として非常に美しくまとめられ理論として完成する。

次の統一はマクスウェルによる電磁気学であろう。すなわち、一見、別のものに見える電気と磁気は実は電磁気として統一的に扱うことができ、そこに、電磁場という概念を導入して、その電磁場が満たすべき四つの方程式を導いた。電場と磁場の現象はすべてこの「マクスウェルの方程式」で記述され、さらに、光は電磁波としてこの枠組みで統一的に記述されることがわかった。

一九世紀までに、古典力学と電磁気学が完成し、この世界のすべてはこれらで記述されると物理学者は考えていた。実際、ラプラスは「ある瞬間の全宇宙の物質（粒子）の力学的な状態と力を知ることができ、そのデータをすべて解析できる知性が存在するならば、この知性にとっては不確実なことは何もなくなり、その後の宇宙の未来もすべて見えるだろう」と述べた。この知性は後に「ラプラスの悪魔」と呼ばれるのだが、たしかに、古典力学と電磁気学（と熱力学）からなる古典物理学においては、未来は決定的であり、物理学も完成したと考えられていた。それらで説明できない実験事実もあったが、それは小さな綻《ほころ》びと考えられていた。しかし、それは決して小さくなく、私たちの世界観に重大な転換を突きつけるものであった。その転換とは、相対性理論と量子力学である。

量子力学によれば、電子のような小さな粒子は波のように振る舞い、その運動は本質的に確率で支配されている。「なぜか？」と問われても、「この世界がそのようにできているから」としか言いようがない。この世界で起こっている現象を矛盾無く記述するためには粒子が波のように振る舞っていると考えることが合理的なのである。ここでは、電場と磁場の波、すなわち電磁波でもある光は光子として粒子のように振る舞う。ここに立ち止まらず、さらに思考を進めると、「力（作用）」は「粒子の振る舞いである」という理解になる。これは場の量子論とよばれ、例えば、「電子と電子の間の電磁力（クーロン力）は光子の交換によって生じる」と考えられる。ここでは、粒子と力が統一的に扱われている。このことは、二人でキャッチボールをしていることをイメージすると理解しやすいかもしれない。二人の間に直接的な力は働かないが、ボールを投げた方はボールからの反作用が、受けた方はボールからの作用を受ける。ボールの存在を忘れてしまえば、二人の間に相互作用が働くように見える。このようにして、「粒子の交換」は「力（作用）」を生み出している。

一方、分割も物理学の発展においては重要なキーワードであり、統一と表裏一体でもあるといえる。古代ギリシャ時代にデモクリトスは、「万物の起源は、分割不可能な原子（アトム）である」と述べた。複雑に見える色々な物も、細かく分割していけば、それ以上分割できない原子からできている、と。この原子論は、その後のアリストテレスの四元素説により、長らく無視されていたが、一八世紀以降にラボアジェやドルトンによって復活する。これは、現代の科学の基礎であり、非常に重要な考え方である。リチャード・ファインマンは「もしも、大異変が起こって、科学的知識が全部無くなってしまい、たった一つの文章しか次の時代に伝えられないとすると、最大の情報を与えるのはどんなことだろうか」と問い、それは、「すべてのものはアトム（永久に動きまわってい

表1　標準模型における素粒子

物質を構成する				力を媒介	質量を与える
クォーク	u アップ	c チャーム	t トップ	γ 光子	H ヒッグス
	d ダウン	s ストレンジ	b ボトム	g グルーオン	
レプトン	e 電子	μ ミューオン	τ タウオン	W Wボゾン	
	ν_e 電子ニュートリノ	ν_μ ミューニュートリノ	ν_τ タウニュートリノ	Z Zボゾン	

る小さな粒で、近い距離では互いに引き合うが、あまり近づくと互いに反発する）からできている」とした[1]。すべての物質は分割していけば、分子に辿りつき、その分子は原子からできている。原子は原子核と電子からなり、原子核は陽子と中性子からなる。元素は陽子の数だけで決まっている。福島第一原発の事故でも問題になっている放射性同位元素は、陽子の数は同じで中性子の数が異なる原子核を持つ原子（同位体）のうちの不安定なもので、崩壊する際に放射線（光子であるγ線、電子であるβ線、ヘリウム原子核であるα線）を出すもののことである。例えば、通常の水素原子は、その原子核は陽子一つであり、重水素は陽子と中性子がそれぞれ一つずつの原子核からできている。これらの水素原子は安定であり、放射線を出さないが、陽子一つ、中性子二つの原子核からできている三重水素（トリチウム）は不安定であり、約十二年で半数のトリチウムが崩壊して、その原子核内の一つの中性子が陽子へと変わり、安定なヘリウムの同位体（陽子二つ、中性子一つ）へと変化する。この際、β線を放出する。このように原子は陽子と中性子でできているが、この陽子と中性子はどちらもハドロンと呼ばれる種類の粒子であり、それはクォークからできている。クォークはそれ以上分割できない素粒子であり、表1に整理している通り、クォークには複数の種類がある。例えば、陽子は二個のアップクォークと一個のダウンクォークから、中性子は一個のアップクォークと二個のダウンクォークからできている。一方、電子はレプトンと呼ばれる種類の粒子であるが、レプトンも

これ以上分割できない素粒子である。また、前述のように、力も粒子であり、やはり素粒子でもある。光子は力を媒介する粒子の例である。素粒子間に働く四つの基本的な相互作用のうち重力を除いた、電磁気力、弱い相互作用、強い相互作用、を記述する「標準模型」と呼ばれる理論では、素粒子は表1のようになっている。標準模型では素粒子は、物質を構成するクォーク、レプトン（それぞれに二系列三世代ずつ）と力を媒介する光子（電磁気力）、グルーオン（強い相互作用）、W／Zボゾン（弱い相互作用）、さらに、質量を与えるヒッグス粒子がある。また、クォークと電荷を持つレプトン（電子、ミューオン、タウオン）には反粒子も存在する。しかし、これですべてではないのである。

分割して辿りついた素粒子の間の力（相互作用）を同じ理論の枠組みで統一的に記述しようというのが、現在も続く物理学の究極の目標の一つである。これら素粒子の間に働く力（相互作用）は重力、電磁気力、弱い相互作用、強い相互作用である。このうち、光子の交換によって発生する電磁気力とW／Zボゾンが媒介する弱い相互作用は、一九六七年にワインバーグとサラムによって統一され、電弱統一理論としてまとめられた。現在、クォークの間に働く強い相互作用を取り込もうという試みがなされている。これがいわゆる「大統一理論」である。さらに重力まで加えた究極の統一理論は非常に難しいとされている。実際、上記の標準模型の表には、重力を媒介すると考えられているグラビトンは入っていない。この節の冒頭に述べたアインシュタインによる重力と電磁気力の「統一理論」の試みは、現在においてもまったく成功していないのだ。

5　科学（物理学）の民主主義と革命

ここで、また話題が変わって、世界情勢について述べようというわけではもちろんない。物理学は、「民主主義」

であり「革命」も常に行なわれているからである。前置きばかり長くなってしまうが、もう少しだけお付き合い願いたい。

「自然法則は近似的である」と前述のファインマンは述べている。[2] 自然を数学という言語で記述し、理解しようとするのは人間である。物理学者は自然・宇宙を理解しようとして実験を行なうのである。したがって、知識はすべて実験によって検討され、間違っていれば置き換えが行なわれなければならない。そこに、権威や権力者がいてはならない。実験事実から妥当な仮説が立てられ、それは、多くの物理学者によって客観的に検証され、構成員の合意の下に法則となる。そういった意味で、やはり、「(人間がつくった)自然(を記述する)法則は近似的」であるのだ。近似的であるがゆえに、実験事実として綻びや矛盾が生じた時に革命が起こり、新たな法則が民主的に打ち立てられる。

例えば、「光速度はどこでどのように測定しても一定である」という実験事実は、それまでの古典力学の概念を覆す。電車を光だとし、自動車に乗っている人を観測者とすれば、わかりやすいかもしれない。古典的には、もし、電車と自動車が併走して、ほぼ同じ速さで動いているとすれば、自動車に乗っている人は電車がゆっくり動いているように見える。しかし、これは、光では成り立たない。どんなに速い速度で観測者が移動していようが、光速度は常に一定なのである。古典力学の常識とは異なる実験事実が出てきたからには、古典力学は何かに置き換えられなければならない。それが、アインシュタインがつくった特殊相対性理論であり、一般相対性理論でもある。時間は一定に流れるのではなく、空間すら曲がっている。

また、「電子のような小さなものは光のように波として振る舞う」という実験事実は、量子という概念を生み出し、その量子の振る舞いを記述するのは古典力学ではなく量子力学である。我々の身の回りにあるすべてのものを構成しているモノが我々の日常の常識と異なる原理に従って振る舞っているのである。佐藤さんによれば、

「多くの不思議はあなたの未練にすぎない」のだそうだ（佐藤さんに確認したところ、オリジナルはファインマンの言葉で The paradox is only a conflict between reality and your feeling of what reality ought to be.）。古典力学に対する常識を打ち破り、相対性理論をほぼ一人で作り、量子力学の形成にも重要な寄与をしたアインシュタインのような大科学者でさえ、その未練からは逃れがたく、後に述べるように「神はサイコロを振らない」という言葉を残し、量子力学の研究の中心から退場した。もっとも、その過程で人々の量子力学に対する議論と理解は深まり、また、アインシュタインが提起した問題は、現代においても根本的な解決はなされておらず、さらには量子コンピューターといった技術として蘇りつつあるのではあるが。現在、常識と思われている量子力学の概念も、いつかそれを覆す実験事実が出てきて、置き換えが行なわれるかもしれない。しかし、置き換えが行なわれたとしても、古い理論の枠組みが使えなくなるわけではない。例えば、現在でも古典力学は多くの運動について正しい結果を与える。古典力学は相対論的力学において光速度を無限大にした近似として正しいし、量子力学において量子を考える際に出てくるプランク定数をゼロにする近似として正しい。自動車の運転に相対性理論や量子力学を考慮する必要はない。ただし、自動車の運転をサポートするナビゲーションシステムには位置決めのためにGPS衛星が使われているが、正確な位置を決めるために一般相対性理論的な補正が行なわれているし、そのエレクトロニクスには量子力学的な原理に基づいて作られている電子デバイスが使われている。

6　三〇年間にわかってきたこと

さて、前置きが長くなってしまったが、この三〇年の間にわかったこと、確認されたことについて、いくつか述べたいと思う。

トップクォーク、ヒッグス粒子の発見

標準模型における素粒子は先の表のようにまとめられているが、この表の中には三〇年前には発見されていなかったものがある。それは、一番質量が大きいとされていた「トップクォーク」と、素粒子に質量を与える粒子と考えられている「ヒッグス粒子」である。素粒子の実験では、巨大な加速器で電子や陽子などの粒子を加速し、高いエネルギーを持たせ、それを衝突させることによって起こる反応を解析する。質量とエネルギーはアインシュタインのもっとも有名な式、$E=mc^2$によって結びつけられ等価なものであるため、衝突によって発生する粒子は、衝突させる粒子のエネルギーに依存する。一方、粒子を高いエネルギーに加速するには、莫大なエネルギーとともに巨大な加速器施設が必要なため、困難になっていく。トップクォークもヒッグス粒子も大きな質量を持つため、最近になるまで観測できなかった。トップクォークは一九九五年に、ヒッグス粒子については二〇一二年にようやく発見され、標準模型における素粒子の表が実験的に確かめられた。

ここで、ヒッグス粒子について、少しだけ説明したい。「元々、素粒子には質量がなく、ヒッグス粒子（機構）によって発生する」と言われても、ピンと来ないであろう。例えば、我々が人ごみの中を歩くと、自由に歩き回っている時に比べて、動きにくい。この動きにくさは物理学においては慣性質量として表される量であり、どの程度動きにくくなるかでその質量が決まる。標準模型で考えられているヒッグス機構は、いわば、ヒッグス粒子の海の中を素粒子が運動しているようなもので、その素粒子は、その種類に応じて、ヒッグス粒子から抵抗を受ける。この抵抗が質量の元になっていると考えられている。なお、光子はヒッグス粒子からの相互作用を受けないため、質量がゼロであると考える。

ダークマターの証拠

前述の佐藤さんの三〇年以上前の著書『ビッグバン』にも、「見えない幻の物質が重力を支配」するとして、見えない質量の存在が紹介されている。宇宙は大局的に見れば均一で、星は一様に散らばっているように思えるが、実際はそうではない。星（この場合は恒星であるが）は銀河という集団をつくるが、この銀河もさらに銀河団という銀河の集団をつくっている。宇宙の観測が発展するとともに、宇宙には銀河団の分布にもムラがあることがわかってきた。これは大規模構造と呼ばれているものであるが、このような構造はどのようにしてできたのであろうか。また、銀河自身の回転運動を考えると、見えている星だけではない、もっと大きな質量がないとその運動を説明できないことがわかっていた。この見えない質量は現在ではダークマターと呼ばれている。最新の研究では、宇宙全体のエネルギー密度のおよそ四分の一がダークマターであるとされている。このダークマターは、二〇〇〇年代に入ってから、巨大な質量が存在するとその質量によって光が曲げられ、その背後にある銀河などの形が歪んで見えるという重力レンズ効果によって間接的に調べられ、その存在が明らかにされた。大規模構造の形成にもダークマターが関わっていると考えられている。

宇宙の年齢

元々、この宇宙は定常的なものと考えられていた。アインシュタインですら、「宇宙に始まりがあった」とは考えず、そのため、一般相対性理論で導出した重力方程式に、宇宙を定常的に保つための宇宙項と呼ばれる項を付け足すほどであった。しかし、ハッブルによる宇宙膨張の観測事実が、「宇宙に始まりがあった」ことを決定づけた。アインシュタインは、自ら導出した方程式に宇宙項を付け足したことは、「人生最大の過ちであった」

と語ったそうだ。しかし、その後、この宇宙項は別の形で現れることになる。宇宙がビッグバンから始まったことについては、もはや疑いようのない事実であるが、本当のところはもう少し複雑である。それはともかく、この宇宙は、今から約一三八億年（少し前まで一三七億年とされていて、そういったタイトルの有名な本もあるが、その後の研究成果を元に二〇一三年に一三八億年とされた）前に、時間も空間もない真空の状態からいきなり誕生し、それが爆発的に膨張してきたとされている。誕生時の高温状態の名残が現在は宇宙背景放射（宇宙のどこからも一様にやってくる約三K（摂氏マイナス二七〇度）のエネルギーに相当する電波）として観測されている。また、この宇宙背景放射の精密測定によって、非常にわずかながら温度（エネルギー）の分布に揺らぎがあることがわかり、それが、この宇宙の大規模構造や銀河などをつくった宇宙初期の「種」であることがわかってきた。

宇宙の加速膨張とダークエネルギー

ビッグバンではじまった宇宙は膨張しているが、この膨張はいつまで続くのであろうか。例えば、ボールを地面から上に向けて投げると、始めはボールは地面からどんどん離れていくが、その後は二つのケースが考えられる。もし、ボールの初速度が小さければ、ボールは減速を始め、ついには上空で静止し、その後は下に向かって落ち始め、やがて再び地面に戻ってくる。ボールの初速度を増やしていくと、到達できる地面からの高さがどんどん高くなる。ボールの初速度をさらに増やしていくと、やがて、地球の重力を振り切って、地球から遠ざかり続ける。ビッグバン宇宙の場合も同様で、ビッグバンのときのエネルギーが宇宙全体の質量による重力のエネルギーよりも小さければ、やがて宇宙の膨張は止まり、その後は収縮を始めて、また再び一点に集まる。一方、ビッグバンのエネルギーが十分に大きければ、重力では宇宙を閉じ込めることはできず、永遠に膨張を続ける。これらは、全宇宙の質量がわかればどちらかに決めることができる。これが、かつての宇宙の理解であった。しかし、Ia型と呼ばれるほぼ同じ明るさで輝く超新星の観測から、この宇宙の膨張速度が加速している可能性が示された。上に投げたボールが減速せず、加速して地面から離れていっているのだ。物体を加速させるには何らかのエネルギーが必要であり、これが、ダークエネルギーと呼ばれるものである。ここに至って、アインシュタインが取り下げた宇宙項は、ダークエネルギーという形で復活することになる。なお、最近の研究（二〇一三年）では、宇宙のエネルギーに占める割合は、原子等の通常の物質が四・九％、ダークマターが二六・八％、ダークエネルギーが六八・三％とされている。

ニュートリノの質量の発見

昨年（二〇一五年）のノーベル賞でも話題になったが、ニュートリノに質量があることがわかった。実は、標準模型ではニュートリノには質量はないとされている。しかし、実際には非常に小さいながらもニュートリノには質量があることがわかったのだ。そういった意味でも、標準模型は拡張される必要があることが確実となった。では、このニュートリノの質量は、謎の質量であるダークマターであろうか。実験事実としては、ニュートリノの質量だけでは観測されているダークマターの質量には足りないこともわかっている。

7　まだまだわからないこととその向こう

この三〇年で宇宙についてわかってきたことが増えた一方で、いまだに残る謎や、新たに増えた謎もたくさんある。知の領域が拡大すればするほど、新たな未知の領域が発掘されるのである。

標準模型の拡張

これまで、この世界を記述する理論として非常に成功してきた標準模型であるが、ニュートリノの質量の発見により、標準模型に拡張が必要なことが確実になった。また、その存在が確実視されているダークマターやダークエネルギーは対応する素粒子がわかっていない。さらに、そもそも重力はこの枠組みには入っていない。これらを解決するために、超対称性理論が考えられている。表1には標準模型における素粒子がまとめられているが、素粒子には性質の異なる二種類の粒子がある。物質を作るクォークとレプトンはフェルミ粒子と呼ばれ、「同じ座席（状態）には一人しか座れない」という我々の常識に近い性質を持っている。だからこそ、この物質世界は壊れずその形を保っていられるのである。一方、力を媒介する粒子はボーズ粒子と呼ばれ、光はいくらでも重ねることができるように、「ボーズ粒子はいくつでも同じ状態に入ること」ができる。表にあるこれらの素粒子とペアになる「性質が異なる」粒子（フェルミ粒子にはボーズ粒子、ボーズ粒子にはフェルミ粒子）があるとするのが超対称性理論である。これらの粒子がダークマターかもしれない。現在までに、素粒子とペアになっている超対称性粒子は見つかっていないが、これらの謎を明らかにするために、現在よりもさらに高エネルギーの加速器実験が計画されている。その加速器施設（国際リニアコライダー：ＩＬＣ）は日本の北上山地が建設候補地になっている。

重力を含んだ統一理論

物質をつくる最も基本粒子である電子やクォークに大きさがあることは自明ではない。標準模型ではどちらも大きさがない「点」であると考えられている。大きさがないものでこの世界ができているというのは、不思議であると感じるかもしれないが、それはやはり佐藤さんが言うところの「未練」であろう。身の回りにあるものは分子が配列された物質であるし、分子は原子が結合したものである。原子の大きさは原子核の周りにある電子の広がりの大きさである。これらは電子や原子核そのものの大きさとは関係ないのである。そもそも、我々が見て触っているものは、我々はどのように見て触っているのであろうか。物を見るのは光を見ているし、物を触っているのは対象物との電気的な相互作用である。相互作用を通じてしか、物の大きさを調べることはできない。大きさを考えることはその大きさの中に内部構造を考える必要があるが、それ以上分割できない素粒子には内部構造はありえない。そこで、素粒子には大きさはないと考える。しかし、素粒子を点ではなく「ひも」であると考える理論がある。それが超ひも理論である。さらに、ひもが輪になり膜をつくっているという考え方もある。これらの理論では、ひもや膜の伸び縮みや振動によってさまざまな素粒子がつくられているとされている。これらの理論に基づいて、重力まで含んだ「統一理論」がつくられるかもしれない。ただし、これらの理論では、我々が存在するこの時空が三次元空間と時間を加えた四次元時空ではなく、一〇次元時空間であるとされる。我々が認識できない残りの六次元は、非常に小さいサイズに押し込められていると考えられている。

重力波とグラビトン

アインシュタインの一般相対性理論によれば、重力は質量がつくる空間の歪みであるが、それが波動となって光速で空間を伝播する「重力波」が予言されている。重力波は原理的には質量が加速度運動をすれば発生するが、その空間の歪みは非常に小さいため、検出されるためには、ブラックホールや中性子星などの相対論的な星の合体や、超新星爆発など、巨大な質量の天体が関わる現象が必要と考えられている。また、ビッグバン後の宇宙の急速な膨張の際に発生したとも考えられている。しかし、現在までに観測には成功していない(3)。日本でもニュートリノに質量があることを観測した装置がある岐阜県の神岡鉱山の地下に検出施設（ＫＡＧＲＡ）が作られ、現在、観測に向けて実験中である。

電磁場における波は電磁波であり、光子でもある。この光子は電磁気学的な力を媒介している。同じように、重力場における波が重力波であるが、これは、重力を媒介するグラビトンでもあると考えられる。グラビトンもまた未発見である。

量子力学的多世界宇宙

アインシュタインは最後まで量子力学に納得しなかった。量子の振る舞いは量子力学で記述されるが、それは本質的に確率として記述される。「神はサイコロを振らない」という彼の主張はそのことを端的に表現したものである。例えば、サイコロを振って出る目は確率で決まる。もちろん、サイコロが振られるのも物体の運動であるので、その出る目も原理的には古典力学で記述しうるが、その運動は複雑すぎるために出る目は確率で表現される。今日の降水確率は何％というように、決定するための情報が足りない場合には、現象を確率的に表現する。物理学においても、非常に多数の粒子を扱う統計力学ではその多数の自由度をすべて取り扱うのをやめて確率事象として取り扱う。しかし、量子力学における確率解釈は根本的に異なっている。量子の振る舞いにおいては、確率は本質的であり、「神はサイコロを振っている」のである。しかも、複雑すぎて情報が足りないために確率で表現するのではなく、量子の振る舞いは確率でしか表現できないのだ。現実世界では、確率で表される可能性のうちのどれかが選ばれる。では、選ばれなかった可能性はどうなったのであろうか。量子力学的な多世界解釈では、この世界で選ばれなかった可能性を選んだ別の世界があると解釈する。このようなＳＦ的なことも一つの仮説として考えられているのである。

観測の問題と量子相関

量子力学では例えば電子の位置も波動関数という状態を表す関数で確率（正確には確率振幅で、その二乗が確率）によって表現される。しかし、実際に観測すれば、ある場所に確定される。どこに存在するか確率でしかわからなかった状態から、観測によってある位置に決定される。これは波動関数の収縮と呼ばれる現在の量子力学での解釈（コペンハーゲン解釈）である。いつどのように波動関数の収縮が起こるのかは今の量子力学では説明できない。これは観測の問題と言われている。これは、「シュレディンガーの猫」として知られている。また、ミクロな現象を記述する量子力学がマクロな状態を記述できるのか、という問題がある。ある原子がある確率で崩壊するとき、時間的に崩壊しているかどうかは波動関数で表現される。この原子を観測していないときには、原子の状態は、崩壊していない原子と崩壊している原子の「重ね合わせの状態」になっている。これはミクロな原子の状態を完全に記述している。ここで、ミクロとマクロをつなぐと不思議な状態をつくり出すことができる。例えば、原子が崩壊すると毒ガスが出る装置と生きた猫を一緒に箱の中に入れ、外からは中の猫が観測できないようにする。さて、箱の中の猫は生きているのであろうか、それとも毒ガスにより死んでいるのであろうか。箱の中を確認していない時には、量子力学的には原子と同様に、生きている猫と死んでいる猫の「重ね合わせの状態」になる。また、箱を開ければ猫の生死は確認され、猫の生死は確定する。それが波動関数の収縮になる、というのだ。量子力学の基本的な方程式であるシュレディンガー方程式に名を残すほど量子力学の成立に大きな貢献をしたシュレディンガーもまたアインシュタインと同様に量子力学を不完全なものとして、このような問題を提起した。この問題に対する完全な説明も現在の量子力学にはないが、最近では、この「重ね合わせの状態」を利用した、量子コンピューターが考案され、実際に量子計算も行なわれている。量子計算では、因数分解や「巡回セールスマン問題」などの現在のコンピューターが苦手とするような時間がかかる計算も、非常に早くなされると期待されている。

EPR状態と非局所性

量子力学の不思議さはさらに奥が深い。アインシュタインは量子力学の不完全性を示すために、「アインシュタイン・ポドルスキー・ローゼン（EPR）のパラドックス」を考えた。例えば、箱の中に粒子が入っていて、この粒子は箱の右側にいるか左側にいるか二種類の状態を取るとする。箱の中を観測していない時には、この粒子の状態を表す波動関数は右にいる状態と左にいる状態の重ね合わせの状態になっている。次に、ある時刻に箱の中を見ないまま中央に仕切りを入れる。仕切りが入っても中を観測していないので、粒子はやはり、右にいる状態と左にいる状態の重ね合わせになっている。この箱を仕切りのところで中を観測しないまま半分にして二つの箱にして、それらを遠くの別々の場所に分けておく。このときも、中を観測していない状況では、右箱も左箱も粒子が入っている状態と粒子が入っていない状態の重ねあわせになっており、しかも、それらの状態には相関がある。もし、右箱に粒子が入っていたら左箱には粒子が入っていないからである。ここで、右箱を開けて中を観測したとする。もし、この右箱に粒子が入っていれば、右箱は粒子が入っている状態へと波動関数の収縮が起こる。しかも、同時に、左箱は粒子が入っていない状態であることが確定する。すなわち、右箱での観測が、遠く離れた左箱の状態に影響するのだ。これは、「何物も光速を超えて伝わることはない」という相対性理論を破ることになる。よって、量子力学は不完全であり、隠された変数があるのではないか、というわけである。しかし、実際には、量子力学はこのような局所性を破り、実験的にも「非局所的な量子もつれ状態」（エンタングル状態）が起こっていることがわかっている。ファインマンは「量子力学を本当に理解している人はいない」と言ったそうだ（ファインマンの著書 *The Character of Physical Law* の中の言葉。I think I can safely say that nobody understands quantum mechanics.）。しかし、わからなくても使えるものは使うというのが工学的な考えであり、この非局所的な量子もつれ状態は、量子情報の分野の基礎になっている。「不思議さ」という我々の「未練」を超えて、科学・技術は進んでいるのだ。

8　おわりに

幸か不幸か、この世界の因果律により、三〇年前の自分にこの駄文を読ませることはできないが、読めばきっと楽しんでくれたと思う。少なくとも、書いた本人は、改めて、「物理は楽しい」と再確認できた。問題は、物理を専門としない読者がこれを読んで、「物理は楽しい」と思ってくれたかどうかだが、所詮、本稿は「個人的理由」で書いた文書であるので、気にしないでおくことにしよう。この程度で語れるほど「物理学」は浅いものでもないことだし。「こんな分野もあるのだな」あるいは「思ってた物理と違うな」など、それぞれで感じていただければそれでありがたいと思う。私自身もこれからも、「物理学」の一ファンとして、物理学を楽しんでいきたいと思う。

注

（1）ファインマン／レイトン／サンズ『ファインマン物理学（Ⅰ）』坪井忠二訳（岩波書店、一九六七年）、四頁。
（2）ファインマンほか『ファインマン物理学（Ⅰ）』、二頁。
（3）二〇一六年二月にアメリカのグループが重力波を直接観測したと発表した。観測された重力波は、一三億光年先の二つのブラックホールが合体して一つのブラックホールになった際に放出されたと解析されている。

第8章

公共性とは何だろうか

経済学が考える「私」とは別のもの

寺尾　建

二つの誤り。一、すべてを字義的に解すること。二、すべてを精神的に解すること。[1]　―パスカル

私が想像するに、大部分の人たちは、自分の知性をなおざりにしているために、それぞれ自分なりに到達しうる地点のはるか手前までしか到達していません。[2]　―ロック

理性の公的な利用だけが、人間に啓蒙をもたらすことができるのである。[3]　―カント

1　「金は天下の回りもの」

「金は天下の回りもの」――経済や経済学については何も知らないという人であっても、この言葉を目にしたり耳にしたりしたことがないという人は、さすがにいないだろう。

世の中には、「至言」「名言」「格言」「金言」などと呼ばれるものが多々ある。手元の辞書によると、「至言」とは「事物の本質を適切に言い当てている言葉」、「名言」とは「確かにそうだと感じさせるような、すぐれた言葉」、「格言」とは「人間の生き方・真理・戒め・武術・相場・商売などの真髄について、簡潔に、言いやすく覚えやすいかたちにまとめた言葉」、そして、「金言」とは「金のように価値の高い言葉」というように、趣旨は同じながらも、それぞれ微妙に異なる意味合いをもつものであるらしい。

「至言」「名言」「格言」「金言」――これらのなかには，誰がそれを初めて口にしたのかが不明であるものも少なくない。その原因として考えられることは、一つには、文字による記録が残されていないということであり、また一つには、古来多くの人が似通った内容のことを似通って表現してきているために、「著作権」を設定できないということである。このことから、そのような作者不詳の「至言」「名言」「格言」「金言」には、「ことわざ」あるいは「言い習わし」という別の名称が与えられ、とくに区別されている。

そのような「ことわざ」の代表的なものの一つが、「金は天下の回りもの」である。英語の場合には、“Money Comes and Goes”という表現になるらしい。「回る」のと「行き来する」のとでは、喚起されるイメージは異なるものの、いずれにしても、「動く」ということを「金」の本質として捉えているところは同じである。

もっとも、「動く」とはいっても、「金」が自ら勝手に動くなどということは、それがテーブル・マジックでもないかぎり、絶対に起こったりはしない。というよりもむしろ、テーブル・マジックの場合も含めて、「金」が「動く」のは、それを「人」が動かしているからである。この事実を人々に忘却させてしまうイメージを喚起するという点で、つまりは、経済活動を行なっているのは「金」ではなくて「人」であるという基礎的な事実を人々に忘却させてしまうほどの強い効力をもっているという点で、人口に膾炙している「金は天下の回りもの」という表現は、実は有害である。

というのは、実際、右のようなことをわざわざ指摘しても、次のようなエピソードが広く知られると、多くの人々はおそらく、「人」ではなく「金」のイメージを思い浮かべながら、「やっぱり、『金は天下の回りもの』だ！」と異口同音に叫ぶのではないかと思われるからである(4)。

いまから約三十年前、一九八〇年代の半ば頃のある日のこと、ある人が買い物をしてレジで支払いをしようと財布から千円札を出したとき、その千円札をふと見ると、「さんまさん！　いつかあなたの手にとどくことをねがってます。大好きです」という文字が書かれていた（ちなみに、紙幣に文字を書くのは、けっして褒められたことではないと思うが、実は、法律で禁じられているわけではない。それに対して、硬貨を損傷したり鋳つぶしたりすることは、「貨幣損傷等取締法」という法律によって罰せられることになっている）。これだけのことであれば特段驚くべきことではないのだが、その買い物の主はなんと、明石家さんまその人だったのである。

明石家さんま氏は、次のように思い、自分宛のメッセージが書かれていた千円札を財布に戻した――「どこかに自分を応援してくれている人がいると思えるかぎり、芸人をやり続けよう」。それから約三十年の歳月が経ったあるとき、彼は、あるテレビ番組で千円札のエピソードを話すことになった。そして、その番組を見ていた人のなかに、「大好きです」のメッセージを書いた本人がいたのである。その後、明石家さんま氏は「大好きです」の本人との対面を果たす。聞けば、「大好きです」の人は、恥ずかしくてラブレターを直接出すなどということはできず、その代わりに「届け！」の思いを込めて、千円札に「大好きです」と書き、それを世に放ったとのことである。果たして、「大好きです」は届いたのである。

ここまで読んで、読者は、「大好きです」の人について、その容姿や明石家さんま氏との感動の対面の様子を想像しているところなのではないかと思うのだが、それほどまでに、この話の本質とは「金」ではなく「人」、いっそう正確にいえば、複数の「人」であるにもかかわらず、この話に要約的なタイトルを付けるとしたときに、誰一人として「金は天下の回りもの」という「ことわざ」を採用したりはしないはずだと断言できるかと問われると、少なくとも筆者には、そう断言するだけの自信はない。

繰り返しになるが、「金」は自分では動かない。「人」が「金」を動かすのである。そして、経済学とは、「金」そのものについての学問なのではなく、「金」を動かすような複数の「人」と、そのような複数の「人」が行なうことの結果とその意味や意義について考える学問なのである。したがって、読者には、この章を読み進めるにあたって、くれぐれも「金」のイメージを思い浮かべないように強くお願いしたい。読者にそのイメージを思い浮かべていただきたいのは、複数の「人」、複数の「私」である。

2 「(神の)見えざる手」

「経済学」と呼ばれる学問がある——本書が存在することをどこかで知り、そして、何らかの理由や目的から実際に自ら手にしてページをめくり、いままさに本章をここまで読み進めた読者は、そのことは、すでに知っていることだろう。もしかすると、読者のなかには、「とはいえ、経済学の中身については実際には自分はほとんど何も知らないに等しいから、この先に書いてあることを、自分は理解できるのだろうか」と不安に思いつつ、本章を読み進めようとしている人もいるのかもしれない。

だが、かりに読者がそのような人であったとしても、「アダム・スミス」という名前を——それがいつどこでのことだったのかということまでは正確に思い出せなくとも——これまでに一度は耳にしたことがあるのではないだろうか。あるいは、「見えざる手（invisible hand）」という言葉を——これもまた、それがいつどこでのことだったのかということまでは正確に思い出せなくとも——これまでに一度は目にしたことがあるのではないだろうか。「見えざる手」という言葉は、アダム・スミスに「著作権」がある。そして、それは、人類の歴史において最も広く知られている、経済に関する「至言」「名言」「格言」「金言」である。
「経済学の父」とも呼ばれるアダム・スミスは、一七二三年にイギリス・スコットランドで生まれた（ちなみに、彼は七七歳で亡くなった）。スミスは、産業革命が進む一八世紀の後半に、「第四次産業革命（Industry 4.0）」と呼ばれる現象が生じている二一世紀初頭の今日まで読み継がれることになる『国富論』を出版した。それは、彼が五二歳のとき、「アメリカ独立宣言」の四か月前のことであった。
経済学の専門書のなかで最も有名であるといってよい『国富論』であるが、そのなかで最も有名であるのは、第四篇「経済学の諸体系について」の第一章「商業主義または重商主義の原理について」に続く第二章「国内でも生産できる財貨を外国から輸入することにたいする制限について」のなかの一節である。

もちろん、かれはふつう、社会公共の利益を増進しようなどと意図しているわけではないし、また自分が社会の利益をどれだけ増進しているのかも知らない。外国産業よりも国内の産業活動を維持するのは、ただ自分自身の安全を思ってのことである。そして、生産物が最大の価値をもつように産業を運営するのは、自分自身の利得のためなのである。(5)

「ＮＰＯ」や「社会起業家」と呼ばれるものが存在する現在、この文章の前段にある「社会公共の利益（public interest）を増進しようなどと意図しているわけではない」という主張は、一般論としては否定されると考える人も少なくはないだろう。あるいは、「ただ自分自身の安全を思ってのことである」「自分自身の利得のためなのである」という主張について、「自分や自分の知っているあの人々は、そうではない」と反論する人もいるだろう。

しかし、それらのことに比べると、「自分が社会の利益をどれだけ増進しているのかも知らない」という主張は、それをただちに否定する例を見つけるのが難しそうである。例えば、「自分が日々やっていることの諸々について、それが社会に対してどのような影響を与えているのかを正確に述べよ」と問われたとき、それに即答できる人は、実際のところ、どれほどいるだろうか。もう少し、スミスの主張に耳を傾けてみよう。

だが、こうすることによって、かれは、他の多くの場合と同じく、この場合にも、見えざる手に導かれて、みずからは意図していなかった一目的を促進することになる。[6]

この主張は、明白な誤りであると即断してよいようにも思われる。というのは、スミスがここで述べているのは、「人は、自分自身の安全や利得だけを考えることによって、社会の利益を増やすことができる」ということだからある。前段と後段の接続の論理的な関係に着目すると、人が社会の利益が増やすことができるのは、「自分自身の安全や利得だけを考えるにもかかわらず」ではなく、「自分のことだけを考えるがゆえに」となっている。いったいぜんたい、そんなことがほんとうにありうるのだろうか。例えば、人々が自分自身の安全や利得だけを考えて自動車を運転するとしたら、交通事故の発生件数は急増するのではないか。だからこそ、「道路交通法」というものがあるのではないか。あるいは、もっと一般的に、人々が自分勝手に何でも好き放題をすることが許されるとき、世の中は混乱と無秩序に陥るのではないか、ひらたくいえば、無茶苦茶になるのではないか。だからこそ、「刑法」や「民法」があるのではないか。[7] あるいは、「私利私欲」という言葉があること自体が、それが他の人々にとって――ひいては社会全体にとって――有害であると人類が共通して理解していることの証左なのではないか。このようなありうる反論を想定して、スミスは、次のように続ける。

かれがこの目的をまったく意図していなかったということは、その社会のほうが、これを意図していた場合にくらべて、かならずしも悪いことではない。自分の利益を追求することによって、社会の利益を増進せんと思い込んでいる場合よりも、もっと有効に社会の利益を増進することがしばしばあるのである。社会のためにと称して商売をしている徒輩が、社会のためにいい事をたくさんしたというような話は、いまだかつてほとんど聞いたことがない。もっとも、こうしたもったいぶった態度は、商人のあいだでは通例あまり見られないから、かれらを説得してそれをやめさせるのには、べつに骨の折れることでない[8]。

どうやら、私たちは、スミスの主張を勝手に拡大解釈してはならないようである。なぜならば、スミスは具体例を示しながら論を進めているわけであるが、それはたんなる「たとえ話」ではないからである。スミスが論じているのは、あくまでも「商売」について、「産業活動」について、つまりは「経済活動」についてである。したがって、スミスの主張においては、「安全（security）」とは、「危険（risk）」と対比される、金銭的な利害得失に関する概念として理解されなければならず、同様に、「利益（interest）」もまた、比喩的にではなく、あくまでも金銭的な意味で理解されなければならない。

しかし、そのように理解したとしても、「自分の利益を追求することの方が、社会の利益を増進しようと意図することよりも、社会の利益が増進されることがある」ということの理路は、ただちには判然としない。これだけではまったくもって意味不明で、直感的には理解しがたい。実際、スミスは、「見えざる手に導かれて」とただ一言述べているだけであり、その理路を示してはいない。だが、そうであるからこそ、それがいったい何のことを指すのか、多くの人が疑問を抱くことにもなり、その結果、数百頁にも及ぶ『国富論』のなかで、わずか一回しか出てこないにもかかわらず、結果的に、「見えざる手」が最も有名な言葉となるに至った。さらに、その後、「神の見えざる手」と、原典にはない修飾までがなされることにもなったわけだが、これらのことは、「見えざる手」が、神の御業と同様の、人の目には深く謎めいて見える「奇蹟」として受け止められたということを示唆しているのだと理解することもできる。そして、そうであるならば、その理路は人にはそもそも理解することができないということにもなり、その結果、「見えざる手」は、人々をして諦念を抱かせることにもなる。なお、「見えざる手」の理路が経済学によって明らかにされるのは、スミスから二〇〇年以上も後になってのことである。(9)
ところで、「見えざる手」はスミスに帰せられるのであるが、スミスがその言葉を用いて述べたのと同じ趣旨のことを、スミスに先立って述べている人がいることが知られている。その人の名は、石田梅岩。江戸時代の京都・丹波に生まれた学者である。梅岩は、その主著『都鄙問答』(一七三九年)で、元来は儒教の概念であり、「民全体」を意味する「士農工商」について、次のように述べている。

士農工商は天下の治る相《たすけ》となる。四民かけては助け無かるべし。四民を治め玉ふは君の職なり。君を相るは四民の職分なり。士は元来位ある臣なり。農人は草莽の臣なり。工は市井の臣なり。臣として君を相るは臣の道なり。商人の売買するは天下の相なり。

ここで述べられているのは、商人が自らの利益を求めて売買をすることは、天下すなわち世の中全体のためになるということである。とはいえ、梅岩もスミスと同じく、商人が自らの利益を求めて売買をすることが「天下」のためになるとなぜいえるのか、その理路を示してはいない。だが、ここでしたいのは、スミスや梅岩の主張が「証明」や「証拠」を欠いていることをあげつらうことではなく、むしろ、その逆のことである。イギリスでは産業革命の後、日本では江戸時代の後半、経済活動が活発に行なわれるようになった世の中において、そこで起こっている現象の本質を、洞察力に優れた人々がまったく同じように捉えたという事実に、私たちは驚嘆すべきである。

3　経済学が考える「公共性」――「私」とは別のもの⑩

さて、ここで、続く論考のために、読者に念頭に置き続けていただきたい、ここまでの議論における主要な論点を確認しておくことにしたい。

まず、「経済」の本質は、「金」ではなく、「人」であるということ。次に、「経済」は、複数の「人」、「私利私欲」をもつ複数の「私」によって担われているということ。そして、複数の「私」の「私利私欲」については、それらが存在し、対立・衝突することで混乱と無秩序がもたらされるということではなく、逆に「経済」「社会」の全体が良くなることの原因とされるということ、そしてそのことは、あたかも「見えざる手」によって導かれているかのようなことであり、個々の「私」にとっては、意図しないようなかたちで、かつ、知りえないようなかたちで実現されるという趣旨の主張がなされているということである。

個々の「私」にとって、意図しないようなかたちで、かつ、知りえないようなかたちで実現されるもののことを、スミスは、「公共の利益（public interest）」と呼んだ。先に、「利益（interest）」について、それは比喩的にではなく、あくまでも金銭的な意味で理解されなければならないと述べたが、ここであわせて、次のことについても考えておくのがよいだろう。すなわち、「利益（interest）」という語は、語源的には、inter［あいだに］＋ est［存在する］であり、したがって、複数の「私」が存在し、それら「私」と「私」のあいだ――「はざま」といってもよい——で生じるものを指すということである。この点に関連して、ハンナ・アレントは、次のように述べている。

例えば、私たちが知っている中でおそらく最も政治的な民族であるローマ人の言葉では、「生きる」ということと「人びとの間にある」(inter hommes esse) ということと、あるいは「死ぬ」ということと「人びとの間にあることを止める」(inter hommes esse desinere) ということとは同義語として用いられた。[11]

アレントのこの指摘をふまえるならば、経済学が問題にする「公共の利益」とは、「私」にとって、意図しないようなかたちで、かつ、知りえないようなかたちで実現され、さらにそれは、「私」と「私」とのあいだに存在するがゆえに、「誰々のものである」ということをすぐに名指して特定することができないようなものだということになる。つまり、「公」とは、たんに「私」とは別の種類のもの、例えば、たんに「私」の外部にあるものだということではなく、あるいは、たんに「私」とは正反対の性質をもつものだということでもない。あるいはまた、「公」とは、複数の「私」が単純に足し合わせられたものでもない。
このことをわざわざ指摘するのは、「公共の利益」もしくは「公益」というのは、一般には、複数の「私」に共通する (common) 利益として理解されている向きがあるからである。たしかに、「公共の利益」や「公益」などについて、その本質がすべての「私」に共通するところにあると理解することは、誤りではないであろう。実際、common としての「公」を理解するにあたって、それについて、「誰のものでもある」がゆえに特定の「誰か」のものであると名指すことはできないことから、「誰のものでもない」という含意を導くことは、たしかにできる。だが、経済の問題としてそれを考える際に重要となってくるのは、その「誰のものでもない」という性質がいったい何に由来するのかということ、そして、それと「私」の活動や行動とがいかなる論理的な関係にあるがゆえに「誰のものでもない」という状態が実現されるのかということである。

経済学が考える「公」とは、「私」がその実現の理路を知りえないようなかたちで、そして、「私」にとっては思いがけない、しかし偶然ではない副次的な結果として実現され、かつ、「私」には属さないようなものとして、「私」との関係において定義される。つまり、経済学においては、「公（public）」とは、すべての「私（private）」が共通して備えるような内的属性としてではなく、すべての「私（private）」のあいだに存在することになるような副産物（byproduct）として理解される(12)。経済学が考える「公共性」とは、このようなものである。そして、非常に興味深いのは、いま考えているような「公」「公共性」の問題と密接に関係することを、アレントが論じていることである。

> もともと「欠如している」privativeという観念を含む「私的」“private”という用語が、意味をもつのは、公的領域のこの多様性にかんしてである。完全に私的な生活を送るということは、なによりもまず、真に人間的な生活に不可欠な物が「奪われている」deprivedということを意味する。すなわち、他人によって見られ聞かれることから生じるリアリティを奪われていること、物の共通世界の介在によって他人と結びつき分離されていることから生じる他人との「客観的」関係を奪われていること、さらに、生命そのものよりも永続的なものを達成する可能性を奪われていること、などを意味する。私生活に欠けているのは他人である(13)。

完全に私的な生活――他者を見ることも他者から見られることもまったくない生活――を送るような「私」は、

他の「私」に働きかける——例えば、何かを売る、あるいは買う——こともなければ、他の「私」から働きかけられる——例えば、何かを買う、あるいは売る——こともない。このような意味での「私生活」を送る者は、その実現の理路を知りえないようなかたちで、そして「私」にとっては思いがけない、しかし偶然ではない副次的な結果として実現され、かつ、「私」には属さないような、副産物としての「公共の利益」を享受することはない。つまり、そのような「私」は、たんに他者との交渉を行なわないという点においてのみならず、副産物としての「公共の利益」を享受することがないという意味で「奪われている」という点においても、他の「私」との客観的な関係をもたないということこそが、アレントが主張していることなのだと理解することができる。このように、「私」と「公」との関係は、実のところ、必ずしも単純ではない。

経済の問題に関係する「公共性」として、人々が真っ先に思い浮かべるのは、おそらく、「公共事業」「公共投資」「公的資金」などであろう。だが、これらの「公共」はすべて official であり、「国家や法に関係するもの」という意味合いをもつにすぎない。[14] もちろん、経済学は、「公共事業」「公共投資」「公的資金」についても考える。だが、official という意味での「公」とは、先に論じたように、「私」の副産物ではなく、たんに「私」とは別の、租税をその原資として活動する主体とそれに関連する問題群を指すにすぎない。もちろん、租税の使途とその効果について、それが「私」にとって意図せざるものであることは少なくはないであろうし、また、それを「私」が知りえないことについても同様であろうが、このことは、先に確認した問題とは別の種類のものである。

ところで、「公」「公共」はまた、official や common ではなく、open を意味することもある。道路・下水道・学校・図書館・病院などの「公共施設」、あるいは「情報公開」のような場合の「公」の本質は、official や common ではなく、open である。それはすなわち、広く多数の「私」が同時に利用できるということである。「公共施設」は、実際には official なかたちで、すなわち、租税を原資とするかたちで政府や公共団体などによって提供されていることが多いわけであるが、「公共施設」の「公共」とは、「公園」の「公」や、国家が占有したり排他的に支配したりすることが禁じられている「公海」の「公」と同じく、「その利用が広く人々に開かれている」ということが、その本質である。その意味では、それが広く普及している現在では、「公開性」という点が強調されることは少なく、そして、「公」「公共」というような語が当初から冠されることはなかったインターネットもまた、いわば「公共施設」である。

経済学では、open の意味での「公」「公共」の問題についても考える。なぜなら、それが「経済」の問題に深く関係することがあるからである。そこで、このことについて、節をあらためて論じることにしよう。

4　公共財（public goods）はいかなる意味で「私的」ではないのか

経済学において、「公共財（public goods）」とは、その利用において、対価を支払わずに利用しようとする「私」を排除することができず（このことを「非排除性」という）、かつ、特定の「私」が利用することによって他の「私」が利用することが妨げられることがない（このことを「非競合性」という）財のことをいう。このような意味で、「公共財」は、複数の「私」の利用に対して open であるという性質を有する。

例えば、キャンディーは公共財ではない。（はなはだ理不尽なことではあるだろうが）「白いシャツを着た人にはキャンディーを売らない」ということは、（何のためにそんなことをするのかは別にして）可能である。そして、かりにその人のイニシャルをK――こう聞いて、教養のある読者は漱石の『こゝろ』をすぐに思い浮かべてもらっても、もちろんかまわないのだが、ここではやはり、この本が捧げられているその人について思いを馳せていただきたい――として、Kがキャンディーを食べたなら、T――筆者のイニシャルである――は、そのキャンディーを食べることはできない。このような財は世の中にありふれており、専門用語をわざわざ用意する必要はないとも思われるのだが、「公共財」と区別するために、経済学においては、「私的財（private goods）」と呼ばれている。先のアレントの議論を参照しつつ述べるならば、「私的財」とは、「奪うｰ奪われる」という関係が常に成立する財であるといってもよい。

それに対して、「公共財」は、「奪うｰ奪われる」という関係が成立しない財である。例えば、灯台の光は、特定の船舶だけにそれを視認させないようにすることはできない（非排除性）。また、ある船舶がその光を視認したからといって、そのことは、他の船舶が同じ光を視認することを妨げはしない（非競合性）。

ここで正確に理解することが重要なのは、「私的財」と「公共財」との違いは、財やサービスの物理的な性質と密接に関係はするものの、財やサービスの物理的な性質は「私的財」と「公共財」との違いを生み出す根本的な要因ではないということである。「私的財」と「公共財」との違いは、財やサービスの物理的な性質ではなく、それを「私」が利用する形式から生じる。たしかに、その利用形式が財やサービスの物理的な性質によってほぼ一義的に決定されることはある。しかし、あくまでも、「私的財」と「公共財」とは、その利用において、特定の「私」をいわば門前払いすることができるか否か、そして、「私」が他の「私」を押しのけることになるか否かということによって区別されるのである。

「公共財」の最たるものは、空気である。地球上で、ある特定の「私」だけに対して、空気を吸わないようにすることはできない。また、地球上で、「私」が空気を吸うことで、他の「私」が空気を吸うことが妨げられるわけではない。

ところで、誰でも知っているように、空気は無料である。そして、空気が無料であるという事実から「空気は、地球上に大量に存在するために無料なのである」という理解をしても何の問題もなさそうである。だが、経済学の立場からすると、実は、そのような理解は正確さを欠く。例えば、地球上には、水も大量に存在する。しかし、水は無料ではない。上水道の利用に関していえば、ある特定の「私」に対してその利用を禁じることは可能である。また、他の「私」が利用することによって、「私」の使用するシャワーの水圧が下がるというようなこともある。あるいは、スーパーやコンビニで売られているペットボトル入りの水は、無料ではない。ペットボトル入りの水は、「私的財」である。これらのことをふまえると、空気が無料であることの本源的な理由は、それが大量に存在することにあるのではなく、「私」にとって、排除性がなく、また、他の「私」とのあいだでの競合性もないという、その利用形式にあることが理解されるであろう。

「公共財」は、一般に、その利用における排除性と競合性とが存在しないことが原因となって「私的財」と同じようなかたちで値段をつけることがきわめて困難となるために、結果的に無料ということになるにすぎない。事実、大気汚染が深刻な中国では、最近、カナダ・ロッキー山脈産の「空気入りボトル」が飛ぶように売れているらしい。ボトルに詰めれば、排除性と競合性が生じる。空気も「私的財」になりうるのである。

繰り返しになるが、「公共財」「私的財」という区別は、財・サービスの性質によって決まるのではなく、「私」の利用と他の「私」の利用との関係性によって決まる。街中にある公園を利用するときにお金を支払わなくてもよいのは、つまり、それが無料であるのは、本質的には、その面積が広いことに起因するのではなく、公園の利用において「私」と他の「私」とのあいだでの排除性や競合性が設定されていないからである。したがって、街中にある標準的な公園よりもはるかに面積の広いテーマパークでは、その利用において排除性（入口にはゲートが設けられている）と競合性（希望する全員が必ずしも同時には利用できない）とが設定されており、それゆえに、無料ということにはならないわけである。

たとえ大量に存在するものであっても、排除性と競合性が存在すれば、それは「私的財」となり、有料になる。

逆に、わずかしかないものであっても、排除性と競合性が存在しなければ、それは「公共財」となり、無料になる。ここで、「公共財が無料になる」ということは、その利用において非排除性と非競合性が存在するがゆえに、「私的財」のような取引が原理的に成立しえないことに起因する。そして、このことは、「公共財には、私的財のような市場が存在しえない」と言い換えることができる。以上が、経済学の結論である。

右で述べたことを、アレントの議論を念頭に置きながらさらに換言するならば、「私」が専有できるもの、したがって、奪われる可能性があるものが「私的財」であり、「私」が専有はできないもの、したがって、奪われる可能性がないものが「公共財」だということである。アレントによれば、「私的（private）」とは「奪われている」という意味であるわけだが、経済学的には、「私的（private）」とは、「奪われる可能性がある」という意味になる。だが、ここで、「奪われる可能性がある」のは、そもそも「私」がそれを他の「私」から奪っていることに端を発するからなのではないかと考えてみるならば、経済学において「私的財」というときの「私的」とは、アレントの意味での「私的」とほとんど同じであると考えることもできる。

さて、ここまで読み進めてくれた読者は、いささか奇妙なことが生じていることに、お気づきだろうか。考えたかったことは、経済学が考える「公共性」である。しかしながら、「公共性」についての理解を深めるべく考えを進めていくと、「私」と他の「私」との関係についての問題が、その基底にあることが明らかになったのである。

つまり、ここまでの議論によって、「公共性」とは、たしかに「私」とは別のものなのであるが、そのことは、「公共性」が「私」と無関係であることを意味するのではなく、むしろその逆、「公共性」は「私」と密接に関わるものであるということが明らかになったのである。つまり、スミスの「見えざる手」についての議論においてもそうであったのと同様に、ここまでの論考によって、「公」についての理解は、「私」についての理解と切り離せないことが明らかになったわけである。

冗談で言うつもりは毛頭ないのであるが、もしも、「公」についての理解が「私」についての理解と本源的に切り離せないのであれば、「人間とは本質的に公私混同をする生き物である」という主張も、少なくとも反証可能な仮説として受け容れるに値するようにも思われる。とはいえ、この仮説の妥当性を詳細に検討することは筆者の力量を超えているので、ここでは、「公共財」に関して経済学がこれまでに明らかにしている別の問題について、節をあらためて詳しく論じることにしたい。

5　「公共財」はなぜなくならないのか

身の回りを素朴に観察することだけによって判別するならば、「公共財」とは、有用で価値がある財やサービスであるにもかかわらず、その入手や利用にあたって、「私」がいちいち支払いをする必要がないようなもののことである。そして、世の中を少し見渡せば、「公共財」の種類と数は、「私的財」のそれと比べると圧倒的に少ないことに、誰でも気づくはずである。それでは、「公共財」は、なぜその種類が少ないのだろうか。

すぐに思いつくことは、「私」が利用するにあたって他の「私」の利用を排除したり制限したりする技術が開発されることによって、「公共財」を「私的財」に転換することができるからだというものである。例えば、高速道路や自動車専用道路は、料金所の存在によって「排除性」が担保されるために、一般道路とは異なり「私的財」となっているのだと考えることもできる。

このように考えていくと、歴史を振り返り、技術の進歩とともに「公共財」の種類や数は少なくなってきているという話があったり、未来を予想して、「公共財」は、遅かれ早かれ、この世界には一つも存在しなくなるはずだという話があったりしてもよさそうなものなのだが、実のところ、そのような話は存在しない。すぐ後に明らかになるように、技術が発達して、その利用をどれだけうまく排除したり制限したりできるようになっても残る、「公共財」に特有の——というよりも、「私」に特有の——問題が存在するために、すべての「公共財」を「私的財」に転換することは、きわめて困難なのである。

この問題について検討するために、次のようなことを仮想的に考えてみよう——高速道路は有料であり、その入口や出口には、利用料金を専用の機械に投入することではじめて開くゲートを備えた無人の料金所がある。ただし、その利用料金は、それぞれの「私」にとってのそのときどきの高速道路の必要度に応じて設定される。つまり、高速道路の利用者は、「お志だけで結構です」というような、神社での「お賽銭」のような方式で利用料金を支払い、「お賽銭」もしくは「お志」がない場合には、ゲートは開かない——もしもこのようなことになったとしたら、高速道路ではいったいどんなことが起こるだろうか。おそらく、ほんとうに「志」のある人を除くすべての「私」たちは、一円玉（ちなみに、一円玉を製造する費用は、一円よりも高い）を一つだけ投げ入れ、意気揚々とゲートをくぐることになるだろう。高速道路の経営側からすれば、むろん、大赤字である。

読者は、この話の本質が何であるか、すでにおわかりだろう。そう、非排除性を有する「公共財」を、排除性を設定することによって「私的財」に転換しようとするとき、「私」が「嘘」をつく可能性を完全に排除できないという問題が生じてしまうのである。お賽銭方式の高速道路は赤字が続き、改修や補修のための費用も捻出することができず、経年劣化を続け、やがては危険すぎて誰も通行できなくなってしまうであろう。そして、まともな知性の持ち主であるならば、このようなことは事前に難なく予想できるはずであるから、そもそも、高速道路を建設し、それを提供することを生業にしようなどとは考えないはずである。つまり、実際には、お賽銭方式の高速道路は、そもそも建設されず、提供もされない。つまりは、その「市場」は存在しないことになるのである。

ここまでの議論を整理しよう。「公共財」は、財やサービスの利用における「私」と他の「私」との関係性によって定義される。そして、非排除性を有する「公共財」に対して何らかの技術によって排除性を設定しようとするとき、「私」が嘘をつく可能性があるという問題が生じてしまう。それゆえ、たとえ社会的に大きな価値があり有用性の高い財やサービスであったとしても、それを利用する際に「私」が嘘をつくことを完全に封じることができないならば、どの「私」にもそのような財やサービスを提供する合理的な理由はないため、結果として「市場」は存在しないことになる。このような場合、「公共財」は、「私」とは別の、official の意味での「公」によって提供されなければならない――このことが、人類がこれまでに得ている知恵である。それゆえ、道路・下水道・学校・図書館・病院などは「公」によって提供されることになり、「公共財」はなくならないということになるわけである。

現実の世界を眺めたときには、open という意味での「公」と official という意味での「公」と common という意味での「公」とが、いわば「三位一体」となっている。しかし、ここで重要なことは、open / official / common の概念的な相違だけではなく、それらのすべての基底に、「私」と他の「私」との関係――ここでは、それを「社会性」と呼ぶことにしよう――が存在するということである。

聡明な読者は、すでに気づいておられることだろう――そう、スミスの「見えざる手」は、「公共財」については、まったく仕事をしないのである。「公共財」の場合には、「自分の利益を追求することによって、社会の利益を増進せんと思い込んでいる場合よりも、もっと有効に社会の利益を増進する」ということは実現されない。逆に、「公共財」の場合には、「社会のためにと称して商売をしている徒輩が、社会のためにいい事をたくさんしたというような話」が、実際に存在しうるのである。幸か不幸か、「私」が嘘をつく生き物であるかぎり、この世界から「公共財」はなくならないのであり、そして、「社会のために」と称する志ある人もまた——それは、いつの世でも少数派であるのかもしれないが——絶えることがないのである。

「公共財」については、経済学の専門書において詳細な解説がなされているので、これ以上の詳しい話はそちらに譲ることにして、[15]最後に、ほとんどすべての経済学の入門書において「公共財」の例として「知識」が取り上げられていながら、それについては考察がなされていないことをふまえて、本章の最後に、「知識」とその利用の問題を取り上げることにしたい。

6 知識あるいは理性を公的に利用するということ

「知識（knowledge）」とは、最も純粋な「公共財」である。「私」は、他の特定の「私」が何かを知ることを妨げることはできないし（もしもそれが行なわれたとしたら、それは「思想統制」もしくは「洗脳」である）、その逆もまた然りである。また、「私」があることを知ったからといって、それによって、他の「私」がそのことを知ることが妨げられるわけではない。そして、また、このようなことから、「知識」には通常、それを売買の対象とするような市場は存在しない。結果、「知識」は、無料の、人類共通の知的財産とされているわけである（その象徴が、公共施設であることが多い「図書館」である。そして、「大学」もまたそうであると主張したいところなのであるが、世の中には、日曜日と祝日には正門を締め切るようなことをしていながら「大学」を自称しているところもあるので、ここでは差し控えることとしたい）。

右で述べたように、「知識」そのものは純粋な「公共財」である。しかしながら、「知識」を利用すること——あるいは、「理性」を利用すること——となると、話は少し複雑になる。この問題について、カントは次のように述べている。
さて理性の公的な利用とはどのようなものだろうか。それはある人が学者として、読者であるすべての公衆の前で、みずからの理性を行使することである。そして理性の私的な利用とは、ある人が市民としての地位または官職についている者として、理性を行使することである。公的な利害がかかわる多くの業務では、公務員がひたすら受動的にふるまう仕組みが必要なことが多い。それは政府のうちに人為的に意見を一致させて、公共の目的を推進するか、少なくともこうした公共の目的の実現が妨げられないようにする必要があるからだ。この場合にはもちろん議論することは許されず、服従しなければならない[16]。

カントは、いったい何を問題にしているのだろうか。カントが述べているのは、通常そのように理解されているのとは、正反対のことである。すなわち、ある「私」が「学者として」理性を行使することは「公的」であり、それとは逆に、「市民としての地位または官職についている者として」理性を行使することは「私的」だというのである。
これは、カントによれば、次のようなことである。少し長くなるが、重要な議論であるので、そのまま引用することにしよう。

教会の牧師も、キリスト教の教義を学んでいる者たちや教区の信徒には、自分が所属する教会の定めにしたがって講話を行う責務がある。それを条件として雇われたからだ。しかしこの教師が学者として、教会の信条に含まれる問題点について慎重に検討したすべての考えを、善意のもとで公衆に発表し、キリスト教の組織と境界を改善する提案をすることは、まったく自由なことであるだけでなく、一つの任務《ベルーフ》でもある。良心が咎めるようなことではないのである。

　教会の仕事を担う牧師の仕事を遂行する際には、教会の定めにしたがって、自分の名ではなく教会の名のもとで語らねばならない。自分の考えにもとづいて教える自由な権限はない。牧師は、「わたしたちの教会ではしかじかのことを教えています」とか「教会は教養の証明のために、これを証拠として使っています」と語るだろう。そして自分では確信をもって支持できないとしても、教える義務があると判断すれば、教区の信者たちに実践的に役立つと思えるすべての教養を活用するだろう。こうした教えのうちに真理が潜んでいる可能性も否定できないからであるし、内面的な宗教生活に矛盾するものがそこには含まれていないからである。もしも矛盾するものが含まれていると考えるならば、牧師としての職をつづけることはできないはずであり、職を辞すべきなのである。

　だから教会から任命された牧師が、教区の信者たちを前にして理性を行使するのは、私的な利用にすぎない。教区の集まりは、それがどれほど大規模なものであっても、内輪の集まりにすぎないからだ。この理性の私的な利用の場合には、牧師は自由ではないし、他者から委託された任務を遂行しているのだから、自由であることは許されない。ところが同じ牧師が学者として、本来の意味での公衆に、すなわち世界に向かって文章を発表し、語りかけるときには、理性を公的に利用する聖職者として行動しているのであり、みずからの理性を利用し、独自の人格として語りかける無制約な自由を享受するのである(17)。

　ここでカントが問題にしているのは、「私」の「自由」である。牧師であれば教会に、官僚であれば官庁に、教授であれば大学に、それぞれ所属しているわけだが、それらの「私」が「公人」として仕事をする際には、「私」

の固有名ではなく、「牧師」「次官」「教授」などの肩書で、つまり、「牧師として」「次官として」「教授として」仕事をする。そして、通常は、そのような仕事は「公務」であると見なされる。ところが、カントによれば、そのような「公務」こそが「私的」なのである。なぜなら、「公務」を遂行する「私」は、教会や官庁や大学といった「内輪の集まり」の定める規則・規程から自由ではなく、また、それら「内輪の集まり」は、たとえその規模がいかに大きくとも、「世界」そのものではなく、その一部であるにすぎないという意味で「部分的」「局所的」なものだからである。つまり、「私」が、「世界」の一部でしか通用しない約束事や決まり事に従いながら理性を利用して何かを行なうかぎりは、それが何を目的としたどのような内容の活動や行動であろうとも、そのような利用は「私的」なものにすぎないである。そして、そのようなかたちでの理性の「私的」な利用しかしていないのであれば、そのような「私」は「自由」ではない。「世界」そのものに所属する単独者として、自らの固有名において事をなすべく「公的」に理性を使用していないかぎり、「私」は「自由」ではありえない――以上が、カントの主張の骨子である。

したがって、カントが問題にしている「自由」とは、「私」の活動や行動の内容とその目的だけを見ることによって、それが存在するか否かを判別できるような種類のものではない。そしてまた、むろんのこと、カントの意味での「自由」とは、「私」がその所属する「集団」「組織」から離脱することだけで実現されるようなものなのでもない。「集団」や「組織」に所属していなくとも、その固有名によってではなく、肩書の名の下に「私的」に理性を使用するのであれば、要するにそれは、肩書に縛られているにすぎないわけであるから、そこには「自由」はない。

「牧師」「司祭」「教授」「弁護士」「次官」「大臣」「議員」「社長」「学長」「理事長」――このような肩書と固有名との決定的な差異は、いったい何であろうか。それは、外国語に翻訳することができるか否かということである。[18]「牧師」pastor、「司祭」priest、「教授」professor、「弁護士」lawyer、「次官」under secretary、「大臣」minister、「議員」councilor、「社長」「学長」はいずれもpresident、そして、「理事長」board chairmanである。

それに対して、例えば、「清弘」は、その読みに従って表記をKiyohiroとすることができるだけで、けっして外国語に翻訳することはできない。このことをふまえると、カントの主張は、「翻訳可能な名前によって事をなすことが理性の私的利用であり、翻訳不可能な固有名によって事をなすことが理性の公的な利用である」と言い換えることができる。

一見すると、翻訳可能な名前の方が、その通用性・汎用性が高く、したがって普遍性があるように思われる。だが、事実は、逆である。翻訳されずにKiyohiroとそのまま通用することの方が、通用性・汎用性が高く、普遍性があるということなのである。そして、ここでもう一つ見落としてはならないことは、要するに、肩書という「場所」「立場」は、他の「私」で置き換えられる代替可能性があるのに対し、固有名が指し示す「私」は、他のどんな「私」とも代替可能性がないということである。

したがって、ある「私」が、実定的にはどれほど大きな権限や権力を手にしていたとしても、翻訳可能な、かつ、他の「私」との代替可能性をもつ名前である肩書に拘泥しているとき、そのような「私」がどこかしら「狭量」「矮小」――ひらたくいえば、「小物（こもの）」――という印象を与えることには、十分に合理的な哲学的理由が存在するのである。肩書に執着し、肩書に縛られている「私」は、「世界」そのものと対峙することはなく、その所属する「部分」「局所」と向き合っているだけで、理性を「私的」にしか使用できない「不自由さ」に囚われており、「私」が享受しうる自由を享受していないからである。

カントによれば、「啓蒙」がなされていないがゆえに理性を「私的」に利用することしかしない「私」は、「未成年の状態」から抜け出せていない。[19]そして、理性を「私的」にしか使用していない「私」は、所属する「集団」

なり「組織」なりの定める規則に従っているだけなのであるから、自律的ではない、すなわち、「自分の頭」で考えてはいない。

カントによれば、「私」が「自分の頭」で考えるようになるために必要となるものこそが、「啓蒙」である。そして、本章の冒頭で引用したように、「理性の公的な利用だけが、人間に啓蒙をもたらすことができるのである」

7　「自分の頭」で考えるということ

ここまで読み進めてきた読者は、すでに「自分の頭」で考えはじめているにちがいない。そのような読者のために、本章における論考の要点を再度示しておくことにしよう。

「経済」の本質を理解するためには、それが「私」と他の「私」という複数の「私」のあいだで生じる事象であるということを理解することが、何よりも重要である。この「世界」にこの「私」一人しか存在しないのであれば、「経済」は存在しえない。「金」が自ら天下を回ったり、世の中で行き来したりすることなど、絶対にないからである。

「売買」は、「私」と他の「私」とのあいだで行なわれる。そのとき、「私」の利益は、「私」と他の「私」とのあいだもしくははざまに存在する「公共」の場、具体的には、「市場」において生み出される。ただし、この場合の「公共」とは、たんに common という意味だけをもつ「公」ではない。

「私」は、「私利私欲」にもとづいてその利益だけを追求することによってこそ、「私」が意図せざるかたちで、しかし、「私」には知りえないようなかたちで、「公」によいことをすることがありうる（ただし、これは、あくまでも「ありうる」ということであって、いかなる場合でも必ずそうなるということではない）。その意味で、「公」に対して「私」がするよいことは、「私」がしたことの「副産物」である。したがって、「私」がその「私利私欲」にしたがって、「私」のことを最優先にすることは正当化される。

だが、経済学で考える「公」――「私」とは別のもの――は、右で述べたものだけではない。実際、多くの人が想起するはずの、official という意味での「公」とそれに関係する経済の問題がある。だが、そこには、真に重要な哲学的な問題は、ほとんど含まれてはいない。経済学において哲学的な問題が関係してくるのは、open という意味での「公」が関係する問題、具体的には、「公共財（public goods）」の問題である。なぜなら、「公共財」は、財やサービスの利用における「私」と他の「私」との関係性――「社会性」――と深く関係しているからである。

最後に、最も純粋な「公共財」である「知識」の問題に関連して、カントの主張に沿うかたちで、「理性」に関する「公」と「私」の問題について考えた。そこで確認されたことは、「理性」の利用に関する「公私」の問題については、ふつうそのように思われているのとは正反対の主張――他の「私」と置き換えることができない「誰が」を問題とするのが「公的」であり、他の「私」と置き換えることができる「何が」を問題にするのが「私的」というかたちで、「理性」の利用における「公」と「私」を峻別すること――が、カントによってなされているということである。

そして、カントの主張に沿って考えることで明らかになったことは、肩書――そこで問題になっているのは、「誰が」ではなく「何が」である――にこだわる人に対して人々がしばしば抱く印象や判断、評価の理由が合理的に説明できるということ、そして、そのような説明の基底にあるのが、「私」をたんに他の「私」に対比させて措定するのではなく、「私」を「世界」そのものに対比させて措定するという「哲学」の原理である。

以上のように、「公共性」の問題とは、本質的には、「私」と他の「私」、そして、それら複数の「私」がそのなかで存在している「世界」の問題である。

さて、ここまできて、勘のいい読者は、すでに次のことにお気づきのことだろう。「私」と対比される他の「私」とは、「私」と同じ時期の同じ世界に生きている他の「私」だけに限定されはしない。他の「私」には、未来の世界において存在するであろう、いまだこの世界に現れてはいない「私」までもが、原理的には含まれることになるのである。

経済問題にかぎったとしても、「私」と同じ時期に生きている他の「私」のことだけを考えるにとどまっているならば、例えば、医療や年金、社会保障、環境など、将来の世代が必然的に関係してくる種々の問題について十分に考察することなどできないことは、読者にも容易に想像できるはずであろう。だが、この問題について論考を進めるには紙幅が足りないようである。世代をまたがる複数の「私」に関わる問題については、別の機会に論じることとしたい(20)。

注

(1) パスカル『パンセ(Ⅱ)』前田陽一／由木康訳(中公クラシックス、二〇〇一年)、五二頁。
(2) ジョン・ロック『知性の正しい導き方』下川潔訳(ちくま学芸文庫、二〇一五年)、一八頁。
(3) カント『永遠平和のために／啓蒙とは何か　他三篇』中山元訳(光文社古典新訳文庫、二〇〇六年)、一五頁。
(4) 以下の叙述をするにあたっては、「三〇年探し続けた女性に会えた！明石家さんまさんが持ち続けた〝奇跡の千円札〟」<http://spotlight-media.jp/article/217861804052032166>というウェブ上に掲載されている記事を参考にした(二〇一六年二月二九日閲覧)。
(5) アダム・スミス『国富論』(大河内一男責任編集『世界の名著三七　アダム・スミス』所収、中央公論社、一九八〇年)、三八八頁。

（6）スミス『国富論』、三八八頁。
（7）ここでは、ありうることとして、「市場」とはまったく異なる仕組みで「法律」が経済に対して直接的に影響を及ぼすことだけが想定されているわけでない。「法律」が「市場」の機能を補完するようなかたちで経済に対して間接的に影響を及ぼすことも十分にありうる。「法律」と「市場」とでは経済に対する影響の与え方がどのように異なるのかという問題に関心のある読者は、例えば、濱野智史『アーキテクチャの生態系――情報環境はいかに設計されてきたか』（ＮＴＴ出版、二〇〇八年）、一四一―一九頁を参照されたい。
（8）スミス『国富論』、三八八―三八九頁。
（9）Kenneth J. Arrow and Gérard Debreu, "Existence of an Equilibrium for a Competitive Economy." *Econometrica* 22(3), pp.265-290 (1954).
（10）この節と次節における「公共財」に関する議論を展開するにあたって、筆者の同僚である市野泰和・甲南大学経済学部教授から多くの有益なコメントと助言をいただいた。また、甲南大学職員の山本樹さんには原稿を丹念に読んでいただき、誤記等の指摘と内容や表現に関する多くの有益なコメントをいただいた。ここに記して感謝する。むろん、残っているかもしれない不正確さや曖昧さ等は、すべて筆者の責任に帰する。
（11）ハンナ・アレント『人間の条件』志水速雄訳（ちくま文庫、一九九四年）、二〇頁。
（12）「見えざる手」をこのように理解することに関心を抱かれた読者は、スラヴォイ・ジジェク『斜めから見る』鈴木晶訳（青土社、一九九五年）、一四九―一五〇頁を参照されたい。
（13）アレント『人間の条件』、八七頁。
（14）以下の議論の展開は、齋藤純一『公共性』（岩波書店、二〇〇〇年）における「公共性」の定義・意義・含意に関する整理に従っている。
（15）公共財に関する専門的な議論について関心のある読者には、矢野誠『ミクロ経済学の応用』（岩波書店、二〇〇一年）、第三章「資源配分の失敗と市場の質の向上」における明快な議論を参照することを強くお勧めする。
（16）カント『永遠平和のために』、一五―一六頁。

(17) カント『永遠平和のために』、一七―一八頁。
(18) ここでの議論は、柄谷行人『探究Ⅱ』（講談社学術文庫、一九九四年）に多くを負っている。
(19) カント『永遠平和のために』、一〇頁。
(20) この問題に興味のある読者は、鈴村興太郎・金泰昌・宇佐美誠編『公共哲学二〇　世代間関係から考える公共性』（東京大学出版会、二〇〇六年）をぜひ繙かれたい。

第9章

競争法・競争政策の現代的意義

経済法への誘い

土佐 和生

1 競争法・競争政策の時代のはじまり

いまや競争法・競争政策の時代がはじまっている。一般に、日本の独占禁止法（以下、「独禁法」という）のように市場における公正かつ自由な競争を妨げる事業者の行為を禁止する法律を競争法といい、この競争を実現しようとする政策を競争政策という。[1]今日の日本では、独禁法は「経済活動に関する基本法」[2]として、経済を規制する法律の総体である経済法の主軸をなすものと位置づけられている。世界的にも、現在、一三〇を超える国・地域で競争法が制定・施行されており、また、それぞれの国・地域が他の国・地域との間に締結する経済連携協定や自由貿易協定などにおいても、企業が競争を妨げる行為を禁止するなど競争の維持・促進に向けた条項が定められることが増えている。[3] このように競争法・競争政策は、たんに日本においてその執行体制が漸次強められているのみならず、経済のグローバル化、市場経済化およびＩＣＴ化の急速な進展のなかで、いまや多くの国・地域と国際社会に広く受け入れられるようになっている。

このことに伴い、各国・地域で、注目を集める競争法違反事件が数多く起こるとともに、各国・地域の競争法の制度と運用のあり方の違いや、競争法を執行する当局（以下、「競争当局」という）の間の協力・連携も、次第に社会に広く認知されるようになりつつある。例えば、自動車用部品のワイヤーハーネスをめぐる民間入札談合等事件[4]では、日本で独禁法を運用している公正取引委員会（以下「公取委」という）に相当する日米欧などの競争当局による調査、そしておそらくこれらの競争当局間での情報交換などの結果、ワイヤーハーネスのメーカー間での価格カルテルが各国・地域での競争法に違反するとして当該違反行為の排除が命じられるとともに、ある違反企業は、日米欧等で、法人として合計七〇〇億円近い行政制裁金および罰金を課せられ、かつ、米国では、日本人幹部が個人として二年の禁固刑を命じられ、加えて、ユーザーとの間の集団訴訟で約一一〇億円の和解金の支払いに応じている。[5] 日本企業に関わる類似の事案は、自動車輸出船の貨物運賃、国際航空貨物サービス料金に係る事件など多数に上る。日本の独禁法では、こうした価格カルテルや入札談合などについて、刑事罰の対象となる重大悪質事案など以外では、原則として当該違反行為を排除する（独禁法七条）とともに、当該行為の実行期間中の当該商品の売上額に原則一〇％の課徴金を課する（独禁法七条の二）にとどまる。しかしながら、欧米競争法では、通常、これよりはるかに厳しい行政制裁金または罰金を課す。また、米国では上記行為は重罪にあたり（Sherman 法一条）、日本の独禁法と同じく罰金の形での法人に対する刑事制裁はもちろんのこと、加えて個人に対しても刑事責任を問い、たとえその者が米国外に在住する個人であっても二国間の犯罪人引渡条約に基づき当該国から身柄の引き渡しを受けるように求め、実際に外国在住の当該個人を収監した例すらある。[6]

市場での競争をあからさまに制限する上記の入札談合や価格カルテルのような悪質性の高い企業間での共同行為以外に、一企業の単独行為が問題視されることもある。例えば、EU競争当局は、Googleが、自社サービスを優遇することにより競合するショッピング検索サービス提供事業者をショッピング検索サービス市場から排除したとして、またアンドロイドOSの採用時にスマートフォンやタブレットのメーカーに対しGoogleとの間に締結する契約について、競合OSのスマートフォンメーカーを排除したとして、さらに検索広告分野においてサードパーティのウェブサイトに対して競争者による検索広告の表示を禁止するなどしたとして、それぞれ違反認定手続を開始し、あるいはAmazonが電子書籍の販売に関して出版各社と結んだ契約について競争者を関連する市場から排除するものかどうかの調査を開始している。こうした情報通信分野において、Microsoft事件以降、米国では、単独行為について目立った事件は乏しいが、そのような市場地位を形成する人為的な方策の一つとしての市場評価を経ない合併等の企業結合についても、AT&TとTモバイルUSAの合併を認めなかった事案(7)などに見られるように、市場での競争を減殺するおそれのある企業結合に対して予防的な観点から厳しい目が注がれている(8)。

以上の通り、かつては先進諸国での制定・運用に限られていた競争法・競争政策は、いまや急速に世界全体に広がり、かつ、上記のような先進諸国の競争当局間での執行協力や、いまだ法執行に経験の乏しい諸国の競争当局等に対するキャパシティ・ビルディング（途上国等の法運用能力構築を目的とする技術支援）等のための国際的な連携ネットワーク(9)等も支えとして、経験の乏しい諸国においてもいっそう活発に運用されるようになっている。競争法・競争政策は、名実ともに、各国政府による経済運営に、また規模を問わず企業の経済活動に、さらには国籍を問わず消費者の日常の経済生活などにも、深く関わるようになっている。このことは、現代経済社会に対してこの競争法・競争政策がもつ意義という点で、法律を学びそれに携わる者だけでなく、市民社会・国際社会の万民の常識の一部として広く知られるべきところであり、また、その基本的思考の内容・方法等の点で、法律学・法実務の観点からのみならず、他の社会諸科学・諸実務の観点からも広く関心を共有されるべきところでもある。

本章は、このような競争法・競争政策について、それはどのようなものか、それは経済のグローバル化やＩＣＴ（情報通信技術）の進展等が急速に進み、事業環境変化の激しい現代の経済社会においてどのような意義をもっているか等を概観することを通じて、他の社会諸科学を学び、またはそれらの実務に携わる読者に、経済法への知的興味を誘うささやかな扉の一つとなることを目的とする。

2 市場経済の機能と競争法・競争政策の意義

競争法・競争政策の何たるかを理解するには、その前に、市場経済の機能を知っておくのが便宜である[10]。市場とそこでの売り手・買い手間の競争は、おそらく人類史において交易が開始されたときから存在したところであろう。いまに至るも、人（国）は他人（他国）と隔絶してすべてを自活して生きてはおらず、交易を通じて互いに必要なモノをやりとりすることで、自給自足と比べてより多様に安価にモノを得て、より豊かに生きている。市場経済では、個々の家計と企業は、モノが売買される市場において形成されるモノの市場価格をシグナルとして、それが高ければモノを買うことを控えまたはより生産し、低ければ買い増し生産を減少させる。モノに対して、超過需要が生じたときには価格が上昇し、超過供給が生じたときには価格が低下する。社会全体がこのプロセスを経由して至る価格の一点（均衡価格）において、家計が買いたいと思い、かつ、買うことのできるモノの量と、企業が、限りある諸資源を組み合わせて生産し、売りたいと思い、かつ、売ることができるモノの量とが釣り合うに至る。このとき、諸生産要素に無駄遣いは生じず、資源配分の効率性が達成されている。この仕組み（市場メカニズム）は、何らかの事情から、上記で形成される均衡価格をもたらしていた資本設備の価格・労賃・生産技術が変わったり（供給曲線の変化）、モノに対する家計の好みが別の代替品に移ってしまったり、モノの消費が季節に左右されたり（需要曲線の変化）、猛暑でアイスクリームの需要量が増大するとともに破滅的な台風到来でその原材料の一つである砂糖の価格が高騰したりする（供給曲線と需要曲線両方の変化）ような場合であっても、新たな均衡価格は、自律的に（誰の手も借りず神の「見えざる手」によって自ずと）決まっていく。

以上に説明したような市場メカニズムに基づく経済は、規範的にどのような意味をもっているだろうか。家計が上記のモノに支払ってもよいと思う価格は、それぞれの家計ごとに違うだろう。均衡価格においては、家計の中にはモノから得られる便益が、彼・彼女らが思っていた以上に大きい（主観的に得をしている）ところもあるはずである。それらの便益を社会全体に足し合わせたものを、価格を縦軸、数量を横軸にする図形に描かれる需要曲線で、均衡価格で横に切り取られた三角形の部分）という。同じく、企業でも、上記のモノを生産してもよいと思う価格は、それぞれの企業ごとに違うだろう。企業の中には効率的にモノを生産できて買い手が支払う金額から得られる売り上げが、生産に要した費用以上に大きいところもあるはずである。それらの便益を社会全体に足し合わせたものを、生産者余剰（価格を縦軸、数量を横軸にする図形に描かれる供給曲線で、均衡価格で横に切り取られた逆三角形の部分）という。言い換えれば、消費者余剰とは、モノに最も高い価値を付ける家計から均衡価格に等しい価値を付ける家計までの、当該モノに対する便益を社会全体で足し合わせた総和であり、生産者余剰とは、企業が、当該モノを生産するのに最低限受け取らなければ引き合わない（売ってもよいと考える）金額を超えて得られる恩恵を社会全体で足し合わせた総和である。この意味での消費者余剰と生産者余剰を足したものを、社会全体にとっての総余剰という。均衡価格の下での取引量を下回る取引量では家計にとっての便益が企業の費用を上回り、均衡価格の下での取引量を上回る取引量では企業の費用が家計の便益を上回る。したがって、均衡価格における取引量こそが総余剰を最大化する、すなわち家計と企業から見ても最も経済的福祉をもたらす。市場メカニズムは、上記のように、モノの価格をシグナルにして、家計と企業が、それぞれ、他の経済主体の意思決定を考慮せずに行なう意思決定をすべて集成して、それにもかかわらず偶然ではない副次的な結果として、資源配分の効率性を達成し、社会全体として経済的福祉を最大化するという公益を実現する。(11)

ところで、これまで述べたことにはいくつかの前提条件がある。市場メカニズムが有効に働くには、ここで言っているモノは同質であることなどと並んで、市場価格が売り手(12)の行動にとってシグナルとなり、それを受け入れるしかないこと(プライス・テーカー)が、その前提条件の重要な一つである。市場が多数の売り手からなっておれば市場価格を自由に左右できる者は生まれない。しかし、もし売り手の誰かが単独または他の売り手と共同してその意思でモノの価格等をある程度自由に左右する力(価格(市場)支配力)を持つこと(プライス・メーカー)になれば、この市場メカニズムが健全に働かなくなる。例えば、参加者全体として価格支配力をもつ売り手らが、合意して均衡価格以上の共謀価格を設定すれば(つまり、売り手の全員が、共同して、本来なすべき価格に関する競争を回避・停止し合って価格をつり上げれば)、その結果、消費者余剰は減少し、その分だけ生産者余剰が増える。しかも総余剰には消費者余剰と生産者余剰のいずれにも属することのない減少(死過重)が発生し、その分だけ総余剰の損失となる(本来、均衡価格であれば売り手と買い手の間で行なわれたはずの取引の一部が、上記の共謀価格によって思いとどまらされて実現しなかったことによって社会全体が被る損失)。こうして、共謀を通じて売り手に価格支配力が生じるならば、需要と供給を均衡させる市場メカニズムの働きは妨げられ、買い手の余剰が減少し、その減少分の余剰が売り手に移り(富の移転)、実現しなかった取引の分だけ社会にも損失が生じる。

市場メカニズムの働きが妨げられる原因には、この理路から生じる市場支配力以外にも、例えば企業による環境汚染のように、売り手がその副作用（自らは負担しない社会的費用）を考慮せずに、結果的に市場均衡が歪められてしまう外部性、モラルハザードや逆選択のような情報非対称性、政府による法定独占や自然独占など、さまざまに挙げられる（市場の失敗）。このようなとき、政府介入がなされなければ、売り手は、限界費用以上で商品・役務（以下、「商品」で代表させる）の価格設定を行ない、その価格や数量を市場均衡から乖離させてしまう。なお、政府介入が、常に必ず、市場メカニズムを有効に代替できるとは限らないし（政府の失敗）、また、政府介入は、このように効率性を改善する（本来あるべき大きさまでパイを大きくする）ためだけでなく、分配の衡平性（パイの分配の仕方を変える）の観点からも、行なわれることがある点には留意しておこう。

競争法は、市場メカニズムの働きが妨げられる状態を引き起こしてしまう、これらのさまざまな原因のうち、企業が単独にまたは共同して行なう行為（＝【原因】）、を通じて（＝【因果的な連関がある】）、ある商品について売り手と買い手が直面し合っている市場において市場支配力（その典型は、先の価格支配力）が形成または維持・強化（以下、「形成等」とする）されること（＝【帰結ないし結果】）について、そのような帰結ないし結果をもたらす原因となっている企業の行為を禁止して、市場における公正かつ自由な競争を維持・促進する法律である。

したがって、原則として、①法律上政府が認めている法定独占（例、特許権の正当な権利行使）や政府によって法令上企業に許容される競争制限的な行為（例、保険業法一〇一条に基づく所定の保険に固有の業務につき行なわれる共同行為等）は規制できない[13]、②前述の意味での原因行為（例、独禁法二条五項に定義する私的独占における「他の事業者の事業活動を排除……または支配」する行為、同法二条六項に定義する不当な取引制限における「他の事業者と共同して……相互にその事業活動を拘束する」行為等）によって市場支配力が形成などされるという帰結が生じるとき以外は規制の対象にできず、このように法律上特定されている行為に依らずに、例えば当該商品に対するユーザーの評判等から市場支配力が自ずと形成等される状態そのものは規制できない（行為要件該当性を欠く）、③事前規制である企業結合規制を除き、事後的にしか（原因となる行為が行なわれていなくては）規制できない、④市場支配力の形成等を引き起こす上記のような特定行為を禁止することを本旨とし、競争それ自体を新たに積極的に創出することはできない、⑤個別の事件ごとにしか規制できず、かつ、現代国家が通常有する法治国家ないし法の支配の原則に基づき、競争当局による判断も、最終的には裁判所による司法統制に服する[14]等の点に特徴がある。
次に、競争政策とは、直接には、この競争法の運用を基礎づける政策であるとともに、間接的には、より広く、政府による経済政策・経済運営全体において市場の競争が制限・阻害されることのないよう競争を重視する視点の浸透を図り、また従来は競争の働きが弱かった産業等でも競争を導入し、その働きをいっそう増すように制度改革等を図ろうとする政策の総体である。この点で、例えば、東日本大震災以降の電力システム改革における小売・発電の分野の自由化、卸市場の活性化、送配電分野の中立性・公平性の徹底などは、エネルギー産業における競争政策の浸透とも位置づけることができる。したがって、本章冒頭に述べた「いまや競争法・競争政策の時代である」との表現は、それと裏表の関係で、「いまや規制改革の時代である」とも言い換えることができる。[15]
現代国家における経済運営において、競争法・競争政策と規制改革は、相補い合う車の両輪なのである。

3 競争法違反行為の典型――共同行為と単独行為

市場における公正かつ自由な競争を妨げる企業の行動には大きく分けて二つがある。一つは共同行為（カルテル）と呼ばれる（上記の不当な取引制限。独禁法の定義規定は二条六項、禁止規定は三条後段）。これは、複数の事業者[16]が価格等を制限する合意によって、ある商品の市場において市場支配力を形成、維持・強化すること（「一定の取引分野における競争を実質的に制限すること」（独禁法二条六項））である。共同行為の本質は、競争者の間で共同して互いに競争を回避・停止し合うことにある。例として、ある商品の売り手の全員が、共同して、それぞれが本来なすべき当該商品の価格に関する競争を回避・停止し合って価格をつり上げることを想起されたい（価格カルテル）。本来、ある商品の製造や販売について競争し合っている売り手の競争者間では、それぞれ、競争者が当該商品の価格を引き下げるならば、これに対抗して自己の商品の価格を同等かまたはそれ以上に引き下げることで、買い手を維持またはさらに獲得していかないと競争に敗れ去ってしまう。当該商品の価格をめぐって、この競争対抗のプロセスないしサイクルは売り手の競争者の間で無限にループしていく。ある売り手がもしこの競争対抗のプロセスから自分だけ離脱しようとしても自分の買い手を他の売り手に奪われるだけのことで、最悪、競争の圧力によって市場から退出（倒産）させられてしまうかも知れない。この場合、価格カルテルとは、売り手同士が、もし自分ひとりがそこから離脱を企図してもそれでは自分だけが市場退出を強いられてしまうという規律の仕組みを内在している競争対抗のプロセスを、それぞれ、企図を同じくする他の競争者と語らうことを通じて（競争回避・停止の合意をもって）、正常に作動することのないように止めてしまい、競争が正常に働くならば強いられたはずの売り手同士を相互に牽制・制約する圧力そのものを消失せしめる企てにほかならない[17]。

もうひとつは単独行為と呼ばれる（上記の私的独占。独禁法の定義規定は二条五項、禁止規定は三条前段）。これは、事業者が、典型的には単独で、市場にいまいる競争者を排除し、またはまだ市場に現に存在してはいないが参入を企図している潜在競争者の市場参入を阻止することによって、ある商品の市場において市場支配力を形成、維持・強化すること（独禁法二条五項）であって、その本質は競争者を排除することにある。例として、いま買い手の絶大な評判に基づきある商品の独占的な売り手となっている事業者が、単独で、例えば買い手であるすべての取引先の事業者との間に排他取引契約（競争者と取引しないことが当該取引先と取引することの条件となっている契約）を結ぶことを手段として、当該商品を新たに製造販売しようと企図している潜在的な売り手の事業者の新規参入を阻止することを想起されたい（排他条件付取引を手段とする排除行為）。この売り手が、この商品の価格・品質その他の取引条件について正々堂々の競い合いの結果として買い手の絶大な評判を得て独占となっているること自体は非難にあたらない。しかしながら、このようにして独占的な市場地位を獲得するに至った売り手であったとしても、その市場地位を維持せんがため、商品の価格・品質その他の取引条件以外の優位性に基づかない正常な競争手段の範囲を逸脱するような人為性を有する排他条件付取引を手段とする排除行為（当該市場に競争を生み出すはずの潜在的な競争者による参入をくじく行為）を行なうならば、もはやその市場に参入を試みる事業者はいなくなり、当該市場に向けられる（潜在）競争が健全に働くことでこの売り手に強いられたはずの圧力はなくなってしまうだろう（既に形成されている市場支配力の維持・強化）。この場合、排他条件付取引を手段とする排除行為とは、売り手が、単独で、商品の価格・品質その他の取引条件に関する正々堂々の競い合いに依ることなく、かつ、自己の事業活動上の効率性の向上または社会公共的利益の実現などの正当化事由に基づかずに、新規参入者による（潜在）競争圧力を封じ込め、この参入者の挑戦に伴ったはずの売り手を競争的に牽制・制約する力を削いでしまう企てにほかならない[18]。

4　経済のグローバル化と競争法・競争政策

まず、経済のグローバル化にも関わりが深い共同行為から見ていこう。近年、経済活動のグローバル化に伴い、事業活動を多国籍展開する事業者間で国際カルテル等が結ばれる事案が増えている。共同行為に参加する事業者が、国内だけに止まるか国際的に広がっているかを問わず、国際的な価格カルテルや地域・市場を分割するカルテルは、事業者が、本来、それぞれ自ら自由に定めて競い合うべきはずの商品の価格や、地域等を超えてそれぞれ積極的に売り込み合うべき事業活動の内容を競争者と共同して決め合っているという点で、前述の市場メカニズムが健全に働いておればそれぞれの事業者が強いられることになるはずの競争による圧力や牽制を互いに回避し合う行為の典型である。このような複数の事業者が共同してあからさまに市場の競争を制限する共同行為（以下、「ハードコアカルテル」という）については、国内・国際を問わず、市場メカニズムの働きを機能停止させる目的または効果しか認められず、各国・地域の競争法とも、例外なく、これを厳しく禁止している。もはやグローバル・ルールというべきこのルールに反して違反行為が行なわれると、各国・地域の競争当局はそれを市場から取り除いて元通りに市場メカニズムの働く状態に戻す（排除措置命令）。また、違反行為を止めよと命じるだけでは実際には違反行為の抑止に足りず、違反事業者にとってそれが経済的に引き合わないほどに威嚇する必要があり（日本では課徴金制度）、またはたんに引き合わないというだけでは抑止力として足りないとなれば、いっそう厳しい経済的制裁を課す（欧米における制裁金ないし罰金の制度）。他方、こうしたムチと同時に、違反事業者が共同して行なっている違反行為を競争当局に対してみずから申告したり、当該共同行為等に係る競争当局の調査に積極的に協力したりする場合にはその経済的制裁を軽くしてやるアメも備わっておれば、抑止効果はいっそう高まる（各国・地域のリニエンシー制度、ＥＵの裁量型制裁金制度）。さらに、もっぱら行政規制や刑事罰に依拠する政府の力だけでは違反摘発に足りない、あるいは市場監視の目が十分行き届かないことも少なくないことから、違反行為によって損害を被る私人に、違反事業者に対する当該行為の差止や損害賠償を裁判所に請求することができるようにもしている（典型例、米国の懲罰的三倍額損害賠償請求訴訟制度）。

留意すべきは、経済のグローバル化・市場経済化に伴って、支店や子会社が所在するか否かを問わずグローバルに事業展開を行なっている事業者については、例えば国際的な価格カルテルのように、複数の国・地域の市場に対する悪影響の効果を伴ってみずからも関与する違反行為が行なわれている場合、前述の競争当局間の執行協力等もあずかって、一つの当該国際価格カルテルに関して、複数の国・地域の競争当局から調査を受け、そのすべてから法的措置を採られることがあり得る点である。上記の通り、各国・地域の競争当局のなかには、日本と異なり、ハードコアカルテルに対して巨額の厳しい経済的制裁ないし刑事罰を課す国・地域もあり、またはハードコアカルテルは行なうだけでただちに違法となり、もしくは違反行為を認定する際の状況証拠の証拠価値などが比較的に高い国・地域もある。被疑事業者の調査妨害や非協力に対しても、別途、厳しい経済的制裁が課せられることもある。以上を踏まえるとき、もとより事業者が悪性の強いハードコアカルテルに関与しなければ済むことではあるが、万一自社に関わる行為が違反認定されたときの法的リスクの累積を思えば、事業者として、グローバルかつグループで、一体的で広範かつ柔軟な競争法コンプライアンス（法令遵守）によるリスク管理が重要となる。そのためには、親会社の経営トップのコミットメントや世界規模での周知はいうまでもなく、加えて、親会社・グループ会社の従業員への啓蒙・研修、現場の法務相談体制の拡充と社内外の弁護士等の協力、内部通報制度や社内リニエンシー（違反行為に関与した従業員が自主的に所要の報告などを行なった場合、懲戒内容等の軽減を考慮する制度）の整備充実等が望まれる。[19] このような意味で、競争法の、とくにハードコアカルテルに関する基礎的・基本的な知識は、いまや、その分野・職種・職位等を問わず、国内外で、現代経済社会のいまを生きるビジネスパーソンおよび消費者とその法・政策に携わる者にとって、きわめてジェネリックなものになっているということができる。

5　デジタル経済社会の進展と競争法・競争政策

次に、ＩＣＴの進展との関わりから、単独行為に目を転じよう。一般に、これまでの工業化社会での企業間競争と異なり、デジタル経済社会における企業間競争の特徴の一つは、企業が、新しい製品・サービスの市場そのものを自ら積極的に立ち上げ、また関連する機能を追加的に次々導入し、その後の新規参入とともにサイクル早く陳腐化していくみずからつくり上げた当の既存の製品・サービスや既存の市場をも乗り越えるべく、製品・サービスにかかる生産技術、マーケティングの方法や形態等を革新するとともに、この革新を目指す企業間の競争と連携の動態的累積が、また新たな革新を創出する基盤になるところにある。

デジタル経済社会における企業間競争のこのような特徴に起因して、例えばMicrosoft、Google、Apple、Amazon、Facebook、YouTube等の事業者（以下、「オンライン事業者」という）は、デジタル経済社会にまったく新たな価値を生み出す破壊的革新を事業の起点として、その後のユーザーのロックイン効果（ユーザーの囲込みや取引の固定化現象）やネットワーク効果（同じ商品・サービスを消費する個人の数が多ければ多いほど、当該商品・サービスの消費から得られる効用が高まる効果）に乗じて独占を目指す。しかしながら、こうして独占となった事業者も、その市場地位が強ければ強いほど、それにとって代わろうとする潜在競争者からの参入を受ける。あるいは、いま独占している市場を陳腐化し時代遅れにするような新たな市場の創出を試みる顕在・潜在の競争者の挑戦に絶えずさらされる（市場をめぐる競争 competition for market）。デジタル経済社会に典型的な、初期投資が少なくて済む参入の容易さや、規模の経済性を達成するのに追加投資をさほど考慮することなく事業規模を一気に拡大できるという特徴は、このような参入や挑戦を強く促す。ＩＣＴをめぐる技術革新の速度の早さや規模の大きさ、それらの補完・代替の組み合わせや相乗によってもたらされる商品・サービスの多種多様な展開そのものが上記の独占を必ずしも安定させず、新たな破壊的革新を起点とする上記の経路を通じて、再び別の競争事業者が次の独占の地位を目指す。

このように、前述の意味で持続的・累積的に創発する革新がデジタル経済社会を駆動させており、競争政策の基本スタンスは、一方で、より良い製品・サービスをより安価により便利に提供するという意味で、上記の独占に社会的に見て創発的・効率的な事業活動をさせつつ、他方、この独占が市場支配力を行使して価格を引き上げ、技術革新を遅らせること等を禁止すること、すなわち独占に市場支配力の行使をさせずに効率性を達成させることに置かれる。換言すれば、一方で、直接・間接のネットワーク効果やロックイン効果等に乗じるにせよ、ある事業者がより便利なサービスであるがゆえに、ユーザーの評判に基づき独占に至るのであれば、その独占者は非難に値しない。独占者が、その市場地位を頼みに何の努力もせずに、技術革新を怠り、イノベーションプロセスの間隙を縫って競争優位の獲得を目指す潜在競争者の参入や、新たな市場創出を試みる挑戦を阻止・無効化するような行動が問題視されることになる。この意味で、デジタル経済社会における単独行為の規制のポイントは、上記の独占が、市場の内外から常に潜在・顕在の競争による圧力・脅威にさらされている状態を不断に維持・確保することに置かれるであろう。競争当局としては、上記の独占が、このようなデジタル経済社会を駆動させる持続的・累積的に創発する革新が妨げられていない状態を害する目的または効果をもって、市場の中で自己の効率性をより向上させるため以外の形で既存競争者を排除する行動、市場の外から競争圧力をもたらす潜在競争者の参入を阻止する行動、ユーザーから見て商品的に隣接する機能や用途をもつ新興市場（emerging market）の立ち上げ等を先行的に挫折せしめる行動等を規制することに、また、市場での評価を経ずに上記の独占を生み出してしまうおそれのある企業結合について予防的に規制することに注力するであろう[20]。

加えて、デジタル経済社会の進展に伴って、上記のオンライン事業者は、現実の経済社会における経済主体それぞれの諸属性や生活動向を、個人データとして膨大な規模で収集し（ビッグデータ）、蓄積し、利用し、流通させつつある（以下、「収集等する行為」という）。このような事業活動について、とくに自分のデータを収集等される個人のプライバシーとの関係で独禁法の適用上どのように考えるべきかという論点が、学際的視点からきわめて重要になりつつあることも併せて指摘しておきたい。日々リアルタイムに生成している経済主体の諸属性、位置や移動、ライフスタイルと選好や嗜好、商品・サービスの購入や利用等の行動履歴等々に関するデジタルデータを収集等する行為は、独禁法上も看過し難い競争制限効果をもち得るものと想定される。私たちは、日常生活において、無料の検索サービス等と引き替えに、それぞれのプライバシー・ポリシーに基づき、オンライン事業者によって個人データを収集され続けている。オンライン事業者は、データ・ブローカーとして、この個人データを蓄積・利用・流通等させており、この個人データの収集等にかかる事業活動がオンライン事業者の競争力の源泉となっている。しかしながら、このような個人データの収集等する行為に対応する独禁法の理論と実務はなお未熟に思われる。今後、その熟度を上げていくために、個人がオンライン事業者に対してなしている金銭を介さない無料の個人データの提供のもつ競争上の意義と効果等について、その他の社会諸科学、とくに経済学等との協働による分析・解明が待たれる(21)。

6　競争法・競争政策のもつ現代的な特色

競争法を個別事案に適用し、または競争政策のあり方を考えるとき、他の社会諸科学を学び諸実務に携わる読者に、経済法への知的興味を誘うと思われるいくつかの特色がある。

特色の一つは、経済学などとの協働である。競争法は、事業者が、法律上禁止される特定の行為によってある商品・サービスの市場においてその意思である程度自由に価格などを左右することのできる力を形成または維持・強化する場合などに当該行為を禁止などするものだが、この法命題を検討対象となっている個別事案に当てはめるとき、例えば、当該行為が条文の定める行為要件を充たすかどうか、当該事案における市場の範囲はどこまでか、その市場で当該行為によって市場支配力が形成または維持・強化されるか等を判断するためには、経済学的な思考と分析の方法に大きく依存している。[22] とくに、最近の企業行動については、その行動が市場の競争に及ぼす影響・効果を分析するために、日々進展・深化している経済学による支えが不可欠である。ICT分野を例に採れば、Facebook のユーザーは互いにコミュニケーションを行なうためにこれを利用し、そのユーザー数が多ければ多いほどユーザーの利便が高まるという意味でネットワーク効果がある。そして、Facebook は自己のサイトでの広告スペースを広告主に対して販売することで利益を得ており、そのユーザー数が大きければ大きいほどより多くの広告主が集まる（間接的ネットワーク効果）。このように双方向市場（two-sided market）にかかる経済学の知見は、双方向市場において両面の取引は相互に関連していることを競争法に教える。この知見を踏まえれば、双方向市場においては、例えば一方の市場での価格設定に関する競争上の評価を考えるに当たっては（例、SNSを無料で利用できる）、他方の市場での価格設定も考慮する必要があり（例、その原資に広告主から広告料を得ている）、一方の市場での価格設定だけを見てそれを略奪的価格設定（同等に効率的な競争をも排除する効果をもつコスト割れ販売）とはただちに評価できない。あるいは、別例として、政府が、例えば私たちがエネルギーシステム改革などを構想する場合、新たなシステムや制度が競争政策的観点から見ていかにあるべきかについては、独禁法の思考と方法だけでなく経済学的なそれらと協働しなければ、妥当かつ適切な制度設計上の解を見いだせないことは自明であろう。このように、現代の競争法・競争政策には、現代の経済学など他の社会諸科学との協働とそのいっそうの進展が不可欠になっている[23]。

第二の特色として、競争法・競争政策と消費者法との関わりについては特筆すべきである。市場メカニズムの健全な働きを妨げる企業の行為を禁止して、市場における公正かつ自由な競争を維持・促進しようとする競争法・競争政策がしっかり作動するためには、商品・役務の供給について複数の買い手が競争し合っており、消費者が、それらの複数の売り手のなかから自己に望ましいと考える買い手を選択できるように、消費者の自主的かつ合理的な選択判断が必要十分に保証されていることが前提となる。そのためには、日本法を例にとれば、まず情報開示が重要であって、事業者に最低限必要な情報を積極的に提供させる義務（例、特定商取引法四条・五条）を課すことと並んで、商品等の内容等にかかる優良誤認および価格等の有利誤認をもたらす表示も消極的に禁止することが求められる（景品表示法（以下、「景表法」という）五条）。加えて、上記のように消費者に対して書面を形式的に交付せしめるだけでは自主的かつ合理的な選択判断を支えるに十分とまでいえない場合には、事業者に消費者契約に関する説明義務を求めることが妥当であり、消費者契約法上、事業者は消費者が当該契約を締結しようとする動機に誤解を生じさせない程度まで説明することを求められる。このように、現代の経済社会では、景表法や消費者政策・制度を含む消費者法は競争法・競争政策と相補い合いつつ機能している。

この間、広告を含む「表示」（景表法二条四項）に関する規制や、消費者政策と消費者制度は一貫して強化・拡充されつつある。表示規制にあっては、平成二八年四月一日施行の改正景表法では、同法五条で禁止される不当表示に該当する行為につき、一般消費者に与えた誤認の排除、再発防止策の実施、今後同様の違反行為を行わないこと等を命じる措置命令（七条）に加えて、原則として対象期間に取引をした当該課徴金対象行為に係る商品又は役務の売上額の三％の金額を国庫に納付しなければならない（八条）。また、不特定かつ多数の一般消費者に対する不当表示行為に関する適格消費者団体（消費者基本法八条および消費者契約法一三条）による差止請求（同法三〇条）、平成二六年改正景表法に基づく表示コンプライアンス体制の整備（同法二六条。参照、「事業者が講ずべき景品類の提供及び表示の管理上の措置についての指針」（内閣府告示二七六号、平成二六年一一月一四日））および公益通報者保護法に基づく通報処理の仕組みの整備（参照、「公益通報者保護法に関する民間事業者向けガイドライン」（内閣府国民生活局、平成一七年七月一九日））等も見逃せない。さらに、消費者政策および制度についても、平成一九年以降、適格消費者団体は、既に不特定かつ多数の消費者に対する不当な行為に関する差止請求を実際に行なっており[24]、また、平成二八年中には、消費者裁判手続特例法に基づき特定適格消費者団体（同法六五条）は、集団的消費者被害回復のために共通義務確認訴訟および個別の消費者の債権確定手続の二段階訴訟を通じて被害回復を図ることができるようになる。

第三の特色として、競争法・競争政策の担い手の広がりを挙げておきたい。いまや競争法・競争政策の実現は狭い専門家の世界だけに閉じておらず、先の二つの特色に起因してその担い手も広く及ぶようになっている。わが国を例にとれば、役所で言えば、独禁法・競争政策の実現は、公取委だけでなく経産省、総務省、国交省、財務省、外務省等に広く及ぶ政府全体の課題となっている。また、裁判やＡＤＲ（裁判外紛争解決手続）などでも、たんに公取委による行政処分の取消請求という行政訴訟だけでなく、独禁法・下請法・景表法等の違反に関わって、競争事業者や消費者などによる民事の差止や損害賠償請求の訴訟および調停等も次第に増えている。併せて、公取委が行なう審判制度を廃止などするとともに、裁判所における専門性の確保などを図る観点から、公取委による行政処分たる排除措置命令などに係る抗告訴訟について東京地裁の専属管轄とし、かつ、東京地裁においては三人または五人の裁判官の合議体により審理および裁判を行なうこととした独禁法の平成二五年改正などにより、これまでより独禁法運用に法曹が関与する局面がいっそう増えることが想定される。また、企業法務においても、独禁法・下請法・景表法等は重要な一翼を担いつつあり、内部に弁護士や法曹有資格者を雇用などする企業、役所・自治体およびＮＰＯ（例、前述の適格消費者団体）なども増えつつある。官庁および企業・シンクタンクならびに国際機関などにおける競争法・政策に関するエコノミストなどの増大も、これらに付け加えることができる。このように各所で、質量ともに大きく広がりつつある競争法・競争政策に関わるいずれの担い手も、ところを違え、支え方が異なるだけで、それぞれいずれも現代の競争法・競争政策を支える、欠かすことのできない重要なアクターになっている。とくに若い読者には、いっそう知的な興味や関心を深め、将来あり得るキャリアパスの一つとして現代の競争法・競争政策を眺めていただければ誠に幸いである。

7　競争法・競争政策の限界および諸法・諸政策との協働

以上の通り、競争法・競争政策は経済運営の基本に置かれるべきものではあるが、もとより決して万能ではない。競争法・競争政策には限界もある。これを考えるとき念頭に置くべきは、現代社会における他の諸法・諸政策との協働という視点である。競争法・競争政策が実現しようとする価値や都合だけでなく、同時に、他の諸法・諸政策が実現しようとする価値や都合をも併せ含むもう一段高い視点から、例えば日本法を例に挙げると、独禁法の究極目的として一条に定める「一般消費者の利益を確保するとともに、国民経済の民主的で健全な発達を促進すること」を実現するためには、相互の調整を通じていかなる協働が望ましいかを考えることが重要である。この思考方法は、裏から言えば、読者に、独禁法・競争政策を静態的に閉じられた法・政策の体系としてのみならず、ときどきの時代状況に合わせて他の諸法・諸政策と生き生きと交差しつつ、相互に補完し合おうとする、動態的に開かれた法・政策の大系（経済法）として眺める視座を与える。この視座に関わって、さしあたり以下の諸点を挙げておきたい。

一つには域外適用である。一国の法律の適用は当該国の領域（領土、領海、領空）内に限定されるのが原則である（属地主義原則）から、世界競争法など存在しないいま、どの国・地域の競争法も原則として他の国・地域での競争制限行為に対しては適用しがたいという意味で原理上の限界がある。しかし、グローバル化の進む現代経済において、自国の市場にその影響・効果（effect）が及ぶ場合には、その競争制限効果をもたらす原因となっている事業者の行為に対して自国の競争法を適用すること（域外適用）もあってしかるべきである（例、マリンホースの製造販売業者に対する排除措置命令および課徴金納付命令事件、平成二〇年二月二二日）。このような国際カルテル事件は、もはや特別なことではなく、日常的な現象ということができる。そのとき、当該国際カルテルにかかる共同行為などの存在を、競争当局間で相互に連絡し合うことができれば大変都合がよい。そこで、二国間の条約や行政協定に基づき違反被疑行為を相互に通報などすることが行なわれており、それぞれの競争当局が各々の独禁法の域外適用を考えるとき、相手国・地域の主権に抵触しないように域外適用を控えることが行なわれている（国際礼譲のうち消極礼譲）。さらに進んで、違反行為について相手国に対しその独禁法適用を要請などすることもなされる（国際礼譲のうち積極礼譲）。現在、日本は、こうした基本的考え方にもとづき、米国・EU・カナダとの間で二国間の独禁法協力協定を、またシンガポール・メキシコ・マレーシアなど一三の国・地域との間で競争に関する章を含む経済連携協定を、さらに中国国家発展改革委・韓国公取委など六か国の競争当局との間で競争当局間の協力に関する覚書および取決めを締結して、国際的な連携を図っている。

二つには、適用除外制度である。これには、例えば日本法の場合、独禁法自体が定める適用除外制度と個別法に基づく適用除外カルテルがある。独禁法上の規定については（独禁法第六章適用除外）、まず国がその独占権を認めている知的財産権による権利の行使と認められる行為がある（二一条）。また、一定組合の行為もある（二二条）。小規模事業者についてはそれらが集まることで生じ得る競争制限を一定限度で許容した上で、それらの集まる協同組合を大企業に対する対抗力として市場における競争の力と働きを増さんがためである。さらに、書籍・新聞・雑誌・レコード盤・音楽用テープ・音楽用ＣＤのような国民の文化水準の全国一律の確保や表現・言論の自由に関わるものに限っては、結果的に市場における競争を弱めることにある程度目をつぶってでも、こうした諸価値を確保することを優先しようという趣旨から、それらの供給者が、取引先事業者が当該商品を再販売する価格を指示しこれを遵守させる行為（再販行為）について適用除外にされている（二三条）。

また、個別法に基づく適用除外カルテルとして、平成二六年度末現在、保険業法一〇一条、著作権法九五条、輸出入取引法三三条、道路運送法一八条など一六の法律がある。これらの適用除外カルテルについては、一般に、公取委の同意を得、またはこれと協議もしくは通知を行なって、それぞれの主務大臣が認可を行なうこととなっている。その認可にあたっては、通常、上記の法律上、当該適用除外カルテルの目的を達成するために必要であることなどの積極的要件のほか、当該カルテルが弊害をもたらすことのないよう、カルテルの目的を達成するために必要な限度を超えないこと、不当に差別的でないことなどの消極的要件を充足することが求められる。公取委が認可し、または同意を得、もしくは協議・通知を行なって主務大臣が認可などをした適用除外カルテルの件数は、昭和四〇年度末の一〇七九件をピークに減少し、また立法上適用除外制度が大幅に縮減されたこともあって、平成二六年度末現在は四〇件に激減している[25]。

8　要約

以上を要約すれば、経済法の主軸とされる現代の競争法・競争政策は、グローバル化とＩＣＴ化、そしてその相乗効果に伴ってダイナミックに変容してゆく経済社会を運営する基本法となっているとともに、企業間の公正かつ自由な競争によって消費者の利益が確保されるというその基本的考え方は経済社会の隅々まで広く浸透しつつある。
そのような現代の競争法・競争政策の基礎を正しく理解することは、たんにその専門家だけでなく、あまねくこの時代に生きる万民にとっての社会常識としても有意義である。[26]また、激変するこの時代にあって学術が挑むべきアジェンダは数多いが、競争法・競争政策の分野における諸課題も、経済学などとの協働がいっそう求められている点で、また行政・司法・企業法務・消費者団体・NPOなどの現場でいっそう配慮されるようになっている点で、挑戦するに足る主題群になっている。現代の競争法・競争政策が、幅広い知的な公共圏のなかで他の社会諸科学等との対話・交流をいっそう深め、日本と世界の経済社会のいまを生きるすべての人々にとってさらに有意義な寄与や貢献をなしていくよう期待される。

注

（1）競争政策に対して、市場の失敗等に対処するための政府介入に関して「産業政策」という用語もある。しかし、今や産業政策の立案、実施、評価においてさえ競争政策的視点を組み込むことが重要であるとされる（see, Aghion P., J. Boulanger and E. Cohen (2011), "Rethinking Industrial Policy," Bruegel Policy Brief, Issue 04, June.）。
（2）東京高判平成五年一二月一四日・高裁刑集四六巻三号三二二頁。
（3）例、TPP（Trans-Pacific Partnership）協定競争政策章（CHAPTER16. COMPETITION POLICY）は、①競争法令の制定・維持、競争当局の維持、②競争法令の執行における手続の公正な実施として、処分前の事業者による意見陳述等の機会の確保および合意により事件を解決する制度の導入、③競争法令の違反について被害者の民事的救済を求める権利の採用、④競争当局間の協力、⑤競争法令の執行等の透明性確保等について定める。同章に基づき、「環太平洋パートナーシップ協定の締結に伴う関係法律の整備に関する法律案」（平成二八年三月八日閣議決定）中に、いわゆる確約手続が追加されている（独禁法四八条の二以下を新設）。
（4）日本では、自動車メーカーが発注する自動車用ワイヤーハーネス及び同関連製品の見積り合わせの参加業者らに対する排除措置命令及び課徴金納付命令（平成二四年一月一九日）。
（5）二〇一四年九月二五日付『日本経済新聞』朝刊一三頁を参照。
（6）二〇一四年四月三日、米国司法省反トラスト局は、反トラスト法（米国競争法）違反を理由に、米独間犯罪人引渡条約に基づきイタリア国籍の者につきドイツ政府から引き渡しを受けている。本件は、競争法違反を理由とする二国間での犯罪人引き渡しの初見事例であって、かつ換言すれば、競争法違反のうち価格カルテルのようなあからさまに競争を制限する行為の類い（ハードコアカルテル）については、もはや国際的には重大犯罪と見なされていることを物語っている。
（7）Case Open Date (August 31, 2011), Stipulation of Dismissal (December 20, 2011).
（8）共同行為では、電子書籍の販売等をめぐるAppleと大手出版五社による価格共謀事件（同意判決Final Judgment, 9.5.2013）等がある。
（9）例、ＩＣＮ（International Competition Network）。競争法執行における手続面および実体面の収斂を促進するべく二〇〇一年発足の各国競争当局を中心としたネットワーク。二〇一五年五月末現在、一二〇か国・地域から一三三の競争当局が参加している。
（10）以下の叙述につき、『マンキュー経済学【第二版】Ⅰ　ミクロ編』足立／石川他訳（東洋経済新報社、二〇〇五年）等を参照。
（11）神の「見えざる手」の経済哲学的意義を概説するものとして、本書中の寺尾建「公共性とは何だろうか――経済学が考える「私」とは別のもの」、寺尾建「経済理論と方法論的個人主義」『甲南経済学論集』五六巻一・二号、四一頁を参照。市場経済の機能・意義については、これらの論文を一読されるよう推奨したい。
（12）買い手の場合も同様であるが、一般に買い手には多数の者が想定され思考経済のため以下では売り手に限る。
（13）国家の行為についても超国家組織としてのＥＵでは、例外的に、競争を歪曲する加盟国による国家補助を規制するＥＵ機能条約一〇七条がある。この点、併せて、日本における類似状況に対する独禁法からのアプローチにつき、公取委「公的再生支援に関する競争政策上の考え方（案）」（平成二八年一月二七日）を参照。
(14) 企業にとっての法的な予測可能性・規制の安定性を高めるため、日本の公取委を含む各国競争当局には各種のガイドライン、事前相談等を活用するところが多い。
(15) 日本における二一世紀の規制改革の特徴として（二〇〇一年頃以降、「規制緩和」ではなく「規制改革」の用語が定着するようになっている）、公的規制を緩和するだけでなく、一歩進んで公的規制の仕組みそのものを現代社会により適合するように再編成・再構築し直すという観点がいっそう明確になってきた。そのため、規制評価と政策展望においても、現状よりも参入と競争を促進する制度やルールはいかにあるべきかにも焦点が当てられ、たんに規制を撤廃するというだけでなく、独禁法の執行体制の強化および各種事業法等における競争政策の強化、事前規制型から事後チェック型への行政体制の転換に伴う透明性ルール（行政手続法）等の整備、社会インフラとしての司法制度改革、権利利益を消費者みずからが主体的・積極的に守ることのできる消費者法の整備など、いわば「国と行政のかたち」を再編すること（transform）が目指されてきている。なお、現政権で成長戦略が重視されていることもあり、現規制改革会議では、東日本大震災からの復旧・復興も含めた日本経済の再生・成長という戦略目標の達成を妨げる規制をいかに改革していくべきかの観点が重視されており、同会議の下に、具体的には、①健康・医療、②雇用、③農業、④投資促進等、⑤地域活性化の各ワーキンググループが置かれている。
(16) 本章でここまでは「企業」としてきたが、日本の独禁法上の定義としては「事業者」（二条一項）と定められている。
(17) なお、専門的にやかましく述べれば、たんに競争回避の目的・効果しか持たないこうしたハードコアカルテルではなく、あからさまな競争制限を目的とせず、安全・健康・環境その他にかかる消費者利益の確保など社会公共的な利益または競争に資する別の正当な目的があって、しかし同時に副次的・結果的に市場競争も制限してしまうような類いの共同行為（非ハードコアカルテル。例、自主規制基準、資材の共同調達、商品の共同生産・共同販売、共同研究開発等）については、そうした別の正当な目的を正当化事由として扱い、当該行為の競争制限効果と比較考慮する必要がある。
(18) 同じく、専門的にやかましく述べれば、こうした単独行為についても、たんに競争者排除の目的・効果しか持たない行為ではなく、あからさまな競争制限を目的とせず事業活動上の効率性の向上など競争に資する、または安全・健康・環境その他にかかる消費者利益の確保など社会公共的な利益に資する別の正当化事由がある場合に、当該行為の競争制限効果と比較考慮する必要があることは、非ハードコアカルテルと同じである。
(19) 公取委「我が国企業における外国競争法コンプライアンスに関する取組状況について」（平成二七年三月）を参照。
(20) 詳細は、土佐和生「デジタル経済社会の進展と競争政策」多賀谷一照・松本恒雄編集代表『情報ネットワークの法律実務』追録七〇―七二号・八一―一九（第一法規、平成二七年一〇月二〇日）を読まれたい。
(21) 詳細は、土佐和生「デジタル経済社会における個人データの収集・蓄積・利用・流通に係る事業活動と独占禁止法」*Law & Technology*, No.71（民事法研究会、二〇一六年四月）を読まれたい。
(22) 例、公取委「企業結合審査に関する独占禁止法の運用指針」（改定平成二三年六月一四日）等を参照。
(23) 例、公取委職員、経済学者および法学者による「三者協働」を原則として公取委に付置される競争政策センターにおける共同研究報告書やディスカッションペーパー等を参照。
(24) 差止請求制度発足後に提起された差止請求訴訟は三〇件。うち一七件につき訴訟終了、消費者庁「消費者団体訴訟・差止請求事例集」（平成二六年三月）では、原告勝訴五件、和解九件、原告敗訴三件。また、訴訟外で改善された事案も多く、訴訟・訴訟外あわせて一一一件（一一三事業者）の事案で改善が図られているとされている（いずれも平成二五年七月五日現在）。なお、ほぼ二年後の平成二七年一〇月現在、総提訴件数は三八件に増加。
(25) 「平成二六年度公取委年次報告」、九八頁以下を参照。
(26) この趣旨から、宮井雅明編著『経済法への誘い』（八千代出版、二〇一六年）も一読されたい。

第10章

大阪都構想が提起した課題

行政学から見た大阪の課題と都構想をめぐる政治

北村　亘

1　はじめに

劇的な幕切れであった。二〇一五年五月一七日、大阪市を廃止して市域に五つの特別区を設置する協定書に対する住民投票は僅差で否決された。同日夜、大阪市の橋下徹市長は「政治家として悔いのない七年半だった。幸せな七年半だった。こんな最高の終わり方はない」と語り、市長任期が切れる一二月での政界引退を表明した。二〇〇八年一月に大阪府知事に就任してはじまった「橋下劇場」の終焉であった。二〇一〇年一月に「大阪都構想」（以下、「都構想」と略記）を打ち上げてから五年が過ぎていた。

しかし、これで終わるはずもなかった。住民投票から半年過ぎた一一月、大阪府知事選挙と大阪市長選挙の「ダブル選挙」で、橋下市長が推す候補は二〇一一年のダブル選挙に引き続いて大勝したわけである。橋下市長の盟友でもある松井一郎大阪府知事は再選を果たし、そして橋下市長が後継者として擁した吉村洋文候補も見事に初当選を果たした。当選を果たした大阪府知事、大阪市長ともに「都構想」を再び住民に問うことを明言した。

本章は、大阪でいまなお賛否真っ二つに分かれる都構想について検討する。そして、二〇一五年五月住民投票で僅差ながらも否決されて政治的にはどん底にまで落ちてしまった大阪維新の会が再び一一月のダブル選挙で大勝するに至るまでの政治過程についても考察する。

2　大阪が抱える課題——何が本当の課題なのか

二〇一〇年に公に表明されて以来、都構想を支えてきたのは、「ふわっ」としているが確実に存在する住民の閉塞感だと言われている。では、そもそも閉塞感を生み出した大阪の課題とは何だろうか。

一口に大阪の抱える課題といっても、多種多様なものが重なり合って大きな問題となったわけである。そこで、課題を生み出している要因をひとつずつ考えていくことが処方箋を考える上で重要である。

曖昧な基準による政令指定都市の膨張

もともと政令指定都市制度は、戦前に定められた横浜市、名古屋市、京都市、大阪市、神戸市の旧五大都市を対象に一九五六年に創設された。一九四七年の日本国憲法の施行にあたって制定された地方自治法では、完全に府県から独立した「特別市」制度が導入されていた。これは、旧五大都市の戦前からの悲願であった。しかし、ここに立ちはだかったのは、公選知事を頂き、国の出先機関から完全な地方公共団体となった府県であった。府県は、大都市と周辺地域との格差を是正することに存在意義を見いだし、大都市の成長の果実を周辺地域に分配することで戦後復興を図ろうとしたのである。当然、旧五大都市を抱える府県では、旧五大都市が特別市に移行することを阻止しようとし、旧五大都市は猛反発するわけである。府県の中には、大都市を「あんこ」にたとえ、「あんこのないまんじゅうは『かわ』だけになってしまう」として大都市を封じ込めようとしたところもあった。新憲法では、特別市移行には住民投票が必要とされているが、その範囲については府県の巻き返しが功を奏し、府県域全体とされた。そのため、京都市以外の四都市は府県域の人口の半数に満たず、住民投票に踏み切っても特別市移行ができないような状況であった。

旧五大都市と府県との膠着状態が続く中、結局、一九五六年に妥協として府県の権能の七割近くを有する政令指定都市（法令上は政令市あるいは指定都市）制度が誕生したのである。旧五大都市としては勝ち切れなかったという思いが残り、府県としては完全に統制しえない大都市を中心に抱えることになってしまったわけである。

しかし、妥協の産物としてはじまった政令指定都市制度も、中央政府から使途自由な移転財源である地方交付税での大都市優遇措置や宝くじ収入などの税外収入、国との直接交渉などが、ほかの多くの大都市には「魅力」と映り、地方自治体の中での最高格の扱いとして目指すべき高みと位置づけられたのである。中央政府も、大都市のあり方としてではなく、市町村合併推進のインセンティヴとして政令指定都市移行を活用した。

その結果、二〇一五年現在、政令指定都市の数は、二〇市にまで膨張し、もはや全国経済を牽引する中枢的な都市とはお世辞にもいえない都市も含まれている。各種統計データを主成分分析という統計的な手法にて処理した結果、政治経済的な「中枢性」と、中枢的な都市を支える「能力供給性」の二次元が出てくる。(1) 中枢性と能力供給性の二次元の中で、二〇政令指定都市をプロットしてみると、中枢性が突出して高く、そして周辺から財やサーヴィス、人口などが流入し能力供給性が低いという「大都市の中の大都市」こそ、実は大阪市なのだとい

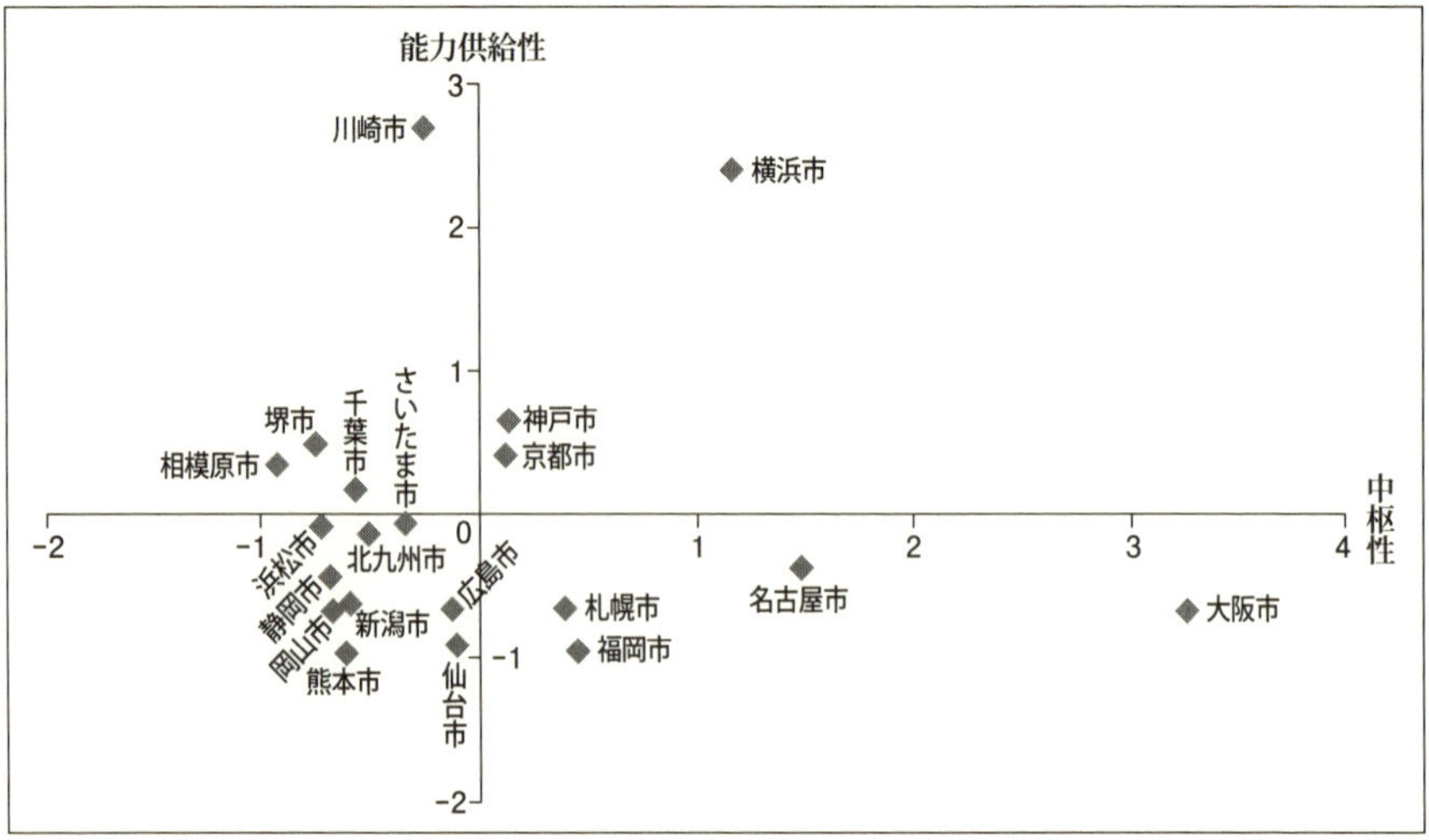

図1　政令指定都市の中枢性と能力供給性
出典：北村亘『政令指定都市』（中央公論新社、2013年）、72頁より。

うことがわかる。大阪市を筆頭に、図1の第四象限にある名古屋市、札幌市、福岡市こそが日本における「大都市の中の大都市」といえよう。

一九五六年の地方自治法改正から現在に至るまで、人口五〇万以上の市が政府に申請をして認められた場合にしか政令指定都市に移行できないという規定があるのみで、同法は中枢性などの政令指定都市の具体的な要件や移行のための手続きを定めてはいない。

本来の大都市制度とは、少数の大都市にのみ財源と権限を大幅に付与して経済発展の追求が可能となる制度でなければならない。大都市の発展によって、その果実が周辺地域に再配分され全国的な発展が実現するからである。しかし、このような特例措置を多くの都市に講じてしまうと、特例の意味が薄れてしまう。大都市群の中の大都市として中枢性の高い大阪市と、「人口五〇万以上の市」という法定要件をクリアするため十数市町村の大合併で誕生した新しい政令指定都市では、課題も特徴もまったく異なることは明らかである。

「区による行政」

そもそも政令指定都市制度は、府県の八割程度の権能をもつ「人口五〇万以上の市」として発足している。当初は人口一〇〇万の旧五大都市のみを想定していたために、少しでも市民に身近なところで日常的な行政サーヴィスを受けられるように、地方自治法で「区による行政」と定めている。政令指定都市の区は、あくまで市の一般職員が市長の職務の一部を担う「行政区」であり、公選区長も公選議会もなく、法人格も付与されていない。

この点で、公選区長と公選議会を有し、基礎的な自治体と位置づけられている現在の東京都区（特別区）とは異なる（なお、特別区だからといって公選区長や公選議会が設置されるとは限らないことは戦後の東京都制をみれば明らかである）。あくまで大規模な都市でのきめ細やかな住民対応の観点から、政令指定都市は行政区を通じて日常的な行政事務を処理することが法定化されている。

人口二六五万の大阪市は、人口三六五万の横浜市に一八区しかないことと比較して、二四区もあることから、非効率だと批判される。しかし、区の総務関連支出は区全体の支出の一四・三％にしかすぎない（横浜市の場合は六％）。つまり、どれだけ行政区の合区でバックオフィス機能を削減したところで、削減効果の最大値がおおよそ決まっている。合区したところで、あまり大きな予算削減効果は期待できそうにない。

行政区では、健康福祉関連経費という削減困難な予算の事務の執行を担っているだけでなく、国勢調査などの調査業務や選挙事務などの法令上義務づけられた業務を担っている。端的にいえば、日常的な手続き業務だけでなく、普段は不要だが、いざというときには高度の守秘義務が必要な特殊事務も担っているわけである。どこまで民間委託が可能かという議論とともに区の見直し議論は進めなければならない。

「区による行政」という点でいえば、二〇一二年に大都市地域特別区設置法によって道府県と政令指定都市が設置する特別区設置協議会で協定書を作成し、それぞれの議会で承認を得た後に住民投票で過半数の賛成を得て、政令指定都市を廃止して「特別区」を設置することができる。これは現在の東京都の特別区と同じく、公選区長と公選議会を有し、法人格が付与された地方公共団体である。二〇一五年五月の大阪市での住民投票で争われたのは、まさに、大阪市を廃止した上で、市域内に五特別区を設置することに賛成か否かということであった。結果は僅差で否決されたため、現段階では特別区は東京都にしか存在しない。

また、二〇一四年の地方自治法の大改正によって総合区制度が導入された（表1参照）。これは、現在の政令指定都市の行政区の長を一般職員から副市長と同じ特別職とし、市長の権限の一層の移譲を可能とする制度である。ただし、総合区長を特別職としているために、任免には議会同意が必要となり、市議会で市長支持会派が過半数の議席を占めていない場合、とくに任命には政治的な労力が必要とな

表1　総合区と区（行政区）、特別区

		総合区	区長	（参考）東京都の特別区
1 位置づけ		指定都市の内部組織	指定都市の内部組織	特別地方公共団体
2 法人格		なし	なし	あり
3 長		総合区長	区長	特別区の区長
	主な事務	総合区の政策・企画の立案 総合区のまちづくり等の事務 市長の権限に属する事務のうち、条例で定めるものを執行	市長の権限に属する事務のうち、条例で定めるものを分掌し、補助執行	特別区の政策・企画の立案 市が処理することとされている事務を処理（上下水道等、一部の事務は都が処理）
	権限	職員任命権 予算意見具申権	—	職員任命権 予算編成権 条例提案権など
	身分	特別職	一般職	特別職
	選任	市長が議会の同意を得て選任	市長が職員から任命	公選
	任期	4年	—	4年
	市長との関係	市長の指揮監督を受ける	市長の指揮監督を受ける	—
	リコール	あり	なし	あり
4 議会		なし （市議会の判断で区常任委員会を設置する等の工夫が可能）	なし （市議会の判断で区常住委員会を設置する等の工夫が可能）	あり

出典：総務省提供資料。

る。副市長のような指揮命令系統の補佐職でも空席が続くと市政に影響が出るというが、指揮命令系統のトップである総合区長が空席となれば特定地域の事務執行には大きな問題が生じるであろう。また、行政区合併の手段として用いる場合、きめ細やかな行政や住民自治の向上と果たしていえるのかどうかは検討も必要となろう。

不十分な税財政

また、政令指定都市には道府県の八割近くの権能が付与されていても、それに伴う十分な税源措置が行なわれていない。確かに、大阪市、横浜市は、三兆円を超える一般会計予算規模を誇る巨大都市であり、名古屋市も二兆円を超える規模であり、政令指定都市の中でも突出している。しかし、政令指定都市といえども、一般市と同じ税制の枠内で課税を行なうほかない。税制では特例的な措置が講じられているとは言いがたい中で、地方自治法あるいは他の法令で特例的に移譲されている事務を実施しなければならないのである。

通常は、市町村の安定的な税源と見なされる固定資産税も、景気の変動に左右される大都市部では地価の変動に煽られてしまう。大阪市の固定資産税の税収を見ると、一九九六年度に二四〇一億円だったのに、都構想が提起される二〇一〇年度には一三一九億円にまで落ち込んでいる。安定的な税源が確保されているはずであるが、大都市では安定的ではないことがわかる。法人住民税、個人住民税なども景気の変動に大きく左右されるため、本当に必要なときに税収の落ち込みも激しいわけである。

大阪市の場合、二〇一二年度のデータでは、特例事務のために五四〇億円の所要額が見込まれているにもかかわらず、国から税制上の特例措置が講じられているのはわずか一二九億円である。つまり、所要額の四分の三近くにあたる四一七億円は大阪市の持ち出しである（宝くじの収益金一六三億円を加えても不足は変わらない）。政令指定都市の中でも、大阪市の困窮度は際立っている。名古屋市が半分近くを持ち出して特例事務を実施していることを考えても、大阪市の突出度が目立つ。

輝かしい「負の遺産」

大阪市をはじめとする政令指定都市は高度経済成長の税収増の中で積極的に先進的な取り組みを行なってきた。小学校の木造校舎や橋梁の鉄筋コンクリート化は一九六〇年代に一斉に市域で推進された。このこと自体は「輝かしい歴史」と振り返ることができる。

しかし、現在では、公共施設における先進的な取り組みが政令指定都市に大きな負荷となってのしかかっている。二〇一二年度の大阪市の建築物全体の経過年数別延床面積の割合を見てみると、三〇年以上経過しているものは四六・三%にも達する。五〇・一%の名古屋市と比較して少しましのように感じるかもしれないが、築四〇年以上に絞ると、大阪市では二〇・八%、名古屋市では一六・九%と逆転して大阪市のほうが改修を早急にはかるべき公共施設が多いことがわかる。

政令指定都市ではないが、滋賀県大津市（中核市）が二〇一二年六月に公表した『大津市公共施設白書』では、約三十年後には市の年間予算の一割にあたる一〇〇億円近くが施設の更新修繕費にかかると推計されている。政令指定都市として公共施設を一斉に大規模に整備した大阪市では長寿命化を試みたとしても費用負担は大きく市財政にのしかかっていくことは間違いない。

社会経済環境の不利

実は大阪市が抱える根本的な問題といってもいいのが社会経済環境である。常在地での人口を意味する夜間人口と、昼間に従業地や通学地で膨れ上がる人口を意味する昼間人口との比を昼夜間人口比という。昼夜間人口比

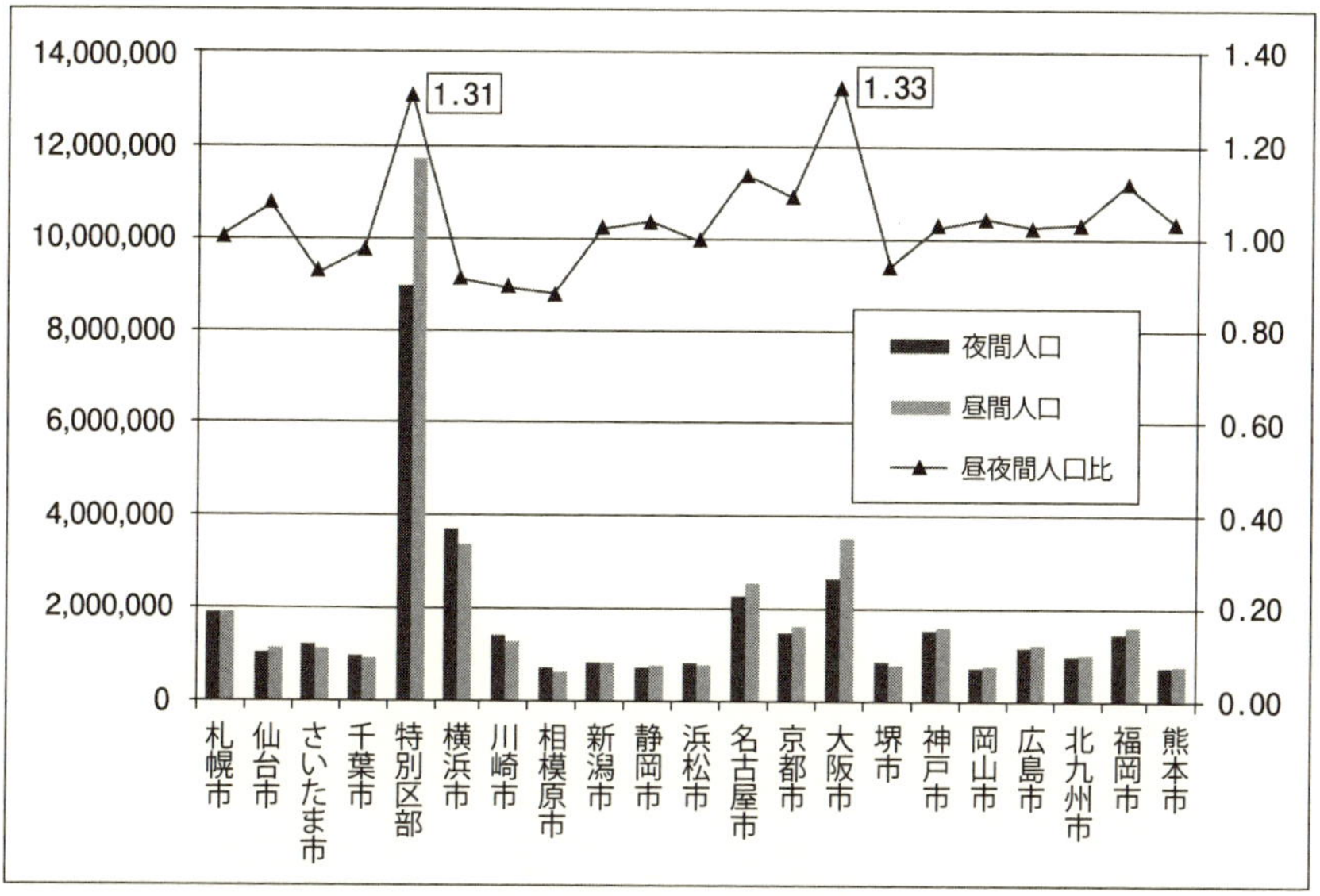

図２　東京特別区部および20政令指定都市の昼夜間人口比（2010年国勢調査）
注記：2010年の国勢調査当時の熊本市は政令指定都市ではない（2012年４月移行）。
出典：国勢調査データをもとに筆者作成。

の値が大きければ、昼間の人口流入が多いことを意味する。この値は、行政施設の規模や行政の施策の内容、交通体系の整備などの決定に必要である。
大阪市の昼夜間人口比は、東京二三区を抑えて大きく、二〇政令指定都市の中でも最大の一・三三である（東京特別区部は一・三一、図２参照）。昼間に従業や通学のために大阪市には約九〇万人が流入してくる。この昼間流入人口がまさに大都市に活力をもたらす反面、大都市特有の行政需要を高める。単純にいえば、大阪市は、行政事務の執行体制や都市基盤の整備を、九〇万人分だけ過大な水準で用意しなければならない。「大阪市民以外の行政需要」を大阪市は財政負担しているわけである。昼間流入人口に対応した道路の建設・改修、上下水道の整備、消防や救急、ごみ対策など、大阪市民はよけいに政令指定都市ひとつ分の財政負担をしていることになる。この点、政令指定都市最大の人口を誇る横浜市など首都圏の政令指定都市とは事情がまったく異なる。

大阪市の職員数の大きさが批判されるが、昼間流入人口への対応を考えると、単純に横浜市との比較はできない。夜間人口一万人あたりの職員数で比較すると、横浜市は七七名、大阪市は一一九名であるのに対して、昼間人口一万人あたりの職員数で比較すると、横浜市は八五人、大阪市は一〇四人となる。

加えて、大阪市は地下鉄、大阪市立大学など市民以外の利用率が六六・四％、八三・二％のところに一〇四億円、一一八億円を投入しており、美術館や高度医療施設など府内だけでなく府外の市町村の市民も利用できる施設を抱えている。こうした母都市機能を担うことも、大阪市の負担となっている。

他方で、大阪市外からの昼間流入人口は、豊中市や吹田市、箕面市、そして兵庫県西宮市、宝塚市、芦屋市などの大阪市以外で納税しており、大阪市には所得税も固定資産税も納めていない。大阪市は彼らに課税することはかなわず、サーヴィスの対価を請求することが精一杯である。誇張を承知でいえば、所得の相対的に高い市外居住者のために、少子高齢化や生活保護問題で所得の相対的に低い大阪市民が負担を強いられている。これこそが、大阪の抱える課題の核心的な要素である。大阪市域は直接民意を反映させるには大きすぎるが、大都市行政を推進するには小さすぎるのである。[2]

3　課題解決への取り組み——解決への取り組みはどのようなものだったか

上記の問題の解決には、短期的に取り組むべきことと中長期的に取り組むべきことがある。丁寧に切り分けて改革を進めていくほかない。そのためには、国や近隣市町村を動かすほどの政治的に傑出したパワーも必要となる。

理想的な取り組みへの道筋

短期的な取り組みといっても、とくに政令指定都市制度や税財政に関する問題は、国政が動かない限りはどうしようもない。中央の政策決定者を説得するだけの材料をそろえ、そして、政治的力量を伴った交渉者が大都市統治制度の改革を中央から引き出さなければならない。短期的な取り組みの中でも、府市連携や都市間連携、そして機構改革や財政削減などの減量経営など市みずからの努力だけでできることもあろう。これまでも市政改革として取り組まれてきた方向性である。

他方、社会経済的課題の解決については、近隣市町村などとの利害対立につながる問題である。京都市や神戸市が戦後に新しい開発のフロンティアを求めて隣接町村などを合併していったのに対して、大阪市は近隣には豊中市や吹田市、茨木市などの大規模な都市に囲まれており、新しい開発のフロンティアを拡大するための合併の余地がなかった。その後も、大阪市の行政サーヴィスという受益を受けるが、そのための負担をしない市民たちが周辺の自治体に居住し、衛星都市を発展させていく。この解決には、交渉力に長けた強い政治勢力が「受益と負担の不一致」を解決させるための連携をつくりあげていくか、あるいは衛星都市の首長や議会を政治的に直接抑えて合併などを実現していくほかない。

まさに、二〇一〇年時点の都構想は、その解決を示唆したものであった。

大阪維新の会の問題提起と失敗

二〇一〇年四月に橋下徹府知事は大阪維新の会を結成し、シンガポールなどとの国際的な都市間競争に勝ち残ることを訴えた。彼らが掲げたのは「都構想」の実現であった。二〇一〇年時点での都構想（以下、「都構想原案」

と略記）は、実は大阪府議会で一九五三年に可決された「大阪産業都」構想以来の大都市統治制度改革構想の系譜に連なるものである。

都構想原案は、大阪府も大阪市、堺市、そして豊中市や吹田市などの隣接九市を廃止し、一一市域に二〇の「特別区」を設置するとともに、その上位には「都」を設置するというものであった。「都」は産業基盤整備や広域調整を担い、特別区は人口三〇万人程度の基礎自治体として市民生活を守る機能を担うという構想である。都市間競争に打ち勝つための都市圏域の拡大に対応して昼間流入人口への行政的対応を念頭に置く一方で、公選区長と公選議会を特別区に設置することで住民の政治参加を促進する意味もあったように思われる。

二〇一一年一一月、橋下府知事は任期途中で辞任し、大阪市長選に打って出る。結果、大阪維新の会の松井一郎府知事、橋下徹市長がともに当選し、都構想は実現に大きく前進したと思われた。

しかし、この後、二〇一二年九月の「大都市地域特別区設置法」の制定や一三年九月の堺市長選挙の動向などで都構想の内容は実は二転三転してしまう。最終的には、上記の法律に基づいて、大阪市を廃止し、大阪市域内に五つの特別区を設置するという協定書に落ち着いた。協定書にあるような「大阪市域の分割」で大阪の抱える課題に対応できるのかは疑問であった。

さらに、特別区設置案を調査審議する法定協議会の運営は、手続き的に違法ではないが、誉められたものであったとは言いがたい。二〇一二年一一月に公募区長たちによる区再編案と五区再編案が発表になった後も、内容案を実質的に審議した形跡はない。一三年九月の堺市長選挙での維新候補の敗北の後の一四年一月に法定協議会で否決されて、都構想は暗礁に乗り上げた。すると、出直し市長選挙を実施し、再選後に法定協議会の委員差し替えを行なって同年七月の法定協議会での五区再編案を協定書として決定してしまう。さらに、同年一〇月に府議会および大阪市議会で協定書が否決され、万事休すと思われていたところ、一二月の衆議院議員総選挙をめぐって創価学会および公明党の譲歩を引き出すことに成功する。(3) こうして二〇一五年三月に大阪市議会および府議会での協定書案が承認され、住民投票に突入したわけである。ドラマティックな展開ではあるが、大阪の課題を丁寧に議員たちが議論して協定書をまとめたわけではない。

しかも、協定書には、区割りだけでなく行政権限の仕分けや負債の配分などが書かれていたが、一般の市民には協定書の説明から日常の行政サーヴィスの変化を想定することはきわめて困難であった。行政サーヴィスの内容ではなく供給の仕方を変えることに賛成か反対かと問われても、最後まで判断が難しかった。橋下大阪市長たちの懸命の説明にもかかわらず、多忙な日常生活を営む市民が行政用語満載の協定書を短時間で理解するのは困難であった。

二〇一五年五月一七日の住民投票の結果、賛成六九万四八四四票、反対七〇万五五八五票で協定書は否決された（投票率六六・八三％）。都構想原案が出てきて五年、協定書が承認されて二か月で、再び原点から大阪の課題に取り組むことになったのである。

振り出しに戻った議論

しかし、都構想の拒否で、大阪の政治の物語が終わるわけではなかった。協定書への反対活動の主導権を担った自民党は「大阪戦略調整会議（大阪会議）」を発足させ、大阪の課題と対応策を話し合うことを主張した。二〇一四年改正の地方自治法の「指定都市都道府県調整会議」とは異なるが、その精神を先駆けて大阪で実施しようとしたのである。自民党が提唱した大阪会議こそが大阪維新の会に再浮上のための政治的機会構造を与えることになった。

僅差とはいえ看板政策をめぐる住民投票で敗北した大阪維新の会は、自民党の提案に対して二〇一五年一一月の府知事、大阪市長のダブル選挙を念頭に置いて、大阪会議を徹底的に利用した。もし、大阪維新の会が自民党に協力して大阪会議で大阪の課題への解決策が話し合い解決していくとすれば、都構想を唱えた大阪維新の会の政策は間違いであったことを自ら証明することになる。ダブル選挙での勝利を念頭に置いている維新の会が、そのような政治的な自殺行為を合理的に採ることはありえない。

逆に、大阪維新の会にとって住民投票の勝利に沸く自民党を攻撃するのに最も効果的な対応は、大阪会議を設置させた上で、それが機能しないことを見せつけることである。つまり、会議の設置は認めた上で、議論の入口で会議を機能不全にするか、あるいは、議論に入ったとしても途中で機能不全にしてもいいわけである。大阪会議の設置によって大阪維新の会は、自分の望む帰結を自ら実現しうる立場に立つことができるのである。

自民党からすれば、大阪会議が自民党や反都構想勢力を叩くための装置として機能する危険性があったわけであるから、対応としては会議を設置した上で維新の会と真摯な議論を期待できず、会議の設置とともに議題と自民党の解決策もワンセットで提示して常に先手を取り続けなければならなかった。そのためには、府・市の優秀な職員を集めていた大都市局のような組織を活用して、府知事や大阪市長の意向とは距離をとった制度選択肢を検討する必要があった。

しかし、自民党はことごとく自滅の道を歩んでいく。六月二日、自民党の大阪会議設置案に対して、松井一郎府知事が所属の府会議員、市会議員に賛成を指示した後、自民党と公明党は、大都市局を廃止してしまう。こうして、自民党は自らの政治的資源を葬ってしまった。六月一八日の定例会見で橋下徹市長は、「妨害はしない。でも、うまくいくわけがない」と発言し、また、維新の会の府議も「大阪会議はどうせうまくいかない。さっさと設置させ、欠点をあぶり出す」との方針を出していることを軽視していたのである。(4)

自民党には、大阪市長で候補を擁立した場合、反都構想運動の中心であった自民党大阪市議団幹事長の柳本顕市会議員の勝利に自信をもっていたことが油断の原因であった。現職の再出馬が予想されていた府知事と異なり、橋下市長が引退を表明している以上、大阪市長は確実に奪取できると考えていたようである。これが不均衡な選挙制度の下で大誤算となっていく。

大阪の場合、大阪市内の大阪府議会の選挙区は、衆議院議員の場合と同じく、事実上の小選挙区になっている。つまり、府議会の定数削減を行なったときの府知事と市長、そして府議会と市議会で比較第一党の座を確保していた大阪維新の会と、それ以外の党派との戦いになっていたのである。市内のある選挙区では維新の会と自民党の候補者対決であろうし、別の選挙区では維新の会と公明党あるいは共産党との対決という状態になっていたのである。他方、大阪市議会の選挙区は、一選挙区から複数名が当選する中選挙区であった。衆議院や府議会で初期設定が大阪維新の会を優位政党（predominant party）とする環境で、実際に四月の市議会議員選挙でも大阪維新の会は複数の候補者を当選させていく。大阪市内では大阪維新の会の一党優位体制が成立していたといっても過言ではない。そもそも、自民党が油断できる政治的な余地はないのである。

このような状況で、現職で大阪維新の会の候補である松井一郎知事に投票した大阪市内の有権者が、大阪市内で自民党の大阪市長候補である柳本顕市会議員に投票することは考えられない。分割投票（ticket-splitting）すら生じる余地もないということは、「府知事は維新の会、市長は自民党」という垂直的な分割政府（vertically divided government）状態すら生じる余地もないということを意味していた。

大阪維新の会は、「大阪会議は都構想の対案かどうか」という位置づけ論を自民党などにふっかけて、想定通りに機能不全に陥らせることに成功する。有権者の間では、議論の入口でつまづいている大阪会議に幻滅感が広がり、橋下市長の「ポンコツ会議」という言葉が真実味を帯びていくことになる。僅差で敗北した都構想への「ふわっとした期待」が再び広がっていく。

また、大阪維新の会も、実際の選挙キャンペーンでは都構想にアレルギーをもつ有権者にアピールするために都構想をダブル選挙の公約のトップに掲げることはせず、都構想を再度議論することを公約の片隅に掲げたのである。大阪の先行きに不安はあるが、都構想にもアレルギーをもつ有権者の支持を集めることに成功する。また、安保法制で激しく対立していたはずの共産党との事実上の共闘状態を「野合」と批判することにも成功する。

二〇一五年一一月二二日、大阪府知事選挙と大阪市長選挙では、大阪維新の会が擁立した松井一郎府知事と新人の吉村洋文元衆議院議員が圧倒的な差をつけて当選を果たした。当選直後、両氏とも、もう一度都構想を推進することを突如表明し、議論は振り出しに戻った。

これまでの政治過程を振り返ってみると、大阪維新の会を中心とした都構想推進派が有権者の閉塞感に乗って勢力を拡大したことは事実であるが、決して「ふわっとした民意」だけを頼りにしていたわけではなかったという点が重要である。彼らは、政治的な苦境に何度も陥りながらも、政治的な戦略によって見事に乗り越えることに成功していると言って過言ではない。

橋下府知事たちは、地方自治体で大規模な統治機構改革を行なう場合、中央政府で法的環境の整備を実現する一方で、地方議会で改革に対する承認を得なければならないということを十分に理解していた。そこで、府知事みずからが大阪維新の会を結成し、一方では、府下の市長選挙だけでなく、大阪府議会や大阪市議会などの地方議会での過半数の議席獲得に熱心に取り組んだ。どの会派であっても、条例案の可決を考えると、単独で過半数の議席を握ることが重要であるが、それが無理でも地方自治法の規定を考えれば三分の一の議席を確保するだけで大きな政治的交渉力を議会内で持つことが可能となる。(5) 他方では、大阪維新の会は、国政選挙での候補者擁立を打ち出しながらも、撤回の可能性を示唆することで、支持率が低迷していた与党の民主党のみならず、政権交代のために一議席でも確保したい自民党などの野党を動かし、公選区長と公選区議会を頂く特別区を東京都以外でも設置することが可能な法律を実際に国会で成立させるのである。結局は、大阪維新の会は国政に進出していくが、彼らの「有効な脅し（credible threat）」は既存の国政政党に十分に作用したのである。法律上無理だとされていた特別区の設置が、協定書の作成と議会の承認、そして住民投票での可決というプロセスを経ることで可能となったのである。

4　結語――どのように課題に対応していくのか

本章は、大阪が抱える課題を、制度に由来したものや政策遺産に由来したもの、そして社会経済的な要因に由来したものに分けて考えてきた。大阪の現状に不満や閉塞感があるとしても、原因の特定と原因に応じた処置を講じないとさらに悪化してしまうことが予想される。

二〇一〇年以降、大阪では、大阪都構想と呼ばれる改革案が提示され、大阪を都構想に対する賛否で二分する政治状況を作り出してきた。都構想をめぐる政治過程がどのようなものであったのかについて時系列的に分析した結果、いくつかのことが明らかになった。

第一に、大阪都構想と一括りにされる改革案は実は時間の経過で内容が大きく変わっているということである。二〇一〇年の都構想原案とも呼ばれる大阪都構想は、もともとは大阪市と隣接市を巻き込んだ二〇の特別区の再編によって行政サーヴィスの受益の均衡を図ろうというところに主眼があった。次いで、東京都以外にも特別区の設置を容認する二〇一二年の大都市地域特別区設置法の後には、大阪市と堺市を中心とした地域に特別区を設置するという案に落ち着いていき、堺市長選挙での都構想推進派の敗北の後は、大阪市の廃止および大阪市域での五特別区設置を中心とする案に変容していった。とくに、大阪府、大阪市の府知事、市長、府議会議員、市議会議員たちからなる法定協議会でまとめられた提案は、二〇一五年には両議会の承認を得て「協定書」という形で住民投票にかけられることになった。

第二に、都構想を推進するために結成された「大阪維新の会」が、新興の政治勢力とは思えない巧みな政治的技術で何度も何度もゾンビのように立ち上がっていったということである。もちろん、橋下徹府知事を取り囲む中心的な幹部は、自民党に所属していた府会議員たちである。しかし、自民党大阪府連で少数派だった彼らが都構想を旗印に飛び出し、五年がかりで都構想の設計図ともいうべき協定書をまとめ切り、大阪市民の住民投票までこぎつけたことは特筆すべきであり、住民投票での協定書の否決の後もさらにわずか半年後の大阪府知事、大阪市長のダブル選挙で再び大阪維新の会の候補者がともに圧勝したことは驚愕すべきことである。

これから大阪の政治について議論を進める際、選挙のタイミングが重要となる。二〇一六年七月に参議院選挙が控えていることを考慮すると、二〇一六年に一定の結論が出ることを期待することは無理である。大阪では「政治の季節」はまだ終わっておらず、不安定な状態が続いている。大都市統治制度の多様な選択肢のための調査そして選択肢を立案する機関の設置が、今後、政治家による実りある議論を行なう上で必要不可欠である。

二〇一五年のダブル選挙が終わり、短期的に対応しうることと中長期的に対応していくことにもう一度整理する必要がある。短期的には、大阪の抱えている問題を少しでも解決するために、二〇一四年の改正地方自治法によって導入された総合区、指定都市都道府県調整会議、そして連携協約をどのように活用するべきなのか議論する必要がある。加えて、国への税源移譲や権限移譲の働きかけをさらに進める必要がある。真に自律した大都市として発展するためには、域内税収の三割程度しか大阪市が使えないという状況から脱却するためには大阪の政治家は何をすべきか考え、実際に行動することが求められる。

その上で、中長期的には、横浜市を中心に政令指定都市の多くが主張している特別自治市構想や、大阪維新の会が当初唱えていた都構想原案、あるいは大阪市と隣接都市との連携や大合併も含めた議論に進んでいくことが、改革の道筋のように思われる。

大阪都構想をめぐる騒動は、人々が目をそらし続けてきた大阪の課題に目を向けさせる効果があった。これは大阪復活への第一歩である。そして、騒動のままで終わるのか、それとも、さらに一歩ずつでも進むのか、これからが正念場である。

行政学は、行政制度がどのような要因で生み出されたのか、あるいは、行政制度がどのような社会経済的な帰結を生み出しているのか、ということを明らかにする学問である。多くの人々が閉塞感や不満を抱く原因はどこに由来しているのか、そもそも、閉塞感や不満は、実際にはどのような政策的な帰結として存在しているのか明らかにするところからはじまる。そして、政策的な帰結に対して、既存の地方自治制度の中でどのように解決していくことが可能であるのか、既存の地方自治制度の中で解決できないのであれば、どのようにさらに統治制度の枠内で政治的に決着を目指していく必要があるのか考える必要がある。

都構想推進派の政治的な戦略を見ていると、まさに既存の統治制度の枠内でいかに行動することが合理的なのかということを徹底していることが明らかである。他方で、反対派についていては、まったく後手に回っていて、推進派の選択の後に追い込まれて対応している印象が強い。政治的な利益や主張の実現のためには、政治制度を十分に理解した上で、どのように行動することが合理的なのかを考えなければならない。行政学や政治過程論などの学問分野は、実際の政治と縁遠く観察に徹した側面が強調されるが、実際の政治過程での利益や理念の実現のための手がかりを与える学問ということもできよう。

注

（1）主成分分析とは「統計学的に多くの情報を縮約する手法」のことであり、具体的な作業については、北村亘『政令指定都市』（中央公論新社、二〇一三年）、六九―七三頁を参照のこと。
（2）砂原庸介『大阪』（中央公論新社、二〇一二年）。
（3）『読売新聞』（大阪版）二〇一五年二月二三日付夕刊、『朝日新聞』二〇一五年二月二五日付朝刊。
（4）『読売新聞』同年六月二一日付朝刊。
（5）地方自治法上、もし、議会で可決した議案に対して首長が一種の拒否権（veto）である再議請求をした場合、議会はさらに三分の二以上の多数で再議決すれば首長の拒否は覆されて確定してしまうことになる。つまり、首長からすれば議会内の首長支持会派が三分の一以上の議席を有しておくことができれば、首長の意向が実現する可能性は非常に高いということを意味している。首長選挙で勝利した政治勢力は、次いで地方議会での三分の一以上の議席確保が大きな課題となる。逆に、首長選挙で敗北した場合、首長支持会派が三分の一以上の議席を獲得することを阻止することが大きな政治的課題となる。
二〇一五年までの大阪府では、大阪維新の会は知事ポストと府議会での過半数の議席を確保していた。他方、大阪市では、二〇一一年に市長ポストの獲得前後でも過半数の議席を確保はしていなかったが、三分の一以上の議席は確保していた。公明党などの協力なしに市長が政策を推進する立場にはなかったが、市議会の自民党をはじめとする都構想反対派の政策に対しては阻止することが可能であった。このことが大阪の有権者に市政が政治的に漂流しているという印象を強めたように思われる。

第11章 アメリカの銃規制をめぐる政治

比較政治学を学ぶ意義

西山　隆行

1　銃規制をめぐるパラドックス

理解困難なものに対して違和を感じ、その理由を探り、説明したいという欲求。これが知的好奇心の出発点である。そして、理解困難な違いが国家間に存在する場合、しかも、それが政治に関わるものである場合、その課題について探求するのが比較政治学である。

アメリカは犯罪多発国家である。二〇〇七年末の段階で、執行猶予や仮釈放中の者を含めると、アメリカ成人の三一人に一人にあたる七三〇万人が受刑状態にある。全世界人口にアメリカが占める割合は約五％だが、受刑者についてはその二五％を占めている。その結果、かつては福祉国家に向けられていた政治的、財政的資源が、刑事司法の分野に向けられるようになっている。今日、アメリカは、ニューディールを基盤とする福祉国家から、犯罪への対応を主要任務とする、クライム・ディールを特徴とする刑罰国家へと変容したとも指摘されている。[1]
アメリカの犯罪問題を考える上では、銃の問題を避けて通ることはできない。アメリカ国内に二億丁を超える銃が存在し、二〇一〇年には銃に関連する理由で三万一六七二人が死亡している。その内訳は、殺人事件が一万一〇七八件、自殺が一万九三〇二件、意図せざる殺人が六〇六件である。[2]表1は、人口一〇万人あたりの銃に起因する死者数と、人口一〇〇人あたりに存在する銃器の数を示したものだが、これを見ると、アメリカ国内には数多くの銃が存在していること、銃に起因する事故が多いことがわかるだろう。
この表を見ると、これだけ多くの被害が発生しているにもかかわらず、何故、銃器に対する規制を強化しないのかと疑問に思う人も多いのではないだろうか。
この疑問は、アメリカに関してしばしば報道されている事柄を念頭に置くと、さらに強まる。例えば、アメリカは製造物責任が強く問われる国であり、しばしば懲罰的な損害賠償が企業に課されている。具体例をあげると、玩具の使用に伴い事故が発生した際、企業が巨額の賠償を求められることがある。しかし、銃と弾丸については消費者製品安全委員会の管轄対象外となっているため、銃について製造物責任を問うのは困難である。ゴム製の弾丸が飛び出す玩具の銃で事故が発生した場合には賠償責任が発生するにもかかわらず、本物の銃により事故が発生しても銃製造会社に賠償責任は生じない。このような状態を改めないのは何故だろうか。[3]
また、アメリカでは公衆衛生に関連する議論が盛んであり、副流煙による健康被害を避けるため、タバコに多くの税が課されたり、喫煙できる場所が限定されたりしている。では、より直接的に健康を害する可能性のある銃には、何故巨額の税が課されないのだろうか。また、学校で銃乱射事件などが発生すると、日本では何故学校内で銃を所持している人がいるのだろうかと疑問を抱く人が多い。しかし、アメリカでは、日本における一般的な想定とは反対に、銃乱射事件の被害を最小化するには学校での銃所持の規制を緩和することが必要だという主張が強くなる。これは何故だろうか[4]。

このような、一見すると不思議な現象が外国で起こった時に、「あの国はいけない」と憤慨して批判するのは、しばしばみられる反応の一つである。また、「アメリカでは銃所有を当然のものと見なす伝統があるのだから仕方がないのだ」、「あの国はああいう国なのだ」と、一種の諦めに近い反応をして、達観した立場に自

表1　銃器関連死者数と銃所持率

	人口10万人あたりの銃器関連死者数	人口100人あたりに存在する銃器の数（文民の所有数）
アメリカ合衆国	10.2	88.8
南アフリカ共和国	9.41	12.7
スイス	3.84	45.7
フィンランド	3.64	45.3
フランス	3.00	31.2
オーストラリア	2.94	30.4
ニュージーランド	2.66	22.6
カナダ	2.44	30.8
ベルギー	2.43	17.2
マルタ	2.16	11.9
イスラエル	1.86	7.3
ルクセンブルク	1.81	15.3
ノルウェー	1.78	31.3
ポルトガル	1.77	8.5
ギリシャ	1.50	22.5
スウェーデン	1.47	31.6
デンマーク	1.45	12.0
イタリア	1.28	11.9
アイスランド	1.25	30.3
ドイツ	1.10	30.3
オーストラリア	1.04	15.0
アイルランド	1.03	8.6
トルコ	0.72	12.5
スペイン	0.63	10.4
オランダ	0.46	3.9
イギリス	0.25	6.2
日本	0.06	0.6

出典：Robert J. Spitzer, *The Politics of Gun Control* [sixth edition] (Paradigm Publishers, 2015), p.51.

らを置くのも、しばしばみられる対応だろう。

だが、このような一見物わかりの良い態度は、他国に対する偏見を強化する危険を伴っている。ワイドショーやインターネット掲示板の書き込みを見ていると、「アメリカ人は、銃を所有し、武力行使を好むDNAを持っている。これが拡大したのが、イラク戦争である。日本は、好戦的なアメリカに巻き込まれてはいけない。アメリカとどのように付き合うべきか、考えた方がよい」というような主張を目にすることがある。だが、武力行使を好むDNAなるものが存在するという主張には科学的根拠がないし、銃所持とイラク戦争を安直につなげるのも問題がある。(5)にもかかわらず、このような単純な主張は、多くの人の心をとらえてしまっている。

また、このような議論は、アメリカでも銃規制を強化するべきという意見が強いことを見落としている。例えば、ピュー・リサーチセンターが二〇一五年七月に行なった調査では、世論の八五％が銃の展示販売会での銃器の購入や銃の個人間の売買に際し、購入者の身元調査を行なうべきだと主張している。精神に障害を持つ人の銃器購入に規制をかけるべきと主張する人も世論の七九％に及ぶ。(6)アメリカでは銃所持を非合法化するべきだという議論は有力にならないが、大半のアメリカ人も穏健な規制には賛成しているのである。

この世論調査のデータを見ると、次のような疑問がわいてくるだろう。アメリカでは、世論が銃規制強化を支持しているにもかかわらず、銃規制が行なわれないのは何故だろうか。このような疑問（以下、ある論者に従って「銃規制をめぐるパラドックス」と呼ぶことにしたい）(7)が出てきた時に、人々の偏見に訴えるのではなく、論理的な説明を行なうことが比較政治学の課題である。

銃規制をめぐるパラドックスを説明するためには、さまざまな要因をおさえておく必要がある。本章では、そのいくつかを検討することでアメリカの銃規制をめぐる政治の一端を明らかにしつつ、比較政治学を研究することの面白さを紹介することにしたい。

2　社会秩序と合衆国憲法

社会秩序の重要性と銃

政府の根本的な存在意義は、秩序をつくり出し、維持することにある。社会秩序の形成と維持は、古典古代以来の政治学の中心テーマだった。例えば、トマス・ホッブズは、自然状態における社会は万人の万人に対する闘争の状態となるために、その危険を回避するためにリヴァイアサンの形成が必要だと主張している。もちろん、秩序の維持は政府にとっての唯一の目的というわけではなく、市民的自由の擁護なども重要である。だが、人は自由がなくとも秩序を得ることができるが、秩序が保たれていなければ自由を享受することはできない。社会秩序維持は政府の最優先課題なのである。(8)

民主政治も統治の一形態である以上、社会秩序の維持はその運営のための不可欠の前提となる。いかに民主主義の基礎となる市民的自由が重要だからといって、市民的自由を過度に尊重する結果として社会秩序を崩壊させ、政治を破壊するのは本末転倒である。それゆえ、市民的自由と社会秩序のバランスをいかにとるかが重要な論点となる。(9)各国の統治の基本原則を定めた文章である憲法は、この問題を考える上で重要な役割を果たしている。

社会秩序を維持する上で、統治機構が一定の権力を行使することが必要である。他方、統治機構による権力行使は市民的自由を侵害する危険を伴っている。秩序維持を名目として、政府が反対派や少数派を弾圧する国も存在する。民主主義を統治原理とする国では、政府が恣意的に権力を行使して人々の権利を侵害することがないように、制度的歯止めをかける必要がある。

世界で最も早い段階で共和主義、民主主義を統治の基本原則として掲げたアメリカでは、連邦政府の権力増大を抑制するために、いわゆる三権分立を定めるとともに、連邦制を導入した。[10]立法機構、行政機構、司法機構を分立させてそれぞれに権力を分有させることを定めた前者は、行政をつかさどる大統領が、大きな権力を持って人々の権利を侵害した絶対王政期のヨーロッパの君主のようにならないようにすることを目的としていた。後者の連邦制とは、連邦を構成する諸州がそれぞれ主権と憲法を持ち、その一部を連邦政府に移譲することで連邦政府を構成する制度である。州政府と連邦政府が主権を分有することで、それぞれの政府が強大化し過ぎるのを抑制しようとしたのである。

この三権分立と連邦制は、それぞれ機能的、空間的に権力を分立させることを目指したものであり、日本と比べて権力が集中するのを抑制している。日本については、権力の抑制と均衡が制度化されていると言われる。だが、首相が国会議員から選ばれるとともに、閣僚の過半数が議会に議席を持つことが要求されているように、制度的に見れば行政部と立法部の権力の融合が目指されている。日本の首相は議会の多数派によって支えられているため、アメリカの大統領よりも大きな権力を行使することができる。また、日本はアメリカと異なり単一主権制の国家であるため、主権を持つのは中央政府のみで都道府県は主権を持っていない。

このように、日本と比べて、アメリカでは行政部の長が大きな権力を行使することが制度的に制約されている。これは、アメリカで社会秩序を形成し、維持するために、連邦政府にできることに大きな制約があることも意味している。

アメリカでは、常備軍と官僚制は君主政を維持するための制度と見なされ、その存在が大きくなるのを回避しようと試みられてきた。建国当初のアメリカでは、国内の秩序維持を担う官僚である警察も圧政の手段と化す可能性があると見なされ、それが大きな役割を果たすという考えには強い支持が得られなかった。[11]

とはいえ、建国者たちにとっても秩序維持は重要課題だった。一七八六年から八七年にかけてマサチューセッツ州で発生したシェイズの反乱に見られるように、独立戦争後のアメリカ社会に不満を感じた人々が暴動を起こす危険性もあった。

それを踏まえ、建国者たちは、治安法の制定などを通して連邦レベルで思想の次元での秩序維持を図る一方で、実際の物理的な秩序維持は州以下の政府に委ねることにした。その結果、アメリカの治安維持活動は、地域の特性に応じて異なる性格を持つようになる。ニューヨークやボストンなどの北東部の都市は人口密度が高かったこともあり、自治体警察をつくるのが効率的な方法だった。他方、農村部は、地理的に広大であるにもかかわらず人口が少なかったため、警察を整備するのは効率的な方法ではなかった。そのため、これらの地域では、社会秩序維持のために自警団が発達した。自警団は、社会秩序維持と犯罪者の制圧を目的としていたが、社会秩序の意味を定め、秩序を維持するために用いる方法の妥当性を判断する役割も自ら担っていた。[12] 政治家が法律を作り、それに基づいて警察が取り締まりを行ない、その妥当性に疑念が生じた場合には裁判所が判断する——今日ならば、政治家、警察、裁判所がそれぞれ果たすべき役割を、自警団は全て担っていたのである。

社会秩序の形成について、政府の果たす役割を重視する「上からの」秩序形成と、市民社会の自発性を強調する「下からの」秩序形成という二つの方法を仮に区別するならば、アメリカでは、「下からの」秩序形成の考え方が非常に強いことが特徴である。そして、このような秩序維持方法を可能にしたのが銃器の存在である。

合衆国憲法修正第二条

アメリカにおいて銃に特別な位置が与えられていることは、合衆国憲法の規定にも明確に示されている。[13]
まずは、銃に関しては合衆国憲法の修正条項で規定されていることが重要な意味を持つ。合衆国憲法の修正第一条から第一〇条までには、一般に権利章典と呼ばれるものが規定されている。権利章典が修正条項として定められているのは、憲法制定時、多くの代表者たちが人々の権利を保護することは州の任務であり、合衆国憲法で定める必要はないと考えていたことに起因する。しかし、人々の市民的自由を保証することが合衆国憲法に対する支持を得る上で不可欠であると徐々に認識されるようになり、権利章典が最初の一〇個の修正条項として加えられた。合衆国憲法は、複数の機関に権力を分有させ、連邦政府と州政府に権力を分立することで、独占的権力の出現を抑制することを目指した。さらに、人々の権利を修正条項に規定することで、政府による市民的自由の侵害が起こらないよう、工夫された。その中に銃に関する規定が含まれたことは、銃が市民的自由を維持する上で重要な役割を果たすと考えられていたことの表れである。

合衆国憲法修正第二条の規定は、英語では、"A well regulated Militia, being necessary to the security of a free state, the right of the people to keep and bear Arms, shall not be infringed" となっている。これを部分的に日本語に訳せば、「規律ある民兵は、自由な state の安全にとって必要であるから、人民が武器を保蔵しまた携帯する権利は侵してはならない」となるだろう。そして、この解釈には難しい問題が少なくとも二つ伴っている。

一つ目の問題は、規律ある民兵の必要性について論じられていることをどう考えるかである。この点を理解する上では、建国期のアメリカでは共和主義が建国者たちの基本的哲学とされていたこと、また、イギリスのコモン・ローが合衆国憲法の制定に影響を与えたことに注意する必要がある。

共和主義は、各人が私益よりも共通の善、全体の福祉を追求することを重視する考え方であり、そのための前提として、市民が公徳心を持っていることが重要だとされた。そして、伝統的にイギリスでは、民兵の経験は独立した自己統治の経験を生み出すと考えられてきたため、民兵としての自覚を持つ人々は圧政から共同体を守り、共通善を維持、発展させていくことができると考えられていた。今日、民兵という要素を強調するのは時代錯誤だと思えるかもしれないが、民兵は、能動的に政治に参加する市民、並びに、圧制への抵抗を象徴するものと考えられているのである。

二つ目の問題は、stateの意味である。この言葉には州と国家という両方の意味がある。仮にstateが州を意味するのであれば、修正第二条は民兵を組織するための州の権利を定めたものという意味となるので、州政府がその権利を放棄するならば、州民による銃の保蔵や携帯を規制する権限を州政府が持つと解釈することができる（州権説）。この立場は、今日では、銃規制推進派が採用するよう求める立場である。他方、stateを国家＝アメリカと解するならば、武器を保蔵し携帯する権利は個人に対して与えられていることになり、包括的な銃規制は憲法改正をしない限り不可能という事になる（個人権説）。この立場は、今日では、銃規制反対を唱える人々の立場を法的に根拠づけるものとされている。もっとも、個人権説をとる場合でも、武器を携帯できる場所や、携帯できる武器の種類などについて規制を行なうことは可能だと考えるのが一般的である。

このどちらの解釈が正しいかをめぐって、大きな論争が繰り広げられてきた。銃規制反対派に加えて、州裁判所の判例は個人権説をとることが多い。合衆国最高裁判所は伝統的に州権説をとっていたが、二〇〇八年の判例では個人権説を採用した。そのため、今日では包括的な銃規制を行なうのは、憲法改正をしなければ困難になったと考えられている。

以上述べてきたように、政府が圧倒的な力をもって圧政の主体となるのを抑制するために銃が必要だという考えは、今日銃規制が進まない背景の一つとして重要な意味を持っている。先ほど、アメリカ国民の多くは穏健な銃規制を支持していると説明した。先ほどとは別の調査の結果をあげるならば、アメリカ国民に銃購入希望者の身元調査をすべきかと問うと八三％がすべきだと回答している。他方、同じ調査で連邦議会上院がその法律を通すべきかと問うと支持率が二〇％も下がってしまう。[14] これは、アメリカ国民の連邦政府に対する警戒感の表れだということができるだろう。連邦政府に対する不信の強さが、銃規制が進まないことの大きな理由となっているのである。

3 銃規制をめぐる政治過程

政党政治と利益集団政治

銃規制のパラドックスが解消されない背景には、小さな政府という原則を重視する観点から建国期には警察が一元的に整備されず、秩序維持の多くを国民の自発性に頼ったこと、そして、それを可能にする合衆国憲法の規定が存在したことを指摘した。次に疑問に思われることは、アメリカ国民の多くが穏健な銃規制を支持しているのであれば、何故、その実現を目指して政治家が立法活動をしないのかということだろう。

いわゆる五五年体制下の日本で政治改革が目指された時、小選挙区制を導入し、二大政党政治を実現することが日本の進むべき道だと主張されたことがあった。そこで強調されたのは、小選挙区制の下では二大政党がさまざまな争点についての立場を明確にし、その是非をめぐって活発な議論が展開されるということだった。では、アメリカでは、銃規制をめぐって政党が活発に議論を展開しているのだろうか。

二〇一六年の大統領選挙の各党候補の選出段階においては、共和党の各候補が銃規制反対の立場を明確にし、民主党の筆頭候補であるヒラリー・クリントンが銃規制推進の立場を明らかにしていた。この状況を考えれば、日本でしばしば指摘されたような、小選挙区制と二大政党制のメリットが銃規制に関しても実現されているように思う人もいるかもしれない。しかし、民主党側でクリントンに対抗しているバーニー・サンダース候補は、銃規制反対派である。そもそも、二大政党は共に銃規制に消極的な姿勢を長い間示してきた。

アメリカの政党政治で、銃規制が大きな争点となってこなかったことを理解するためには、アメリカの政党の性格がヨーロッパや日本とは大きく異なっていることを踏まえなければならない[15]。政党政治で何かが争点となるためには、政党間でその問題をめぐって立場の相違が存在しなければならない。だが、アメリカの政党は多くの争点に関して、そもそも明確な立場を示していないのである。

では、何故アメリカの政党が争点に対して必ずしも明確な立場を示さないかと言えば、少なくとも二つの要因を指摘することができる。第一に、議院内閣制を採用している日本とは異なり、大統領制を採用しているアメリカでは党議拘束が存在しにくいことが大きな要因となっている。議会多数派が行政部の長である首相を選出し、支えることになっている議院内閣制の下では、議会多数派（与党）は行政部の長を支えるために党議拘束をかけるのが一般的である。これに対し、大統領と連邦議会議員が異なる選挙で選ばれ、一方が他方を選出する関係にないアメリカでは、連邦議会は大統領を支える必要がない。連邦議会多数派と大統領を同じ政党が占める状態であったとしても、行政部の長である大統領と立法部たる連邦議会は抑制と均衡の関係に立つことが想定されている。このような状態のため、大統領と議会の方針が異なるのも一般的である。

第二に、アメリカの二大政党が候補の公認権を持っていないことも重要な意味を持つ。これは、二〇一六年大統領選挙で、共和党主流派が好ましく思っていないドナルド・トランプが党の大統領候補となる可能性があることを見ればわかるだろう。アメリカでは、政党間で争われる本選挙の前に、政党の候補を決定するための予備選挙や党員集会が行なわれており、その結果を踏まえて全国党大会で候補が決定されることになっている。これは、党主流派が想定していない立場をとる人物が党の候補となる可能性があることを意味している。これは、アメリカの政党が選挙区ごとの候補の連合体としての性格を持つことも意味する。

このような要因のため、銃規制に関する候補の立場は、それぞれの選挙区の事情によって変わってくるのである。

利益集団——全米ライフル協会（ＮＲＡ）

候補者が政策上の立場を決定するのに重要な影響を及ぼしているのが、利益集団である。[16] 政治において、利益関心を同じくする人々が集団を組織して、利益関心の実現を図ることがある。そのような自発的結社のうち、既存の政府機関とそれを構成する人員の存在を前提として、それらを介して目的を実現しようとする集団のことを利益集団と呼ぶ。
利益集団のうち、組織としての凝集性が高いものは影響力が大きい。利益集団は、候補に対して強いメッセージを送ったり、献金を行なったり、選挙の際に大規模な動員を行なったりすることがある。アメリカでは投票率は概して低く、大統領選挙でも五〇％程度のことが多い。予備選挙や党員集会に際してはさらに参加の度合いが低く、党員集会については二％程度しかない場合もある。そのような中で、利益集団が構成員を動員すれば、候補に対して大きな影響力を及ぼすことができる。
銃規制に関して最も大きな影響力を行使している利益集団は、全米ライフル協会（ＮＲＡ）である。ＮＲＡは「銃が人を殺すのではなく、人が人を殺すのだ」というスローガンを掲げており、銃規制に反対する立場をとっている。二〇一一年当時二億三〇〇〇万ドルの年間予算を持ち、公称四五〇万人（おそらく実態は三四〇万人）の会員を擁していた。[17]
全米最強のロビー団体と称されることもあるＮＲＡの政治力[18]は、二〇〇〇年大統領選挙の際に大いに発揮された。当該選挙は、当時副大統領であったアル・ゴア（民主党）と、テキサス州知事のジョージ・Ｗ・ブッシュ（共和党）の間で大接戦となり、接戦州であるフロリダ州での勝敗をめぐって訴訟合戦になった。だが、ゴアは、もし地盤としていたテネシー州で勝利していれば、フロリダ州の結果にかかわらず、大統領に就任することができた。副大統領となる前にゴアが、テネシー州選出の連邦下院議員、連邦上院議員だったことを考えれば、フロリダ州よりもテネシー州でゴアが敗北したことの方が驚くべきだろう。

ゴアがテネシー州で敗北したのは、ゴアが拳銃の所持を許可制にすることを含む銃規制強化を主張したことがＮＲＡの逆鱗に触れ、ＮＲＡがテネシー州で反ゴア・キャンペーンを展開したことが大きな理由だと言われている。そして、多くの政治家は同選挙でＮＲＡの強さが示されたと認識し、ＮＲＡの意向に反する立場をとると選挙で不利になるという教訓を導いた。その結果、銃規制推進を訴える候補は次の選挙以降減少したのである。

ＮＲＡの強さの源泉①――組織力とアクセス

ＮＲＡがしばしば最大のロビー団体だと称される背景には、その大きな組織力がある。ＮＲＡは銃所持の権利擁護という大義のために積極的に活動する会員を多く擁しており、銃規制に関する話題が出そうな会合に参加したり、政治家に手紙を書いたり、銃規制推進派候補に対する追い落とし運動をするなどの活動をしている。

ＮＲＡは、会員がＮＲＡに所属し、積極的に活動に関与するための誘因を与え続けている。政治学者のジェームズ・Ｑ・ウィルソンは、利益集団が組織を維持するために会員に与える誘因を、物質的誘因、連帯的誘因、目的的誘因の三つに整理している。[19] ＮＲＡは政府の余剰銃器を払い下げてもらう独占的権利を持っていた時期も長く、会員に物質的誘因を与えることに成功してきた。また、射撃教室などの機会をつくって、会員が相互に交流し、一体感を得るための連帯的誘因も提供してきた。そして、銃規制反対をアメリカ的価値を擁護する活動と位置づけたうえで、銃に関連する事件が発生するたびに浮上する銃規制強化の試みをつぶすことで、アメリカ的価値を守っているという達成感を会員に持たせることができた。[20] このような、集団の大義にかかわる目的的誘因は、メンバーの情熱を保つ上で重要な意味を持つ。

また、ＮＲＡは、アメリカ政府の構造に対応した組織を効果的に作り上げてきた。ＮＲＡは、連邦、州、地方、それぞれの次元ごとに、立法、行政、司法の各部門を対象として行動するための組織を持っており、それぞれが効果的に活動することができるよう、制度的に支援を行なっている。[21]
さらに、ＮＲＡが政策決定過程の中枢部にアクセスを持っていることも特筆に値する。本章の冒頭で、銃と弾丸が消費者製品安全委員会の管轄対象から外れていることを指摘した。これは、ＮＲＡが政策決定の中枢部にアクセスを持つことが重要な意味を持ったためである。[22]
一九七二年に創設された消費者製品安全委員会は、商品が消費者の健康や安全に危害を及ぼさないかを検証し、規制する役割を担っている。その創設に際し、当該委員会がどの分野を対象にするかが大争点となったが、審議の際、銃規制反対派は目に見えるかたちでは積極的な役割を果たさなかった。だが、下院の消費者委員会委員長を務めていたジョン・ディンゲルは、銃と弾丸をその対象から除外する規定をひそかに挿入した。
ディンゲルは、ＮＲＡの役員を務めていた人物である。重要法案が数百頁を超えることも珍しくないアメリカでは、立法過程で法案の詳細について厳密に検討されるというわけでは必ずしもなく、立法段階で委員会の重要人物が目立たないかたちで条項を挿入するのは珍しいことではない。この規定についても、立法過程で注目されることはほとんどなかった。しかし、この規定は銃規制推進派が規制強化のために消費者製品安全委員会を活用する機会を効果的に封じている。
政治学では、特定争点について対立がある際にどちらが勝利したかということも権力の強さを測る重要な指標だとされるが、それ以上に、潜在的な問題を非争点化する非決定権力がより次元の深い権力だとされている。[23]ＮＲＡが政策決定過程で重要な役割を果たす人々へのアクセスを持っていることは、銃規制に関する重要な問題が公的に争点化されるのを防止しているといえる。

ＮＲＡの強さの源泉②――政策的立場と二大政党との関係

ＮＲＡが大きな影響力を行使できる背景には、その政策上の立場が、強硬ながらも現実主義的だということがある。報道等で、ＮＲＡは銃規制について一切妥協を認めない強硬派だと紹介されることがあるが、正確ではない。ＮＲＡは銃規制強化に強く反対するものの、重罪判決を受けた者への銃所持規制を認めるなど、既存法規は遵守することを方針としている。銃規制に一切妥協しない米国銃所有者協会やリバタリアンのケイトー財団は、原理主義的な観点からＮＲＡの現実主義路線を強く批判している。ＮＲＡは、熱心な活動家の支持を維持できるほどには強硬な立場を示すものの、既存法規順守を主張する現実路線をとっているため、現職政治家と協力関係を維持することができるのである(24)。

また、ＮＲＡは、特定の政党と強固な関係を形成していないがゆえに、大きな影響力を行使することができている。アメリカのメディアでも、ＮＲＡは共和党の強固な支持団体だと説明されることがある。しかし、この説明には疑問を感じざるを得ない。

まず、ＮＲＡの政治活動委員会からの献金先については、現職候補に対する割合が高い。民主党候補よりも共和党候補に対する献金額の方が多いのは事実であり、一九七八年から二〇〇〇年までの間で、ＮＲＡの献金の八四％が共和党候補に届けられている。二〇〇〇年の選挙にいたっては、ＮＲＡ資金の九四％が共和党候補に届けられている。しかし、二〇〇八年には二二％が、二〇一〇年には二九％が民主党候補に献金されている(25)。

ＮＲＡが共和党候補に不利な行動をとった例も散見される。顕著な事例を三つ紹介すれば、第一に、一九九二年の大統領選挙でＮＲＡの生涯会員であった現職のジョージ・Ｈ・Ｗ・ブッシュを支持せず、献金も行なわなかった例がある。ブッシュの対立候補は銃規制推進派のビル・クリントンだった。にもかかわらず、ＮＲＡがブッ

シュを支持しなかった理由は、彼が一九八九年に半自動ライフルの輸入を禁止する決定を行なったからだと言われている。(26)

第二に、一九九六年の大統領選挙で、現職候補がクリントンだったにもかかわらず、共和党候補のボブ・ドールを支持しなかったことがある。その理由は、NRAが一九九四年に突撃銃禁止の撤回を目指していたにもかかわらず、ドールがそれに協力しなかったためだとされている。なお、ドールは長らくNRAの方針を支援していた人物だった。(27)

第三に、一九九〇年にNRAがヴァモント州選出の共和党連邦下院議員であるピーター・P・スミスの落選キャンペーンに一万八〇〇〇ドルを投じた事例があげられる。スミスが一九八九年に半自動銃を禁止する法案の共同提案者となったことがその原因だとされている。なお、スミスを破ったのは同法案支持を表明していた、自称社会主義者のバーニー・サンダースである。サンダースはスミスの敗北から学習したためか、二〇一六年の大統領選挙の民主党候補となることを目指している現在に至るまで、NRAの意向にそって銃規制強化に反対している。(28)

以上の例を見れば、NRAが共和党候補を優先して支持しているわけではないことがわかるだろう。これらの事例から推察されるNRAの戦略は、まずは現職候補に着目したうえで、現職候補がNRAの立場を全面的に支持している場合にはその候補を支持する、しかし、現職候補がNRAの立場に反する行動をとった場合には、懲罰としてその候補を支持しないということである。NRAが共和党と関わりが深いのは、民主党が銃所持率が低く銃犯罪が多い都市部を地盤としているのに対し、共和党が銃所持率が高く銃犯罪の少ない農村部を地盤としていることの結果だと言えるだろう。

このNRAの戦略は、銃規制推進派の有権者を多く抱えている候補の行動を変えることはできないだろう。しかし、有権者内に銃規制推進派が必ずしも多くない選挙区を基盤にする候補にとっては、候補自身が銃規制に大きな関心を持っていない場合には、NRAの立場に沿った行動をとることが合理的な戦略となる。

一般的な想定とは異なり、NRAは特定の政党と密接な関係を持たず、政党に関係なく候補に対する支持・不支持を決定するがゆえに、現職候補に対する脅迫能力を持っている。これが、NRAの強さの源泉の一つとなっているのである。

銃規制推進派の弱さ

すでに指摘したように、アメリカでは多くの人が銃規制強化を望んでいるにもかかわらず、銃規制は強化されていない。この銃規制のパラドックスが起こる一つの背景には、銃規制反対派が強固な利益集団を持っている一方で、銃規制強化を望む人が銃規制推進を目指す利益集団に積極的に参加していないことがある。
著名な銃規制推進派団体としては、「銃暴力防止のためのブレイディ・キャンペーン」（以下、ブレイディ・キャンペーン）や銃暴力阻止連盟（CSGV）がある。前者は、一九七四年に創設された拳銃統制全国会議が拳銃統制社という名を経て、二〇〇一年にこの名前に改称した団体である。ブレイディという名は、一九八一年のレーガン大統領暗殺未遂事件の際に、レーガンをかばって撃たれ、障害を負ったジェイムズ・ブレイディからとられている。ジェイムズの妻のサラ・ブレイディが一九八九年から二〇一二年まで代表を務めていたことでも知られている。[29]後者のCSGVはメソディスト教会によって設立された拳銃禁止全国会議から改名したものである。[30]
銃規制推進派団体の参加者は、二〇〇〇年代初めの段階で、NRAの七％程度と見積もられている。また、ブレイディ・キャンペーンとCSGVの収入は合計しても、NRAの収入のほぼ七％である。銃犯罪の被害者には、都市部、とりわけ貧困なマイノリティが多く居住するスラムの住民が多い。銃規制推進派が資金を確保できない背景には、銃規制推進派には経済的に貧しい人々が多いことに加えて、(銃規制反対派にとっての銃製造業者のような)資金提供をしてくれる企業があまりないことがある。[31]
銃規制推進派団体は、人員の面でも銃規制反対派に比べて明らかに劣っている。その理由の一つに、銃規制推進派が追求する利益関心は、ただ乗りの問題を誘発しやすいことがある。銃規制推進がもたらす利益は、銃犯罪の減少、社会の安全という公共財だと考えられる。[32] この公共利益は、その実現に向けて積極的に活動したところで、容易に実現されるわけではない。仮に、自らが積極的に関与した結果として社会の安全が確保できたとしても、安全という利益は銃規制推進運動に関与しなかった人にも及ぶ。そのような状態では、銃規制推進運動に関与せず、その成果にただ乗りした方が合理的になる。このような争点の性質が銃規制推進派団体の組織化を困難にしているのは間違いないだろう。[33]
ただ乗りの問題を乗り越えて参加者を集めるためには、参加者に何らかの誘因を与えることが必要になる。しかし、銃規制推進派は銃規制反対派と比べて、そのような誘因を与えにくい。物質的誘因、連帯的誘因に関していえば、銃規制反対派も会報を発行したり会員が集う場を設けたりしている。しかし、それには大きな限界がある。それは、中核的な構成員である銃犯罪の被害者とその家族たちが、利益集団や社会運動に参加するために必要な各種資源を十分に持っていないことである。[34]
利益集団を組織し、維持するためにはさまざまなコストがかかるが、銃犯罪の被害者とその家族は、低所得コミュニティに居住していて、金銭的にも時間的にも余裕がなく、十分な社会的ネットワークを持っていないことが多い。そのような状態では、銃規制推進派団体が参加者に十分な物質的誘因を提供するのは困難である。また、連帯的誘因を与えるべく会合の機会を提供したとしても、それに参加することのできない人が多くなってしまう。
目的的誘因に関しても、銃規制反対派と比べると銃規制推進派は大きな困難を抱えている。銃規制反対派は、基本的には提案された銃規制に団結して反対すればよい。一方、銃規制推進派は、規制の具体的な提案を行なわなければならない。だが、銃犯罪を減少させるためにどのような対策をとるのが最も効果的かについては犯罪学者の中でも見解が分かれているため、提案の優先順位をめぐって争いが生じてしまう（銃所持の禁止が最も効果的だが、その実現可能性は低い）[35]。また、銃規制反対派が合衆国憲法修正第二条との関係でアメリカ的価値観を体現していると主張しやすいのに対し、銃規制推進派はそのような主張をしにくいことも指摘できるだろう。

また、先に指摘したように、アメリカ政治は分節的な構造をしているため、政策立案を阻止するための難所が多く、銃規制反対派に有利である。銃規制反対派が、さまざまな規制を阻止することで達成感を得やすいのに対し、銃規制推進派は達成感を得にくい。

戦略面においても、銃規制推進派は多くの困難を抱えている。銃規制反対派は、連邦・州・地方の各次元で、立法・行政・司法の部門ごとに対応する組織を形成して戦略を立てているが、銃規制推進派はそれだけの組織を確立するのに必要な資源を持っていない[36]。また、銃規制推進を主張する政治家に対して、献金を行なう財政的余裕がないことに加えて、低所得者は政治参加の度合いが低いため、選挙の際の動員力もＮＲＡと比べると劣っている。

このように、銃規制推進派団体が銃規制反対派団体に比べて参加者が少なく、政治的に目的を達成することのできる度合いが低い背景には、争点の性格の問題や、銃規制推進派が経済的資源を十分に持っていないことがあるのである。

変化の可能性？

近年、このような限界を乗り越える可能性のある動きが、少なくとも二つ、登場している。

一つ目は、二〇〇二年から三期一二年間ニューヨーク市長を務めた、マイケル・ブルームバーグの試みである。二〇〇六年に、ブルームバーグはボストン市長のトマス・メニーノとともに一五の大都市の市長を集めて、銃器の取り締まりが緩慢な州から都市部に違法な銃器が流入するのを阻止するための会合を行なった。大都市の市長がこのように集った背景には、銃に関する犯罪は主に都市で発生しており、都市住民は農村部の住民と比べて銃規制強化を主張する度合いが高いことがある。[37]ブルームバーグらが組織した、「違法銃器に反対する市長の会（MAIG）」は、銃規制強化を求めるロビー団体となり、今日では現職、元職合わせて一〇〇〇名以上の市長が参加している。[38]
ブルームバーグは二七〇億ドルの資産を持ち、フォーブス誌による二〇一三年世界長者番付では一三位にランクされている。彼は二〇一二年に、銃規制強化を主張する政治家を支援するための選挙広告に、一〇〇〇万ドルを提供すると宣言した。銃規制推進派は銃規制反対派に比べると経済的基盤が弱体で効果的な運動を展開することができなかった。ブルームバーグによるこの動きは、少なくとも経済的には、銃規制反対派に対抗し、それを上回ることを可能にしようとする試みである。
MAIGは二〇一四年には、「銃規制を求める米国の母親たち」という団体と統合して、「すべての街に銃規制を（ETFG）」となっている。「銃規制を求める米国の母親たち」は、二〇一二年にコネティカット州のサンディ・フック小学校で起こった銃乱射事件を受けて、シャノン・ワッツが設立した団体である。ETFGは一二万五〇〇〇人の会員を擁するNPO法人となり、広報活動に加えて、職場に銃を持ち込むことを容認する企業の商品をボイコットする運動を展開した。その結果、コーヒーチェーンのスターバックス、メキシコ料理チェーンのチポトレ、ディスカウントストアチェーンのターゲットなどが、銃器の持ち込みを禁止するようになった。ブルームバーグは、個人資産から五〇〇〇万ドルを二〇一四年の中間選挙に投じており、以後も経済的な協力を続けると宣言している[39]。

このように、銃規制推進派がNRAを経済的に上回る事態が発生しているとともに、銃規制推進派による草の根運動も活発になる兆しを見せている。この運動はブルームバーグの個人資産に依存し過ぎているという問題を抱えているが、この費用を用いて草の根団体の組織化を進めれば、銃規制推進派の影響力が増大していく可能性もあるだろう。

もう一つの動きは、二〇〇七年から二〇一二年一月までアリゾナ州選出の連邦下院議員を務めていたガブリエル・ギフォーズ連邦下院議員と、その夫でアメリカ海軍大尉で宇宙飛行士のマーク・ケリーが、二〇一三年に「責任ある問題解決を図るアメリカ人の会」を組織したことである。ギフォーズは二〇一一年に頭部に銃弾を受けて生死をさまよった経験を持つ。ギフォーズとケリーはともに合衆国憲法修正第二条を擁護し、銃規制に慎重な立場をとってきた人物だが、この事件を経て、穏健で効果のある銃規制を実施すべきとの立場をとるようになった[40]。

以上見た、ブルームバーグらの動きとギフォーズらの動きは、ともに、新規の銃購入時の背景調査の強化、銃販売の記録保存、弾倉に関する規制、子どもが銃に触れないようにするための規制の導入などを主張しており、世論の支持を集めている。両団体が主張する具体的な銃規制策はこれらの点に収斂するようになっており、以後銃規制が行なわれるならば、これらの点に焦点が当たることとなるだろう。

4　むすびにかえて

本章は、アメリカの銃問題に関する違和感から議論を展開し、その中の重要な部分を「銃規制をめぐるパラドックス」として抽出して、その説明を試みてきた。その際には、日本とアメリカにおける政府の役割についての考え方の相違、憲法の問題、政党や利益集団の性格など、さまざまな要因が重なり合って、アメリカの銃規制をめぐる政治が形づくられていることが明らかになった。メディアで流布しているような雑駁な国民性論や印象論は、単純でわかりやすいものの、しばしば正確性や論理的一貫性に欠けている。それに対し、本章で展開した議論は、複雑で難しい印象を与えるかもしれないが、反証可能性のある議論である。
この分析に不十分な点が残されていることは筆者も自覚しているが、その指摘を受けてさらに議論を発展させることは楽しいことである。いずれ、筆者の議論を踏み台にして、より本格的な研究を行なう人が出てくるだろうが、それは筆者にとってこの上ない喜びである。
さまざまな問いを続けていき、回答を重ねていく。反論がなされた場合は、それに誠実に回答していく。このような知的探求を続けていくことに快楽を見いだし、それが国際理解に寄与することを嬉しく思う。これが、比較政治学を学ぶ意義だと言えるだろう。

謝辞　本研究は、日本学術振興会科学研究費・若手研究B「アメリカの犯罪政策と連邦制」の成果であるとともに、財団法人櫻田会による研究助成を受けて実施したものである。

注

（1）Jonathan Simon, "From the New Deal to the Crime Deal" in Mary Louise Frampton, Ian Haney Lopez & Jonathan Simon eds., *After the War on Crime: Race, Democracy, and a New Reconstruction*, (New York University Press, 2008). アメリカの犯罪政策をめぐる政治については、西山隆行「犯罪対策の強化と保守派の主導」五十嵐武士／久保文明編『アメリカ現代政治の構図――イデオロギー対立とそのゆくえ』（東京大学出版会、二〇〇九年）。
（2）Philip J. Cook & Kristin A. Goss, *The Gun Debate: What Everyone Needs to Know*, (Oxford University Press, 2014), p.34.

（3）Cook & Goss, *The Gun Debate*, pp.123-124.
（4）Cook & Goss, *The Gun Debate*, pp.124-127.
（5）スイスやカナダにも多くの銃が流通しているが、両国はイラク戦争に関与していない。
（6）Per Research Center, "Continued Bipartisan Support for Expanded Background Checks on Gun Sales: More Polarized Views of the NRA's Influence" August 13, 2015.
（7）この問いについては、Kristin A. Goss, *Disarmed: The Missing Movement for Gun Control in America*, (Princeton University press, 2006).
（8）サミュエル・ハンチントン『変革期社会の政治秩序（上）（下）』内山秀夫訳（サイマル出版会、一九七二年）。
（9）以降の社会秩序と市民的自由に関する議論は、西山隆行「社会秩序と市民的自由」『甲南法学』第五四巻三・四号（二〇一四年）に依拠している。
（10）アメリカ政治の基本的特徴と権力分立については、西山隆行『アメリカ政治――制度・文化・歴史』（三修社、二〇一四年）、第二章。
（11）アメリカの警察については、西山隆行「『政治』から『改革』へ――アメリカ警察の政治的特徴と革新主義時代の警察改革」林田敏子／大日方純夫編『警察』（ミネルヴァ書房、二〇一二年）。
（12）今日でも、銃を利用した街頭犯罪の多い都市部では警察などを中心に銃規制を強化すべきとの主張が強いのに対し、人口密度が低く犯罪率も低い農村部では、自衛のための銃所持の必要性が強調されている。
（13）合衆国憲法修正第二条の読み方については、富井幸雄『共和主義・民兵・銃規制――合衆国憲法修正第二条の読み方』（昭和堂、二〇〇二年）が参考になる。
（14）Cook & Goss, *The Gun Debate*, p.179.
（15）アメリカの政党の特徴については、西山『アメリカ政治』第四章、アメリカの選挙については西山『アメリカ政治』第五章を参照のこと。
（16）以後の議論は、西山隆行「アメリカにおける銃規制と利益集団政治」『甲南法学』第五六巻三・四号（二〇一六年）を再構成したものである。詳細な注は同論文を参照していただきたい。
（17）Cook & Goss, *The Gun Debate*, pp.190-191.
（18）ワシントンDCで影響力のある利益集団の順位付けを行なっている『フォーチュン・マガジン』では、NRAは二〇〇一年以降、第1位の評価を受け続けている。Robert J. Spitzer, *The Politics of Gun Control* [sixth edition] (Boulder: Paradigm Publishers, 2015), pp.122-123.
（19）Peter B. Clark & James Q. Wilson, "Incentive Systems: A Theory of Organization" *Administrative Science Quarterly* 6 (1961); James Q. Wilson, *Political Organizations*, (Basic Books, 1973).
（20）Cook & Goss, *The Gun Debate*, p.194; Spitzer, *The Politics of Gun Control*, pp.104-107.
（21）Goss, *Disarmed*.
（22）この事例については、Spitzer, *The Politics of Gun Control*, pp.107-108.
（23）Peter Bachrach & Morton Baratz, "Two Faces of Power" *American Political Science Review* 56 (1962); Peter Bachrach & Morton Baratz, "Decisions and Nondecisions: An Analytical Framework" *American Political Science Review* 57 (1963); Cf., Steven Lukes, *Power: A Radical View*, (London: Macmillan, 1974).
（24）西山「アメリカにおける銃規制と利益集団政治」、九二―九五頁。
（25）Cook & Goss, *The Gun Debate*, p.102.
（26）Spitzer, *The Politics of Gun Control*, pp.112-113.
（27）Spitzer, *The Politics of Gun Control*, p.113.
（28）Spitzer, *The Politics of Gun Control*, pp.109-110.
（29）ブレイディ・キャンペーンのホームページを参照。<http://www.bradycampaign.org/>, last accessed on March 10, 2016.
（30）銃暴力阻止連盟のホームページを参照。<http://csgv.org/>, last accessed on March 10, 2016.
（31）Cook & Goss, *The Gun Debate*, p.204.

（32）銃規制反対派は、逆に、銃の規制を解いて、多くの人が銃を持つようになれば、犯罪率は低下して安全が達成されると主張する。中でも、他人に見えないようにして銃を持つ人が多い地域では犯罪率が低下すると主張する人は多く、それを計量的に実証したと主張する研究も存在する（John R. Lott Jr., *More Guns, Less Crime: Understanding Crime and Gun – Control Laws*, [3rd edition] (University of Chicago Press, 2010)。ただし、その研究には多くの問題が存在している。
（33）Mancur Olson, *The Logic of Collective Action: Public Goods and the Theory of Groups*, (Harvard University Press, 1965).
（34）犯罪被害者とその家族が利益集団を形成することの困難さについては、西山「犯罪対策の強化と保守派の主導」。
（35）ノエル・ペリンによれば、日本では鉄砲伝来以来一〇〇年間で鉄砲の大量生産に成功し、西欧諸国にも勝る鉄砲使用国となった。にもかかわらず、豊臣秀吉の刀狩り（刀だけではなく銃器も対象とされた）を機に、日本は鉄砲ではなく刀剣の世界に戻った。このようなことがなぜ起こったのかは、興味深いと言えよう。ただし、現在では刀狩りは一般に言われるほど徹底されたものではないという研究が有力になっている。ノエル・ペリン『鉄砲を捨てた日本人――日本史に学ぶ軍縮』川勝平太訳（中公文庫、一九九一年）、藤木久志『刀狩り――武器を封印した民衆』（岩波新書、二〇〇五年）、武井弘一『鉄砲を手放さなかった百姓たち――刀狩りから幕末まで』（朝日選書、二〇一〇年）。
（36）Goss, *Disarmed*.
（37）犯罪対策をめぐる都市部と農村部の対立、さらには、都市政府と州政府の対立については、西山「犯罪対策の強化と保守派の主導」。
（38）本文中で後に述べるように、ＭＡＩＧは今日では、シャノン・ワッツが設立した、「銃規制を求める米国の母親たち」という団体と統合し、「すべての街に銃規制を（ＥＴＦＧ）」となっている。<http://everytown.org/mayors/>, <http://momsdemandaction.org/>, last accessed on March 10, 2016.
（39）Spitzer, *The Politics of Gun Control*, pp.118-119; Cook & Goss, *The Gun Debate*, pp.204-205.
（40）以下のサイトを参照。<http://americansforresponsiblesolutions.org/>, last accessed on March 10, 2016.

第12章

「シャンソン」に見る大衆歌謡の成立史

《ラ・マルセイエーズ》から《水色のワルツ》へ・音楽学的考察

樋口 騰迪

1 はじめに

「シャンソン」とは、こんにち一般には、エディット・ピアフやイヴ・モンタンといった歌手たちの名前、あるいは《愛の讃歌》や《枯葉》といった名曲とともにフランスのポピュラー歌謡を指して言われる。フランス語で chanson というのは、ただ「歌」を意味するのであって、特定の音楽ジャンルを指して言うものではない。しかしいわゆる音楽史においては、中世からルネサンスにかけての世俗的多声音楽――つまりは、教会の音楽に対置される意味での――をとくにそう呼んでいる。ただし、一般レヴェルでは、フランス本国においても chanson として通行の音楽[1]は、わたくしたちが想起するのと同様の大衆音楽ジャンルと言える。

では、こうしたシャンソンは、いつ「シャンソン」になったのか？　そこにはクラシック音楽や外来音楽のさまざまな影響下に、パリの素朴な都市民謡が変容してゆく過程があった。筆者の方法論は、それを専ら旋律様式の変遷として捉えるものである。(2)従来シャンソンの学問的レヴェルでの研究は、社会学的アプローチおよび文学的観点からの歌詞の研究が普通であった。しかしこの方法論により、本章ではとりあえず歌詞についての言及は控え、旋律の分析にのみ特化することを了承されたい。

本章では、フランス革命下のシャンソンを、こうした都市民謡のひとつの祖型として見、そこに見られる旋律様式が一九三〇年代までにどのように変化してゆくのかの概観を試みる。無論、ここでそれを十分に論じ尽すことは可能でないが、本書の一般的性格にも鑑み、今日でも知られた各時代の代表的なシャンソンを取り上げ、分析することでフランス大衆音楽史記述のひとつの可能性を提示して見せることを目的としたいと思う。

2　パリの都市民謡としてのシャンソン
――《ラ・マルセイエーズ》から《さくらんぼの実る頃》へ

ボーマルシェの戯曲《フィガロの結婚》（一七八四年）終幕のヴォードヴィルの一節、「ものみなシャンソンで終わる」は、革命の時代、歌《シャンソン》というものがいたるところに浸透していたことを示している。フランスの音楽学者ピエール・コンスタンは、一七八九年、革命の勃発を受けたシャンソンが一一六編も残されていると指摘している。しかもそれが、一七九二年には三二五編、一七九四年には七〇一編にまで至るという。(3)この時代すでにプチ・フォルマンと呼ばれる簡単な旋律楽譜と歌詞を記した一枚紙でもって、街頭で人々にシャンソンが伝わったのであった。当時読み書きの不自由な者がほとんどであった民衆の間に、いろいろのプロパガンダや情報は、単純な旋律に言葉を乗せたシャンソンを通じて広がったと言えるだろう。フランス革命の祝祭的性格、またロベスピエールの「最高存在の祭典」を頂点に、実に多くの祝典が催されたことはすでに歴史学者によって研究がなされている[4]。時に民衆は歌とともに熱狂し、そのまま国民公会場へなだれこんだ[5]。

統計的資料を示し得るものではないが、当時の民衆が楽譜に基づいて自由に詠唱できたとは考えにくい。そこで当時のシャンソン作者の力量は、音楽それ自体の作曲よりも、すでに巷間流布している音楽に、いかに気の利いた歌詞を付すかという点において試されたのであった。つまり「替え歌」が、当時のシャンソンの基本スタイルなのである。

こうした状況にあって、作られたシャンソンとして非常に顕著な性格を有すると筆者が考えるのは《ラ・マルセイエーズ》である。フランス国歌、また最もよく知られた革命歌をこの時代のシャンソンのひとつの例として抽出することは、大方よしとされるであろう。

《ラ・マルセイエーズ》は「シャンソン」か?

一七九二年、革命政府の対オーストリア宣戦布告の報せに揺れるストラスブールで、工兵大尉ルジェ・ド・リールが一夜のうちに書き上げたというのがこの曲の成立をめぐっての現在の定説である[6]。ルジェ・ド・リールは、その詩《自由への讃歌》にストラスブール大聖堂の楽長イグナーツ・プレイエルが曲を付けたものがすでに広く知られていた。アマチュアとはいえ、音楽、詩に通じた人物であったようである。

作曲時、《Chant de guerre pour l'Armée du Rhin ライン軍のための軍歌》と名づけられたこの曲も、瞬く間にフランス各地に行き渡り、やがてマルセイユ義勇軍の兵たちによって行軍とともに歌われ、パリへと伝わるのだった。そうしてこのストラスブール生まれの歌は、《ラ・マルセイエーズ》と呼ばれるようになった。

この曲の旋律進行を支配しているのは、作曲家の吉田進も指摘するように[8]、さまざまなかたちでの上昇四度の音程である。それは冒頭のg《ソ》-c《ド》の動きによって早くも印象付けられ、それはすぐにd《レ》-g《ソ》の跳躍を導き出す。結果的にこれは冒頭g《ソ》音から数えて八度のオクターヴ跳躍を意味するが、こうしたオクターヴ跳躍という音域の広さは、後述するように、「シャンソン」一般の音域からすると異例である。その後しばらくは順次上行、下降という一般的

譜例1　**La Marseillaise**(7)（ラ・マルセイエーズ）

な進行を見せるが、一六小節目es《ミ♭》を契機としてハ短調の中間部に転ずる。こうした転調もまた、シャンソン一般においては一九三〇年代までその定着をまたねばならぬ音楽語法である。とくに決然たる推進力を感じさせるMarchez![9]（進もう！）の繰り返しによって、やがて最高音a《ラ》に到達するが、これはg《ソ》から数えて実に九度という跳躍であって、オクターヴの範疇を飛び出しているのである。この曲に聞きなじんだこんにちでは当然と理解されるこうした諸々の進行が、実はかなり特殊であるということは、あとの例によって明らかとされよう。また付点を用いて規則的な拍子のパタンをずらすシンコペーションの効果的な活用も、この曲が非常に作りこまれたものであるという印象を、筆者には与える。

それにしても、四度進行の拠って来るところはどこなのか？　この曲の冒頭モティフがモーツアルト：ピアノ協奏曲第二五番の第一楽章第二主題と酷似しているというのは、少なからぬ議論がなされてきたところである。[10]一応モーツァルトの譜例を掲げておこう。

モーツァルトのこの作品は一七八六年初演とされるから、ルジェ・ド・リールが何らかのかたちでこれを聴き覚えていて、下敷きとした可能性も考えられるが、真相は明らかとし得ない。モーツァルトの場合、この主題を後に短調展開してゆく手法に彼の天才たるゆえんが聞かれるが、この簡素なモティフの由来自体は、ドイツの音楽学者ヴァルター・ヴィオラの研究に従って、ドイツ語圏の民謡によるものと言えるであろう。[11]また最近筆者は、およそ同時期の作品とされるボッケリーニのチェロ協奏曲第九番第一楽章の冒頭モティフも、これを髣髴させると気付いた。のみならずフランスの音楽学者ジュリアン・ティエルソの指摘によれば、[12]g–c–d–eという音進行自体は、フランスのロマンスやアリア、あるいはイタリーやアルザスの民謡に至るまで一八世紀

譜例2　モーツァルト：ピアノ協奏曲第二五番より

の音楽一般にかなり広く聞かれるものであるのだった。これはつまり、ルートヴィヒ・フィンシャーが、同時代の諸国の音楽や各地の民謡を巧みに内在化したモーツァルトの音楽を指して言う「普遍様式[13]」の表れと言えるが、ルジェ・ド・リールのこの曲もまた、そうした汎ヨーロッパ的普遍様式にコミットするものである。

「シャンソン」なるものの起源を、冒頭述べたようにパリの都市民謡に求めるとき、こうしたことからも《ラ・マルセイエーズ》はむしろ異例と筆者には思われるのである。パリ大衆の一般的な旋律感性は、もっと別なかたちに求められるのではないか？　その好例が、《ラ・マルセイエーズ》に先立って革命下のパリを席巻した《サ・イラ》という曲である。

《サ・イラ》に見られるパリ都市民謡の基本スタイル

《ラ・マルセイエーズ》作曲時の挿話として、《サ・イラ》を下劣な大衆音楽の一例として挙げる場面がある。[14]
Ça ira!—どうにかなるさ！というノンシャランとした希望的観測は、革命当初の民衆のお祭り的気分を象徴するかのようであるが、この旋律はもと、ベクールというテアトル・ボージョレーのヴァイオリン奏者作曲による舞曲《国民のカリヨン》であった。それに歌い手が各々に歌詞を付けて歌い広がってゆくなかで、《サ・イラ》という曲が生まれたのである。
《サ・イラ》は、一七九〇年ごろ、すでにパリで相当の人気を有していた。じじつ一七九〇年七月一四日にシャン＝ド＝マルスで行なわれた連盟祭で、その熱狂にこのシャンソンは一役を担っている。[15]また、軍隊の行進に際してもいたるところでこの曲が吹奏され、劇場でも開幕前、幕間には、この曲を演奏しなくては聴衆が承知しなかったというのである。おそらくは、革命下のパリで最も頻繁に聞かれたのは、この曲ではなかっただろうか。
ここでは、《サ・イラ》ルフラン部の楽譜を掲げておく。

速い二拍子による八小節体系は典型的なコントルダンスの結構である。先の《ラ・マルセイエーズ》では、四度上昇の支配する音構造について述べたが、《サ・イラ》においては、そうした振幅は希薄で、音階的な順次上行・下降によってかなり素朴な音進行のみで旋律[16]が築かれている。クラブサンでもしばしば愛奏されたというこの曲の、器楽的旋律の性格が、この当時の歌にはむしろ支配的だった。

その他の革命歌をも検討するとき、筆者はこうしたオクターヴ範囲内の五音旋律による順次進行を基本とする音楽を、パリ都市民謡の旋律タイプのひとつの型として指摘したい。上述の普遍様式に対するローカル性が、ここに現われている。

《さくらんぼの実る頃》

革命政府の挫折以後、ナポレオンの時代においてもシャンソンはあまた記録されている。その後第二帝政下のパリでも、無論シャンソンは民衆の間で歌い継がれていった。一八二〇年前後からはゴゲットという結社的集団が生まれ、そのメンバーが居酒屋に集って「歌う会」と呼ばれる集いを開いて、会員らの詩を音楽にのせて唱和することが日常化する。こうした中でベランジェの如き政治風刺的シャンソンが生まれ、広がってゆくのである。その他に指物職人アゴリクル・ペルディギエによる『職人のシャンソン』（一八三四、三六年）が出版されていることも興味深い。しかしこれは歌詞のみを記録したもので、音楽自体はすでに一般に認知された旋律に頼っていたことが一九世紀前半の現実ではあった。そうした状況を示す例として、一八一一年に初版

譜例３　Ça ira!（どうにかなるさ！）

が出たピエール・カペルの手になる『カヴォーの鍵』[17]には、一七三三年に「歌う会」の鼻祖と目される「カヴォー」において、断続的にその集まりを継続してゆく中で歌われたシャンソンの歌詞と、それを付して歌われるべき二三五〇曲[18]の旋律楽譜が集められている。その旋律はほとんどが各地の民謡や、流行のオペラ・アリア、ロマンスなど既存の楽曲から採られていて、同時代人が等しく歌うことが可能だったものの集成だろう。

こうしたシャンソンが、当時の社会的結合《ソシアビリテ》において果たした役割というのは、社会史の分野ではつとに指摘されるところである[19]。この時期のシャンソンの有した社会的権能と、とくにその音楽的実態の解明については、現在の筆者の研究課題のひとつであり、他日の論を期したいと思う。

上述のように、主として既存の音楽に頼りながら、民衆詩人の詩を歌い広げていったこの時代は、『カヴォーの鍵』に見られるように民衆レヴエルで多様な旋律に接触する機会を与えたと筆者は考えるが、それが新たな創作にはっきりとつながっていかなかった。例えばパリ・コミューンと結びついてよく知られた《さくらんぼの実る頃》は、過渡的な性格が顕著と考えられるので、本節の最後に瞥見しておこう。

一八六六年ジャン＝バティスト・クレマンの書いた詩に、一八六八年アントワーヌ・ルナールが旋律を付したのがこの曲である。冒頭主題を音高を変えて模続進行《ゼクヴェンツ》的に繰り返しながら上昇して、結局七度上まで音

譜例 4　**Le temps cerises**（さくらんぼの実る頃）冒頭

Quand nous chan - te - rons le temps des ce - ri - ses, Et
gai ros - si - gnol et mer - le mo - queur Se - ront tous en fê -
te!

域を拡大させる点において、作曲者がテノール歌手だったということをうかがわせるが、基本的に順次進行がここでも支配的で、音構造のレヴェルでは、前節でみた《サ・イラ》と大差ない。ただこの緩やかな三拍子がそこはかとない感傷を、確かにこの素朴的旋律に持たせている。このリズム形態に、一九世紀末から二〇世紀初頭に流行するスロー・ワルツの原型を筆者は見る。

3 「シャンソン」における外来音楽の影響 ——アリスティッド・ブリュアンからエディット・ピアフへ

第三共和制下の安定のもと、「さくらんぼの実る頃」の甘美な旋律とともに、パリ・コミューンの挫折も次第に思い出となり始めたころ、巷間言われるところの「ベル・エポック」がはじまる。

もっとも「ベル・エポック」と言っても、明確な時代区分が可能なわけではない。それぞれの文脈において、かなり自由に解釈されるべきものであろうが、第三共和制下の一九世紀末、ことに一九〇〇年のパリ万博を頂点として、その終焉を一九一四年＝第一次世界大戦の勃発に置くことでは、衆目一致するであろう。

しかしながらシャンソンの文脈で言うならば、その始まりを例えば一八八一年とすることが可能である。なぜならばこの年の一一月、世上最も有名なシャンソニエ[20]「黒猫《シャ・ノアール》」がモンマルトルに開店したからである。

こんにちテルトル広場あるいは聖心寺院《サクレ・クール》を中心として、一日中観光客の絶えないモンマルトル、また今やすっかり高級住宅地と化したこの地域が、パリ市内に組み込まれたのは一八六〇年のことであった。あの険しい石段、坂を上流階級の人々が好むはずもなく、当時は住人のほとんどが、いわば社会階層の底辺に属する人々であった。丘の上には象徴的な「ムーラン・ド・ラ・ガレット」の風車が回る田舎、しかし犯罪その他危険なかおりの漂う地域、それが一八八〇年ごろのモンマルトルであった。

こうした「底辺」のうちには、無論多くのボヘミアン的画家たちも含まれている。ロドルフ・サリなる人物もそのひとりである。貧しい画家はある日、ロシュシュアール通り八四番地の自分のアトリエを、芸術家の集う酒場にして、そこで実家の酒を売ってひと儲けすることを企てた。[21] 一七世紀風の飾り扉、ルイ一三世様式の家具、中世風の調度品を備えた一〇〇席ほどの店は、当時流行のエドガー・アラン・ポーの小説から「黒猫」と命名された。

この画家たちの集会所に、エミール・グドーを中心とする画家・詩人・学生・音楽家・俳優らの集まるカルチエ・ラタンのキャバレ「イドロパット・クラブ」が、折しもの区画整理のあおりを受けて解散、合流したことで、左岸の文士と右岸の画家とがモンマルトルで邂逅することとなる。「シャ・ノワール――モンマルトルのための機関紙」なる絵入り週刊誌を発行した彼らは、「理想のモンマルトル」を発信してゆく。

こうした活動を通じて、次第にモンマルトルのボヘミアン連中の活動は、広くパリ人士の知るところとなり、これまで当地に所縁のなかった上流階級の人々が、その怪しげな雰囲気に関心を抱いて連日詰めかけるようになる。[22] そうした観客にサリは慇懃に「若様」「お殿様」などと呼びかけ、奇矯なイヴェントを催していっそうその怖いもの見たさの関心に火をつけたのだった。

こうした上流社会におけるモンマルトルへの熱狂はしかし、真正ボヘミアン連中を追いやる結果にもなった。「黒猫」もすぐに手狭になって、一八八五年には移転を余儀なくされる。

ただ歌い手の方は、基本的には詩人が自作の詩に旋律を付して歌う、ないしは既存のよく知られた旋律を「替え歌」するのがやはり一般的で、上述のシャンソンの伝統に則ったものであった。すなわち前節で述べた革命期とその後のシャンソンと、音楽的には大きな変化はなかったと言える。

そうした状況では、歌手の存在も問題になりにくいが、その中でベル・エポックを代表するひとりの歌い手が現れる。アリスティッド・ブリュアンである。ロートレックの絵でもよく知られた彼は、「黒猫」の移転後同地に「ル・ミルリトン」を開店し、一躍寵児となる。その非常に様式化されたシャンソンを、この時期のシャンソンのヒット旋律の一パタンと筆者は考え、とくに取り上げることとする。

アリスティッド・ブリュアンのシャンソン

シャンソニエの人気は、このブリュアンによってその爛熟期に達したと言っていいだろう。一八五一年、パリの南西一二〇キロほどのクルトネという小さな町に生まれた彼は、貧しい家庭に育ち学業も中途放棄、いろいろの職業を転々としていたが、二四歳の頃、サン＝ラザール駅で鉄道の荷物夫をしながら自作のシャンソンを歌っていたところ、スカウトされ「アルマンディエ」という小さなキャフェ・コンセールでデビューするに至ったのであった。やがて「黒猫」にも出入りするようになった彼は、パリ外壁周辺を舞台に、娼婦とそのヒモたる用心棒を主人公にしたシャンソンを看板にして、いわゆる自然主義シャンソンを確立する。

では、その代表的なシャンソンを挙げてみよう。

一八八五年頃の作とされるこの曲は、典型的なブリュアンのシャンソンである。すなわち、冒頭三小節の反復が、かなり短い、素朴な旋律としてルフラン的に機能し、またほぼ全体を貫くモティフを形成している。オク

譜例5　Á la Villette（ラ・ヴィレットにて）

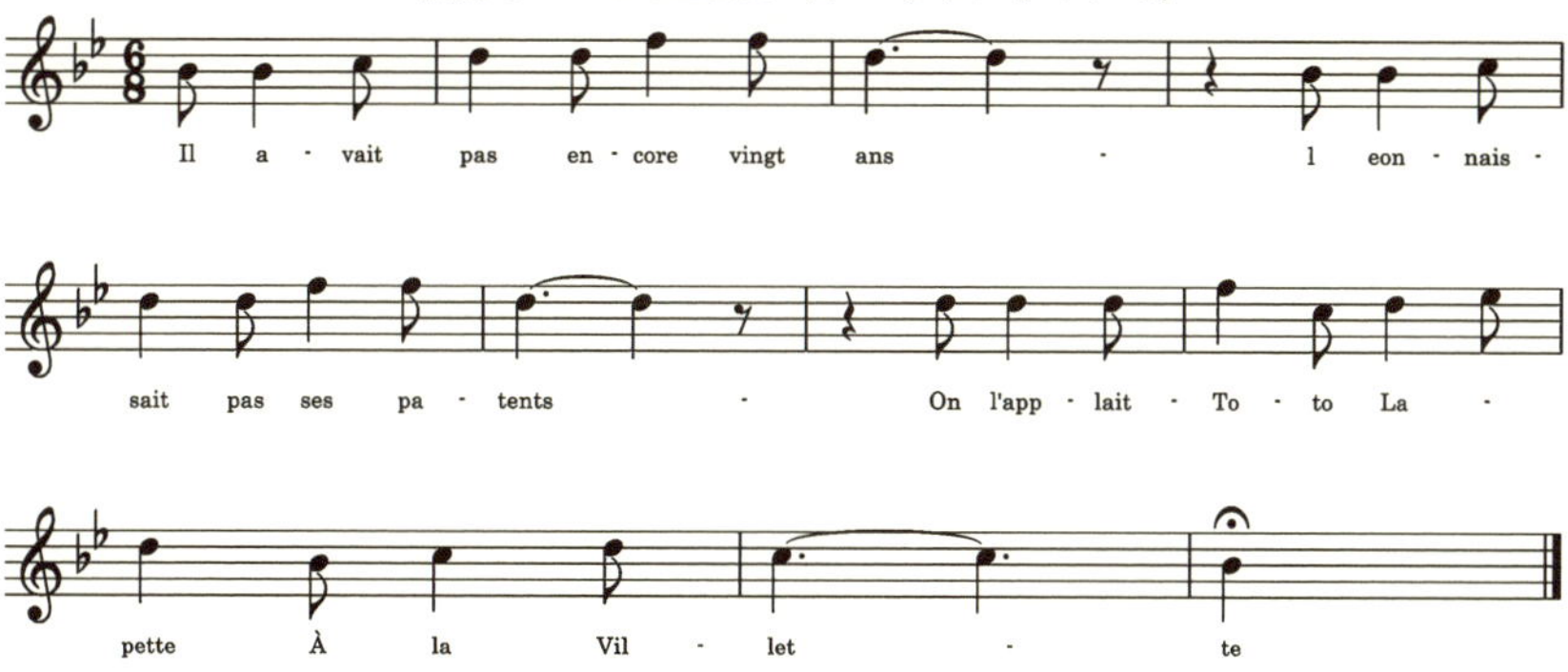

ターヴ範囲内の五音による順次進行、跳躍といっても三度とか四度がせいぜいの、やはりかなり狭い音域において展開される。ジャック・ガルディアン[23]やジュリアン・ティエルソ[24]も指摘するように、これはフランス民謡全体についてかなり普遍的にみられる性格ではある。

またブリュアンのシャンソンは、その終始パタンが印象深いものであって、最高音である属音に上がった後（この曲の場合は模続進行的一小節を介在するが）中音からの順次下降によって主音に解決するというのがお定まりである。

しかし一九〇五年、二〇世紀に入ってのヒット曲では、幾分の変化を経ていることも指摘しておかなくてはならない。

今日モンマルトルに唯一残るシャンソニエ「オ・ラパン・アジル」においても必ず歌われ、フランス人の愛惜おく能わざる一

譜例６　**Nini-Peau-d'chien**（犬皮のニニ）

曲であるというこの曲は、先述のブリュアンのシャンソンの典型を基本にしつつも、すでに新しい時代の到来を感じさせる。すなわちここにおいて、二／四部分のクプレと[25]四／四部分のルフランとが完全に分化されているのである。クプレ部分は、すでにみたブリュアンのシャンソンの、冒頭反復の基本様式を踏襲している。そのまま一〇小節程度で主音に解決するならば従来のままであるけれども、まったく新しいルフラン部がその後に付加されている。一六分音符や二分音符が活用されるようになって、リズム的な振幅が生じているのも、旋律的魅力に一役買っていると言えるであろう。たんに簡潔素朴な旋律というだけでなしに、歌い手と聴き手が一体になるべきシャンソニエの要請[26]に、この分化はいっそう適ったものであった。

こうしたブリュアンのシャンソンの新たな展開は、すでにシャンソニエを大衆的人気の点で凌駕していたキャフェ・コンセールでのヒット曲に大いに触発されたものであると筆者は考える。

では、キャフェ・コンセールではどのような曲がもてはやされていたのか？　そもそもキャフェ・コンセールとは何であるか？

キャフェ・コンセールとそのシャンソン──メイヨールの場合

先述したように、収容人数も概して少なかったシャンソニエは、次第にキャフェ・コンセールという大型劇場に、一般的人気をさらわれてゆくことになる。

キャフェ・コンセールなるものの原型は、すでに一七七〇年ごろから存在したともされるが、一九世紀後半、この種の劇場のスタイルが一気に確立されるようになる。その最初の成功例が、一八五八年ストラスブール通りに開店した「エルドラド」であって、看板歌手を中心に据えて、その前後にさまざまなジャンルの歌手や、サーカス、曲芸、パントマイムのようなアトラクション上演を取り入れてこの種のエンタテイメントの典型を創出した。このヒットを皮切りに、パリ各所に「アランブラ」「スカラ」「アルカザール」「バタクラン」など、同趣向の店が次々に開店し、ベル・エポック期にその黄金期を迎えるのである。

キャフェ・コンセールは、とくに歌手のスタイルの点で、かなり類型化されたものがあった。マルク・ロバンの分類[27]に従えば、それはおよそ以下のように大別される。なお、歌手は複数のスタイルを兼任することもしばしばであった。

〈男性歌手〉

奇想歌手／魅惑歌手／英国流歌手／美声歌手／滑稽歌手／狂乱歌手／滑稽兵士／滑稽農夫／郷土歌手／伊達者歌手
〈女性歌手〉

魅惑歌手／街娼もの／酒場歌手／語りもの／お色気歌手／初期現実派歌手
かくも詳細な類型化がなされるほどに、キャフェ・コンセールにおいては「歌い手」という存在が重視されていたのであり、それぞれのスター歌手を中心に、シャンソンを「聴く」場としての機能をシャンソニエ以上に有していたのである。

さて、そのキャフェ・コンセールのスター歌手から、メイヨールの持ち歌を分析してみよう。

メイヨールは早い時期から録音に着目した人で、また一九〇六年にはサイレント映画に歌声を合成させた、今日で言うビデオクリップ式のものを一〇本残しており、時代を先取りしたシャンソン歌手として知られている。当時の人気に比して、晩年は不遇であったらしい。

メイヨールは、ブリュアンのような暗黒世界も歌わず、政治風刺もなく、卑猥な艶笑歌でもない、感傷的な愛の歌を得意とした点で、歌詞内容に重きを置く従来のシャンソンのあり方に、変革をもたらした一人であると言

譜例7 **La mattchiche**（ラ・マシーシ）

えるだろう。また音楽面でも積極的に新流行のリズム様式を取り入れた作品を歌い、後のシャンソンの多様なリズムパタンの礎を築いたと言っていい。その初期の代表例を挙げる。

一九〇五年、P・バダンの作曲。セルジュ・ディラーズも指摘するように[28]、普仏戦争敗北以来、ナショナリズムと植民地主義の複雑に混交したフランスの国民感情を、シャンソンもまた直接的に反映してきたが、とくに外来のリズムを積極的に作品の上で反映してゆくのがこの時期のシャンソンであった[29]。タイトルの「マシーシ」というのが、サンバの原型ともいえるブラジルのリズムであって、この種のエキゾティシズムをかきたてる、《La Malakoff》、《La Baltique》、《La Monténégrine》、《La Tiziouzou》など各地の仏領を歌ったシャンソンをメイヨールは得意とし歌っている。

Youtubeなどでメイヨールの動画を見聞されると想像が容易になるが、冒頭から繰り返す音高の上下が、メイヨールのコミカルな動きを伴って、おそらくは実際の舞台でヒットしたのだろうと推測される。音域の拡大も顕著ではあるが、転調を経て一八小節目以降、付点のリズムの推進力によって、従来式の順次進行に、かなりの程度旋律的要素が付加されている。ラテン由来のシンコペーションのリズムは、たんにリズムそれ自体にとどまらず、旋律ヴァリエーションの拡大にも大きな貢献を果たしたのであった。

このようにラテン由来の諸リズム、あるいはまたジャズがパリを席巻したことは、前節でみたパリの都市民謡が次第に変化してゆく一大契機であったことを指摘しておきたい。

歌う音楽から聴く音楽へ――イヴェット・ギルベールの場合

ロートレックの絵のモデルでよく知られたイヴェット・ギルベールもまた、この時期を代表する歌い手のひとりである。はじめ貧乏な針子から女優として舞台経験を積み、歌の世界へと入った彼女は、コント仕立ての諷刺歌や艶笑歌を得意とし、先述の語り物＝ディズーズの基礎を確立した人物であった。

やがてゾラら自然主義文学の作家たちとも交流を持つようになり、一九〇一年からは卒然歌手活動を休止し、フランス各地の民謡・古謡の収集、研究に二年間沈潜する。ロンドンでこうした曲を特集した舞台で復帰した彼女は、その成功を皮切りにヨーロッパ各地を歌い巡ってより広い人気を獲得するのであった。

こうしたフランス各地の民謡・古謡には、これまで見てきたような音楽とは異なった教会旋法に基づいた独自の音体系があって、筆者はイヴェット・ギルベールのこうした復古・蘇演活動によってパリの大衆はこの種の響きに啓《ひら》かれていったと考えている。しかしここでは問題を限定しよう。

一九〇五年四月二三日、G・ダヴニーなる人物によってものされた批評記事[30]は、「最も興味深い演奏会が、昨日午後、ブフ＝パリジャン劇場において催された。イヴェット・ギルベールが、長いツアーから帰って、久しぶりにパリの聴衆の前に姿を現したのである。研究者、勉強家たる彼女は、一貫した学識によって芸術の進歩が末永く担保されることをよく承知しているのである」として、「昨日イヴェット・ギルベール夫人は、幾たびも繰り返される素晴らしい演奏会へのアンコールに応えなければならなかった。全パリがこの素晴らしい芸術への関心を筆者と同じくし、また共に彼女へのブラボー!を叫んだのであった」という賛辞で締めくくられており、この演奏会の大きな反響を物語る。

ここで筆者が注目するのは、芸術＝artという言葉が用いられていることである。ここにおいてシャンソンは、鑑賞されるべき芸術として認識され始めているのである。シャンソン歌手たちがサル・プレイエルやサル・ガヴォーといったクラシック音楽の演奏会場で歌い、それに対しての批評とでもいうべきものが確立され始めるのは一九三〇年代以降のことで、その意味でもイヴェット・ギルベールの活動は、シャンソンの聴かれ方というものに、確かな変化の先鞭をつけたのであった。

こうした彼女の活動はまた、クラシック音楽の人々による同様のリヴァイヴァル運動とも即応していたがゆえに、人的交流の面でも、クラシック音楽とシャンソンのような大衆音楽を接近させるパイプ役を果たした。[31]
こうした芸術音楽と大衆音楽の交流は、第一次大戦後の「狂乱の時代」に、コクトーや六人組の作曲家が集ったキャバレ「屋根の上の牡牛」などにおいていっそう進められることになる。
では、シャンソンはこうしたクラシック音楽からの影響もまた受けたのであろうか？　シャンソンの代名詞ともいえるエディット・ピアフの初期ヒット曲にそうした影響が見られると言えば、読者は意外の感に打たれるであろうか？

「シャンソン」におけるクラシック音楽の影響――マルグリット・モノとエディット・ピアフの場合

この問題について筆者はすでに論じる機会[32]を持ったので、ここでは簡単に要点をまとめておきたい。
デビュー当初よりエディット・ピアフに楽曲を提供し、やがては《愛の讃歌》のヒットを生み出した閨秀作曲家マルグリット・モノという人のことについては、フランス本国でもほとんど語られてこなかった。[33]
モノは、幼いころから両親に音楽の手ほどきを受け、一五歳でパリ音楽院に入学、ピアノをアルフレッド・コルトーに、和声と対位法をヴァンサン・ダンディに、また別に和声をナディア・ブーランジェという当代一級の音楽家たちに師事している。本格的にクラシックのキャリアを積んだ彼女だったが、一八歳の時のアメリカツアーを目前にして、不安神経症の発作に襲われ、これをきっかけとして彼女は演奏活動を停止してしまう。その後、ラジオで大衆音楽に親しんだ彼女は、周囲の勧めでシャンソンを書くようになる。[34]
彼女を一躍人気作曲家としたのは、一九三六年にアコーディオン弾きのジュエルと共に作曲した《異国の人》であった。これはもとダミアのために書いた作品であったが、アネット・ラジョン、エディット・ピアフも吹き込んで、その年のACCディスク大賞に輝く大ヒットとなった。そうしてこの曲の吹き込みが、ピアフ最初のレコードの一枚となったのであった。

では、この作品に表れたモノの書法を見てみよう。

旋律性に優れるというよりは、確かにダミアの歌唱スタイルを意識したと思われる語る《ディズーズ》ような音楽の運びになっている。これ自体当時台頭しつつあった現実派シャンソン《シャンソン・レアリスト》の様式においては珍しいことではないが、問題はそのクプレに当たる部分が、前奏から一二／八、四／四、[35]六／八が入れ替わるいくらか複雑な拍子の作りになっているおり、これまで見てきたシャンソンより細分化した構造を有している。

あるいは四／四の部分で、譜例の如くに一回目と二回目では上行と下降が入れ替わり、単純反復を回避する。そもそもこの曲においては、《犬皮のニニ》のようなルフランとクプレの区別が明確でないが、これはこうした微妙な音型の変化によって、変奏有節歌曲的、つまりは芸術歌曲《メロディ》の性格を帯びるに至っているからだと言える。こうした微妙な工夫によって、従来の素朴的シャンソンとそう大差はないようではあるが、実際のところはこうした芸術音楽的手法をいささかなりとも取り込むことで、新たな様式を開拓しつつある作品なのである。しかし大衆レヴュルで歓迎される楽曲というのは、まったく新しい感性のみによって拵《こしら》えられているのではなくして、あくまで従来の感覚をある程度踏襲していなくてはならない。この曲の場合、歌詞レヴェルでは従来の現実派シャンソンのそれであるし、旋律レヴェルでも

譜例８　**L'etranger**（異国の人）より

《ラ・マルセイエーズ》のアイデンティティたる四度上昇が随所に配されている。また和声的冒険[36]も希薄である。

先に見たようにこの時代すでに音域はかなり拡大されつつあったが、この《異国の人》は決して音域の広い作品ではない。しかしこうしたリズムの変化や反復時の微妙な音進行の変化は、その旋律性の薄いルフランと共に、一般に歌われるのは必ずしも容易でなかったのではないかと推測する。このような短い音価を重ねて、朗誦式に音楽を進める手法は、モノがしばしば用いた手法[37]であった。こうした、いわば歌えないシャンソンは、ブリュアンのシャンソンのように歌い手がクプレを歌い、続いて聴衆がルフランを唱和するというスタイルのシャンソンにおいては基本的にニーズに沿わなかった。こうしたことは、まさにモノがシャンソンの道を歩むきっかけとなったラジオやレコードによる音楽聴取の一般化によるだろう。イヴェット・ギルベールがもたらした現象はここではさらに進んで、シャンソンが、演奏の現場に居合わせ、自らもそこに参加し得る音楽であったのが、純粋に鑑賞する音楽へと変質しているのである。この点において、芸術音楽と大衆音楽たるシャンソンは、いよいよその境界線を曖昧なものにしてゆく。

モノとピアフは、こうした新しいタイプのシャンソンをヒットさせることによって、現実派シャンソンという古い様式を前提としながらも、新たな時代を切り開く嚆矢をなしたのだった。これはやはり、芸術音楽の素養を前提にしたモノのセンスなくして成立しないのであり、その意味でピアフもさまざまの伝説的挿話《エピソード》を身にまとい、パリの大衆を代表した現実派シャンソンの体現者であったというよりも、新時代の旗手として、大衆音楽の一ジャンルとしての「シャンソン」成立に決定的な役割を果たしたのである。こうした媒介的な作品を通じて、パリの大衆レヴェルでは無意識的に芸術音楽的な感性を受け入れてゆくことになったのだった。

ここにおいて今日わたくしたちの知る「シャンソン」は「シャンソン」となった。《サ・イラ》から実に一世紀半、ラテン、ジャズ、民謡、クラシック、つまりはパリの大衆にとってさまざまの外来音楽を吸収してゆくことによって、パリの都市民謡は「シャンソン」という、より普遍的な音楽ジャンルへと変容せしめられたのである。

4 日本とシャンソン――《水色のワルツ》へ

このように外来音楽を貪欲に吸収してゆくことで、大衆歌謡が変容してゆく過程は、本邦の流行歌史においてもパラレルに見いだされる。ここではこれまでの方法論を適用し、とくに「シャンソン」とのかかわりにおいて日本の流行歌の変化を考え、本章の結びに変えたい。[38] 一九三〇~六〇年代にかけて、日本でも「シャンソン」が広く人気を博したことがあった。このシャンソンの受容は、かなり特異な性格を帯びており、かつ日本の大衆歌謡にも大きな影響を与えた。

日本においてシャンソンは、ほぼ同時期（一九三〇年代初頭）に、「宝塚」「レコード」「映画」の三つによって紹介された。

シャンソン評論家として戦前から活躍した蘆原英了は、当時をこう回想する。


そのファンは当時の東和商事映画輸入のフランス映画ファンとまったく同質、同量のものであったと思われる。これらのファンは当時の高校生、大学生が多かったが（中略）こういう人たちは日本の流行歌に背を向け、フランスのシャンソンに高級性を感じたものである。[39]

ここからは、大衆音楽とはいえ、とくにインテリ層を中心として人気を集めたシャンソンの特異な性格が読み取れる。当時のインテリは旧制高校という男性のみの社会から輩出されたが、その女性版ともいえる女学生たちが宝塚のファンの中心だった。

従来のミヤコブシ、ヨナ抜き短調による日本的流行歌を嫌うインテリ層にとってまず愛好の対象となるのは当然クラシックである。しかしこれを十分理解できない人々にとって、クラシックの代替品としてあり得たのがシャンソンであった。宝塚によるまさに「清く・正しく・美しく」というイメージの構築も、シャンソンの本来持つ大衆性や、風刺性、肉体的官能性、猥雑さを排除して、こうした傾向をより進めた。

このようにその受容の初期段階から、「シャンソン」は日本では特権的な高級文化のひとつとして扱われることになったのである。

こうしたシャンソン受容において戦前から先導者として活躍したのが、高木東六だった。高木は一九二八年から一九三二年にかけてパリのスコラ・カントルムへ留学し、帰国後、ピアニストとしては近現代フランス音楽の演奏家として、作曲家としては朝鮮をテーマにした民族的な作品や、タンゴなど新しいリズムを取り入れた作品などを書いて活躍した。戦争中活動を縮小しながらも、戦後グランド・オペラ形式の歌劇《春香》などを作曲するが、後述の《水色のワルツ》などによって、ポピュラー音楽の作曲家として認知されている。

彼は自らの流行歌作曲のベースはシャンソンであると公言し、当時例のなかったポピュラー音楽の作曲理論書も著した(40)。こうした理論に裏付けられた彼の作品は、非日本的な音楽語法で書かれた戦後大衆歌謡のさきがけをなしたのである。

とくに最大のヒット曲《水色のワルツ》(一九五〇年)は、その好例と言えるだろう。

まず形式としては、A+B=(a+a')+(b+a)の二部形式と見ることができる。興味深いのは、高木が「少し変わっているのは最後に統一感を与えるために、最初の主要楽節のa部を終りにもって来たことである(41)」と述べている如くに、最後に主題が再現して終わるという構成である。こうした形式は、戦前すでに《君恋し》(作曲・

佐々紅華、一九二二）、戦後も《水色のワルツ》に先立って、《君待てども》（作曲・東辰三、一九四八）の例がある。両者がジャズを踏襲した楽曲であったのに対して、《水色のワルツ》の場合は、aないしa'をルフラン、bをクプレと見て、最後にルフランを回帰させるというシャンソンの趣向がその念頭に置かれていたことは、想像に難くない。またa'はa後半のモティフのゼクヴェンツ的展開であり、しかもそれは、いわゆる「サビ」に向けて上行的に高まってゆくのではなく、まったく逆に下降して、非常に停滞的なbを導き出すという、従来になかった

譜例9　水色のワルツ

仕掛けになっている。

さて、音構造についてであるが、まず冒頭、ショパンのノクターンを思わすアウフタクトからのオクターヴ跳躍による開始が目あるいは耳を惹く。そもそも当時の流行歌にあっては、実質ワルツを志向した三拍子曲でもアウフタクトによる開始それ自体が一般的ではなかった。[42] また管見の及ぶ限り、六度とか長六度跳躍による開始は見いだせても、オクターヴというのは他に類例がない。長七度・短七度音階の混淆により成り立っており、いわゆる四七抜きの五音音階《ペンタトニーク》による作曲が未だ全盛のこの時代にあって、導音を含んだ音階による本邦の流行歌は、やはり画期的であった。[43]

これ以前にも「こぶし」や「ユリ」の範囲で導音に達する例がありはするが、それは基本的に四七抜きの範疇において解釈されるべきである。和声レヴェルでは、属七・属九の和音が効果的に用いられながらも、この曲においては、転調は採らず[44]で、そのあたりのバランスが、当時この曲をヒットせしめた要因であった。

リズムについては、当時すでに珍しくはなかったワルツである。しかし上述のように、洋楽渡来のリズムをまず取り入れて、音楽的内容では、旧来の四七抜き・ミヤコブシ、あるいは教科書的な全音階の範囲を出ていなかったのが本邦の流行歌の大勢であった。

そうした中で、高木は旧来の日本的感性に縛られない作品を書き上げた。ここにおいて、真に非日本的な歌謡曲の誕生を見たのである。

こうした作曲の前提に、クラシック音楽はもちろんであるが、「シャンソン」の濃密な影響が働いていたのだった。[45]「シャンソン」同様、外来音楽の影響を顕著に受けつつ展開してきた日本の流行歌のあゆみを考えるとき、かかる比較研究は、さらに多くの例証とともに今後日本の音楽学研究の課題のひとつとされなければならないであろう。

注

（1）正確には chanson française とか chanson populaire とか言われる。現在ＣＤ店においては、いわゆるＪ-ＰＯＰ的な分類として variété française が用いられ、かつての「シャンソン」は、rétro というコーナーが設けられている。日本で言うとさしずめ、「流行歌・昭和歌謡・演歌」といったところだろうか。
（2）日本はもちろん、本国フランスでもシャンソンの音楽それ自体については、未だ十分な研究はなされていない。
（3）Pierre Constant, *Les hymnes et chansons de la Révolution: aperçu général et catalogue avec notices* (Imprimerie Nationale, 1904), p.34.
（4）例えば、Mona Ozouf, *La Fête révolutionnaire 1789–1799*, (Gallimard, 1976).〔モナ・オズーフ『革命祭典――フランス革命における祭りと祭典行列』立川孝一訳（岩波書店、一九八八年）〕。音楽に特化した研究の嚆矢として、Julien Tiersot, *Les Fêtes et les Chants de la Révolution française*, (Librairie Hachette, 1908).
（5）とくにダントンは、一七九四年三月一六日の公会において「国民公会の議場、その柵は市民らの厳粛なる請願を受くべき場である。なんぴともそれを芝居小屋に変えてしまうことは許されない」として抗議している。Constant, *Les hymnes et chansons de la Révolution*, p.8.
（6）一八六二年、ベルギーの音楽学者・作曲家フランソワ＝ジョゼフ・フェティスが、『万国音楽家列伝』において、この曲の作曲者はルジェ・ド・リールではないとの説を提示し、遺族と裁判沙汰に発展するという出来事があった。これは皮肉にも、この曲の成立をめぐって、フランスで多くの学問的研究を生む結果となる。日本語でも吉田進『ラ・マルセイエーズ物語――国歌の成立と変容』（中公新書、一九九四年）がよくまとまった文献として読めるから、詳しい成立史についてはこれらの成果を参照されたい。
（7）この譜例はフランス国立図書館所蔵のパリ・ビニョン社出版によるクラヴサン伴奏付きの楽譜に拠りながら、明らかな記譜ミスと思われるものを訂正したものである。そのタイトルが初演時から変化していったのと同様、音楽自体も現行ヴァージョン（デュラン社版）に至るにはいくらかの変化の過程を経ている。初演から五か月後にフランソワ＝ジョゼフ・ゴセックによるオーケストレーションの際に行なわれたものが、ほとんどそのまま現行ヴァージョンに残されていると言っ

ていい。まず調性が現行ヴァージョンでは変ホ長調であるが、ここではハ長調である。旋律レヴェルでの大きな変更としては、
・この譜例冒頭の g-e-g c-c-d-d g-f-e の進行が、g-g-g c-c-d-d g-e-d とされている
・最後から四小節目の f-g-a-h が f-g-a-d とされている
が挙げられるであろう。ここで初演ヴァージョンから現行ヴァージョンへの変化を論ずることは避けるが、しかし《ラ・マルイセイエーズ》のさまざまなヴァージョンの検討は、口誦伝承による「歌い替え」の結果を反映していると言え、当時の旋律感性を知るうえで興味深い視点を提供してくれる。
（8）吉田進『ラ・マルセイエーズ物語』、九五頁。
（9）現行ヴァージョンでは Marchons!
（10）例えば Julien Tiersot, *Histoire de la Marseillaise*, (Librarie Delagrave, 1915), p.124.
（11）Walter Wiora, "Volksmusik und Wiener Klassik" in *Europäische Volksmusik und abendländische Tonkunst*, (Johann Philipp Hinnenthal, 1957). この論文でヴィオラは、モーツァルトほかいわゆるヴィーン古典派の作曲家が、民謡の音進行を自己のうちに取り込んで、その結果創出した旋律を自己の作品のテーマとしたことを指摘している（一一〇頁）。また巻末に掲載された比較譜例からは、類似した四度進行の例が、例えばモーツァルトのヴァイオリン協奏曲第三番のロンド主題と、オーストリアまたアントウェルペンの古謡との比較において見いだされ、《魔笛》のパパゲーノのアリアにおいても見いだされることが分かる。
（12）Tiersot, *Histoire de la Marseillaise*, p.124.
（13）Ludwig Finscher, "Mozart und die Idee eines musikalischen Universalstils" in *Neues Handbuch der Musikwissenschaft V Die Musik des 18.Jahrhunderts*, edited by Carl Dahlhaus (Laaber , 1985).
（14）吉田進『ラ・マルセイエーズ物語』、八頁。
（15）「祖国の祭壇の建設に率先して協力しているのは同業組合ではない。楽隊がまっ先に進み、人々はシャベルやつるはしを肩にかついで三人ずつ組になる。かれらの集合のかけ声は、みんなが『国民の鐘の音（＝カリヨン）』とよんでいるあたら

しいシャンソンの、あのおなじみのルフランである。全員が声をそろえて歌う。『サ・イラ、サ・イラ、サ・イラ』。もちろんそれを聞いたものたちは、みな『サ・イラ』と繰り返す」（アデライード・ド・プラース『革命下のパリにシャンソンは流れる』長谷川博史訳（春秋社、二〇〇二年）、二三二頁）。

同時に、王党派も歌詞を変えてこの歌を歌った。ジャン・ルノワール監督映画《ラ・マルセイエーズ》（一九三六年）中のジャコバン・クラブのシーンは、この雰囲気をよく描き得ていると思う。
(16) このルフラン部に続く部分では、同様の進行を繰り返しながらもg-hという一〇度跳躍も見いだされはするが、もと器楽曲であったことの残滓であると筆者は見做す。
(17) Pierre Capelle, *La Clé du caveau, à l'usage de tous les chansonniers français, des amateurs, auteurs, acteurs du vaudeville, et de tous les amis de la chanson par Capelle, convive du Caveau moderne*, (Capelle et Renand, 1811).
(18) カペルの死後に出た一八七二年の第四版による。初版は一五〇〇曲。
(19) 例えば喜安朗『パリの聖月曜日——一九世紀都市擾乱の舞台裏』（岩波書店、二〇〇八年）。
(20) シャンソンの詩人であると同時に歌い手を指すこともあるが、ここでは「シャンソン酒場」という意味で用いる。
(21) 彼の実家はブランデー製造を生業としていた。
(22) 上流階級の人々の「アンカナイユマン」、ならず者世界の疑似体験への願望が、こうした空間を支えた。（青木夏子「シャンソン・レアリストと『ならず者神話』」『シャンソン・フランセーズ研究』第四号（シャンソン研究会、二〇一二年）、一一一頁）。
(23) Jacques Gardien, *La chanson populaire française*, (Larousse, 1948).
(24) Julien Tiersot, *Histoire de la chanson populaire en France*, (Librairie Plon, 1889).
(25) 時代や文脈に応じていろいろの用法がなされる言葉ではあるが、ここでは主楽想としてのルフランに対し、前奏的あるいは挿入的に対置される副楽想といった意味で用いる。
(26) いまでも「オ・ラパン・アジル」に行くと分かるが、歌手に続いて、とくにルフラン部は聴衆も一体となって唱和するというのが、シャンソニエの基本的なスタイルである。

（27）Marc Robine "L'Age d'or des caf'conc'" in *Anthologie de la chanson française enregistrée 1900-1920*, (EPM,2002).
（28）Serge Dillaz, *La chanson sous la IIIe république*, (Tallandier, 1991).
（29）外来のリズムでは、一九〇三年にケークウォークが、一九一〇年にはタンゴが明確なかたちでシャンソンに反映されている。
（30）フランス国立図書館所蔵の "Recueil factice d'articles de presse concernant la vie d'Yvette Guilbert, artiste de music-hall"（イヴェット・ギルベール関連の雑誌、新聞記事の切抜き集）中に筆者の見いだした記事による。
（31）一九〇一年アンリ・カサドシュやサン＝サーンスらによって、古楽運動の嚆矢と言うべき "Société des instruments anciens" が設立されるが、その発起に際してのパンフレットに彼女の名前と写真が見いだされる。また民謡の方面でも、一九〇五年作曲家シャルル・ボルドの音頭で創立された「フランス民謡協会」（ボルド、ダンディ、フォレ、セヴラック、デュクードレー、カントルーブ、ミストラルといった面々がその名を連ねている）にも参加した。スコラ・カントルムのメンバーやフォレらが中心となって発刊された *Les chansons de France* の一九〇八年四月号には、フランス民謡 "Joli Tambour" の地方別のさまざまな伝承パタンの旋律が譜例によって示されているが、そこに彼女の記録によるものが採録されており、歌詞・旋律共に独自の例を示している。
（32）樋口騰迪「Monnot と Piaf――『シャンソン』の成立に於ける芸術音楽の影響をめぐる試論」『シャンソン・フランセーズ研究』第六号（二〇一四年）、一―一二頁。
（33）筆者は主としてフランス国立図書館所蔵の Recueil factice d'articles de presse concernant Marguerite Monnot に依拠し、彼女のキャリアを明らかにし得た。
（34）一九三二年のインタヴューに「人々が自分の歌を口ずさんでいるのをふと聴き、作曲の感動を知った」という発言がある。
（35）こうした二拍子系と三拍子系の入れ替わりは、あくまで筆者の手元にある EDITIONS DE PARIS 版ピース譜（一九三六年）の記譜に拠るもので、ピアフあるいはダミアの歌唱および伴奏からは、かかる拍子の変化を感じる取ることは出来ない。但し、一九三二年の記事においてR・レジャンが、モノ作品の特徴として、リズムおよび拍節構造の複雑さを指摘していることは、特筆に値するであろう。
（36）例えば一九三三年、これもクラシック出身の作曲家モーリス・ジョベールによる《パリ祭》ではト短調で開始されたクプレが、属調平行調を経てト長調のルフランに解決するという転調パタンが採用されている。モノは最初期の作品においては、このレヴェルの転調も積極的に採用しなかったが、およそこの時期に、パリ大衆のうちに一定程度の和声感覚が徐々に定着し始めつつあったと筆者は考える。
(37) 例えば《わたしの兵隊さん》を聴かれたい。ここにはそうした順次進行の朗誦調が、恐らくはジャズ由来と思われるシンコペーションによって旋律的に展開されてゆく様子がはっきりと聴き取れる。
(38) この問題についてはすでに、樋口騰迪「高木東六の作曲理論とその実作——シャンソンとのかかわりを中心に」『阪大音楽学報』第一一号（二〇一三年）、一七—三三頁、において論じたが、その要点をここに摘出する。
(39) 蘆原英了『シャンソンの手帖』（新宿書房、一九八五年）、九四—九五頁。
(40) 高木東六『シャンソン』（修道社、一九五六年）、『カセットによる音楽基礎講座四・五——メロディの作り方、伴奏のつけ方』（音楽之友社、一九七一年）、『高木東六作曲講座——あなたもメロディーが作れる』（全音楽譜出版社、一九七二年）。
(41) 高木東六『高木東六作曲講座』、三九頁。
(42) 古賀政男の諸ヒット曲、例えば《酒は泪かため息か》《影を慕いて》など。
(43) 例えばこの二年前にヒットした《港が見える丘》は、ジャズ的なリズム法で戦後の新たなスタイルを打ち出したもので、長音階であることも特徴的だが、しかし四七抜きペンタトニークの域は脱していない。つまり、先述のリズム面から次第に旋律が変化してゆく「シャンソン」形成の一段階が、ちょうど経過的例としてここにも適用され得るのである。
(44) 高木が日本的流行歌を排撃する際の条件のひとつが、「転調がない」ということであった。その他彼が作曲した「和製シャンソン」の多くは、いろいろの転調が試みられている。
(45) この際高木が、あるいは日本の聴衆たちが想定した「シャンソン」は、前節で見た通り、確立されたジャンルとしての「シャンソン」であることは重要だろう。

終章

知的公共圏の復権の試み

高野 清弘
土佐 和生
西山 隆行

編者の土佐と西山が、本書を編もうと思い至ったには高野さんの退職をお祝いしたいという意図がまずあった。しかしながら、それと同時に、編者三人(以下、「我々」という)には、いまの世界と日本社会における言説空間に漂うように感じられる、ある種の寛容性のなさ、閉塞感のようなものに抗したいという気持ちもある。以下、我々が本書のタイトルにどのような趣旨を込めたいと思ったかについて、我々の基本的考え方を述べることで、この気持ちを敷衍したいと思う。なお、この終章は、本書に寄せていただいたそれぞれの論文について解題し、あるいはその読み方や本書の中での各々の位置づけ等について我々の見方を読者に押しつけるものでは決してない。もし万一そのような性格づけをここで我々が行なうとすれば、それはむしろ、以下に述べるような意味で、本書のタイトルに込められた我々の思いに反するところである。それぞれの論文は、本書の編み出す、ささやかながらも、自由かつ対等な、よく知らない物事を知ることでこれまで暗かった目を開かされることの楽しみや喜びに満ちた知的公共圏において、各々の論文の奏でる主題と内容に即して、読者それぞれの知的な興味と関心に基づいて熟読され、また幾重にもゆっくりと玩味されるべきものである。

1 「知的公共圏」に込められるもの

古代ギリシアの都市国家（ポリス）には広場（アゴラ）があったことは、よく知られている。そこは経済社会的な意味で市場であり、政治的な意味で民会の場であり、物理的な意味で実際にさまざまに行き交う道の結節点であった。また、アゴラには、同時に、ポリスと市民（ポリテース）にとって公共的な言説のフォルム（プラットフォーム）という意味もあった。少なくともアテナイ人にとっては、アゴラでなにかを自由に語ることは（なにも語らない自由も含めて）国制に参画するポリテースとしての権利であり義務でもあった。そこでは、ソロンやペリクレスのような政治家も、ソクラテスやプラトンやアリストテレスのような哲学者も、弁論家も、職人や農民など幾多の市井の人々も、自由かつ対等にその思うところを開陳し合っていた。

また、ソクラテスも青年に会うために足繁く通った、現在は考古学公園の遺跡となっているアテネ郊外のアカデメイアの森にプラトンが創設した学園「アカデメイア」でも、参加者の身分や出身地を問わず、議論と対話（ディアロゴス）を通して真善美の何たるかを追求しようとした（問答法）。そこでは、青年たちが、まだ知っていないもの・ことについて参加者が言葉を紡ぎ合う対話を通じ、真善美の理想を求めて現実との間を行き来し、反芻し、また立ち向かおうとした。書物等を用いれば、このディアロゴスは時空も超えて、自然史的過程としての人類史全体へと大きく広がっていく。我々は、学園「アカデメイア」におけるディアロゴスへの参加者たちに、人々が現実と呼ぶこと・ものをしっかり見据えつつも、その強い慣性力や通用力だけに巻き込まれることなく、あるべき理想を求める知的な愛（エロス）に基づいて、より真実なるもの、より善きこと、より美しいものを探求し続けていく態度や姿勢を見いだす。

我々の生きている、いまこの時代には、国際紛争、宗教対立、テロと貧困、グローバルな環境や食糧の問題等々、確かに数多くの難題が突きつけられている。しかしながら、日本社会・国際社会の一市民として、また地球に生きる一市民として、我々も、また、いま与えられている現実なるものの実相をよく見つめ、その現実にしっかり根を下ろしつつも、知を愛する勇気を持って、みずからの理性に基づいて、現実から出発しつつも、より真実なるもの、より善きこと、より美しいもの、総じて言うならば、現代社会において「よく生きること」、そこにあるべき「人間の姿とは何か」を探求し続けていきたく思う。そして、我々は、このように願う人々の知的な言説が織り成す空間のことを「知的公共圏」と呼びたい。そこでは、あらゆる言説が飛び交う。発話するもしないも、どのような主題についていかに発話するも自由である。ただし、非言説的ないかなる意味での強制ではなく、事実に基づく実証と対話のみによって漸進的な真実接近が試みられる。そして、なによりも、我々は、そのような対話それ自身のなかに、参加者の人間としての成長や成熟に向けられる知的な楽しみや喜び、快活さや癒やしがあると信じる。ソクラテスが常に言っていたとされる「魂に配慮せよ」とは、この謂いである。

2　「復権の試み」の意図するところ

人権に関する世界宣言（一九四八年一二月一〇日第三回国連総会決議の、いわゆる世界人権宣言）二六条一項は「すべて人は、教育を受ける権利を有する。教育は、少なくとも初等の及び基礎的の段階においては、無償でなければならない。初等教育は、義務的でなければならない。技術教育及び職業教育は、一般に利用できるものでなければならず、また、高等教育は、能力に応じ、すべての者にひとしく開放されていなければならない」と、また同条二項は「教育は、人格の完全な発展並びに人権及び基本的自由の尊重の強化を目的としなければならない。教育は、すべての国又は人種的若しくは宗教的集団の相互間の理解、寛容及び友好関係を増進し、かつ、平和の維持のため、国際連合の活動を促進するものでなければならない」と定める。我々を取り巻くいまの現実がこの条文の理想を裏切っていることは明らかではあるものの、それが不十分な内実ではあるとしても、自然史的過程として人類史全体を眺めるならば、先に見た意味でのポリスの奴隷主たる成人男性を構成員とした知的公共圏が、いまや世界中の人類全体へと広がりつつあるとする楽観主義的な評価も許されるであろう。

翻って、わが国を見るに、いま日本の高等教育は、そしてそこで展開されている教育研究は大きな曲がり角にある。グローバル化とICT化の進む現代社会において、従来のわが国の高等教育がその有効性を失い、二一世紀型の諸能力を養成するのに不十分であることは、一面で、確かである。他面、大学等の高等教育機関（以下、「大学等」という）を「真理探究の場」と定義する、いわゆるフンボルト理念がまったく消失してしまったわけではないものの、アカデミック・キャピタリズムを通じて、大学等が、短期の打算に基づく知の私有化や私的な利益への奉仕に大きくコミットし、かつ、それをよしとする価値観を世代間で伝搬・再生産していくことは、我々の生きている、いまこの時代のありように、新たに何をもたらし、何を失わせるのであろうか。そこに、先に述べた意味で、知的な活動に参加するすべての者に、人間としての成長や成熟に向けられる知的な楽しみや喜び、快活さや癒やしはあるのだろうか。

我々は、読者に対し、特に歳若い読者に対し、いま再び、日本社会と世界において一見解決困難に見える諸課題にひるむことなく、現実をしっかり見据えつつも、理想を求める知的な愛に誠実に、現代社会において「よく生きること」、そこにあるべき「人間の姿とは何か」を追い求め続けていくことに、その意味で知的公共圏を復権していくことに共鳴してもらえるよう願う。現実の重みに押し潰されてしまわぬ高い志、幾度かの失敗を恐れない勇気、簡単に折れてはしまわぬ心。これらは現代社会を知的に、すなわち上記の意味で本当に人間らしく生き抜いていくために必需の備えである。我々は、読者が、日本の大学等における教育研究にこれらの有する今日的な意義を改めて想起し、上記の世界人権宣言中の「人格の完全な発展並びに人権及び基本的自由の尊重の強化」、「すべての国又は人種的若しくは宗教的集団の相互間の理解、寛容及び友好関係」の増進および「平和の維持」という理想を安易に古ぼけたものと見なさず、粘り強くそれを求めてこの現代社会のなかで知的な楽しみや喜び、快活さや癒やしでその人生を豊かにしていってほしいと願う。本書は、その貴重な労力と時間を割いて論文を提供していただいた多くの執筆者のご協力・ご助力による、このような我々の願いを結実させるささやかな一つの「試み」なのである。

3　本書の構成

本書は二部から構成されている。

「思想史研究の現在」と題する第一部は、思想研究に関する六本の原稿から成る。知的公共圏を構築する上で思想家と思想史研究者が果たしてきた役割は、歴史的にも現実的にも大きい。思想家がいかにしてさまざまな原理や概念を構築してきたのか、そもそも、思想家はどのような人生を歩み、どのような思考をしてきたのかを検討することで、知的公共圏の奥行きの深さを味わっていただきたい。思想家に限らず、人はその生を自分らしく全うするため、それぞれの時代に向き合い、それと格闘しつつ自分の人生を切り開いていく。そのとき、思想の意義・役割の一つは、それぞれの人が自分らしく時代を生き抜くための指針となるということにあろう。この意味で、過去の思想史上の原理や概念を知ろうとすることは、その思想家や思想グループの生き方に学んで、自己の生の指針を批判的に検討することである。その際、それを肯定するか否定するか等は別として、各々の思想家の思想の内実と葛藤をよりよく知るには、その思想家の生きた時代と環境、そこでの彼の生き方の理解を欠かすことはできない。

第一章で安武真隆は、ポーコックの『マキァヴェリアン・モーメント』の公刊後活発化した共和主義思想研究の進展と、日本における受容・展開を手がかりとしながら、思想史研究者が遂行している知的作業の内容と性格を明らかにしようとしている。方法論的検討も交えながらポーコックの研究を再評価することにより、共和主義思想を問う意義について、興味深い指摘を行なっている。

第二章で長谷川一年は、都市化の進展に伴って登場した群衆について前世紀転換期に批判的に検討したシゲーレ、フルニアン、ル・ボンの著作を丹念に分析している。個人の自由を尊重するリベラリストであった彼らは、個人が集団に埋没して理性と判断力を喪失してしまうことを恐れて群衆を批判した。他方、彼らは強力な指導者による個人の統制を結果的に容認してしまうという反自由主義的な結論に到達してしまった。このジレンマを解明することは、知的な空間を支える個人のあり方を考える上で重要な意味を持つだろう。

第三章で大津真作は、労働や慈善、私的所有をめぐる価値観上の転換と変遷を、マンデヴィルやアダム・スミスの著作を丁寧に読み込むことで明らかにしている。古典派経済学の祖たるスミスの議論には、所有剝奪という問題が残っていた。その背後にある個人観についても検討することで、個人の倫理や公共性の意味などについても位置づけなおしている。通俗的な解釈を排し、読者を知的空間に誘って、我々の思考を豊かにする論考である。

第四章から第六章は日本の思想史家の議論を検討することで、思想史研究の面白さに迫ろうとするものである。

第四章で米原謙は、日本の代表的社会民主主義者である山川均が思想家として自立する以前の同志社在学時代の実像を、当時の政治・思想状況と照らしながら明らかにしている。著名な思想家が言論活動を始める前の活動に焦点を当てることで、重要な思想を生み出すための知的基盤や教育の意味について再考するための素材を提供している。知的空間の意味や教育に関心を持つ読者に、多くの示唆を与える論考である。

第五章で片野真佐子は、山川が学んだ同志社で教鞭をとり、牧師でもあった柏木義円の生涯と思想を検討している。軍国主義、帝国主義を批判し、非戦論を展開した柏木は、道徳と宗教を峻別した。柏木の議論は、今日の社会問題、倫理問題をとらえる上で示唆的である。弱者に注がれる柏木のまなざしは、格差社会化してしまった今日の日本の現状を考える上でも、重要な意味を持つといえるだろう。

第六章で安西敏三は、広田弘毅内閣で文部大臣を務め、また、甲南学園を創設した人物でもある平生釟三郎の思想を検討することで、大正自由教育が取り組もうとした課題を明らかにしている。イギリスのパブリック・スクールのあり方などを引照しつつ、徳育・体育・知育の三育主義とスポーツの関係や教養教育の重要性についても論じられており、大学教育のあり方と今日的意義を再検討する上で有益な議論が展開されている。

「現代に向き合う知の交響」と題する第二部は、それぞれ異なる分野を専攻する専門家六人の原稿を集めている。第二部は、学術論文としての水準を保ちつつ、多様な分野の専門家が、その領域について研究することの意義と楽しさを紹介することで学問の裾野を広げようとする原稿から成り立っている。

知的公共圏の復権を目指すことは、教養というものの重要性を再認識することも目的としている。ただし、ここでいう教養とは、たんに知識量が多いことを意味するものではないし、特定領域について専門知識を持っていることを意味するものでもない。多くの事実を知っていて必要な情報を引き出せるのは価値のあることだが、かなりの部分を百科事典やコンピュータやウェブ上のデータベースで代替できるだろう。また、みずからの専門領域を絶対視して、それについてよく知らない人を馬鹿にするような人のことを教養人とは呼ばないだろう。教養という言葉には、おそらく、何らかの人格的な意味が込められている。もちろん、それは人格の高潔さを問うているのではない。みずからが専門分野を持ち、その意義を明確に自覚しつつも、他の分野に対する知的優位を主張することはしない。他分野の意義や重要性も謙虚に理解し、承認した上で、それらの専門知を結びつけることで新たな認識の地平を切り開こうと努めることが、教養人に求められることだと思われる。そして、多様な分野の専門家が集う場である大学は、そのような営みが可能な空間である。すでに2で述べた通り、世界と日本社会はいま大きな社会変動の時代にある。これまでの常識や疑われることのなかった前提が、必ずしも明日もそうであるとは限らない。このとき、たんに何かについてたくさん知っているという意味での教養ではなく、安易に現実に絶望せず暗い混迷のなかにあってもあくまで愚直に「よく生きること」、一見敵対する立場の他者・分野を も含めて専門や見解を異にする多様な他者・分野と協働しつつ、そこにあるべき「人間の姿とは何か」を主体的に追い求め続けていく知的な姿勢をこそ、現代の教養の背骨とすべきであろう。そのような、きわめて多様多彩かつ自由な専門や見解の収縮と拡散、その相互作用のうちにこそ、星々の一生とより重い元素の生成プロセスにも似て、まさに知的公共圏は復権していくと確信する。

第七章で市田正夫は、物理学は現象を統一的に記述するための理論の構築と、そのために必要な物理対象物の分割化、言うなれば統一と分割をキーワードとして発達してきたという観点から、物理学の基本的な考え方を整理するとともに、この三〇年間で確認されてきた知見を紹介している。物理学の有用性と楽しさを、大学入学段階の学生にもわかりやすい文体で伝えており、多くの読者を知的探求に誘うものとなっている。

第八章で寺尾建は、さまざまなことわざや金言、エピソードを繙きつつ、経済学の観点から公共性なるものの意味を問うている。経済の本質は「金」ではなく「人」であるという立場から、「私」とは異なる「公共」の意味を明らかにすることで、学ぶとはどういうことか、考えるとはどういうことかなど、知的公共圏の復権を目指すうえで重要な課題と格闘している。

第九章で土佐和生が扱う、日本の独占禁止法に代表される競争法・競争政策は、法律学と経済学の双方の知見を取り込む学際的領域である。土佐は同章でその基本的な考え方を整理するとともに、グローバル化、デジタル社会化が進展する今日におけるその意義を明らかにしている。変化しつつある経済社会状況に学問がどのように取り組み、貢献しているかを考える上で興味深い。

第一〇章で北村亘は、大阪都構想をめぐる政治過程を振り返りながら、大阪が抱える課題が、制度、政策遺産、社会経済などの要因に由来することを、行政学の観点から明らかにしている。ジャーナリスティックな観点から興味本位に取り上げられることの多い問題に学問がどう取り組んでいるかを知ることで、大学で政治学や行政学を学ぶ重要性についての認識を深めることができるだろう。

第一一章で西山隆行は、犯罪多発国家として知られるアメリカの銃規制について、比較政治学の観点から分析を試みている。憲法の規定や利益集団に着目し、政治学の理論を応用することで、雑駁な国民性論や文化論とは異なる、反証可能性のある議論を展開しようとしている。また、このような検討が、国際理解に寄与する可能性についても言及している。

第一二章では、音楽学を専攻する樋口騰迪は、大衆歌謡であるシャンソンがフランスでどのように発達し、変容してきたのか、また、それが日本でどのように受容されてきたのかについて、丹念に分析している。音楽について学ぶには、社会史や比較文化論など、さまざまな学術分野を横断して取り組むという、まさに知の交響が必要であることを明らかにしており、知的な営みとはいかなるものであるべきかを問いかける本書を締めくくるのにまさにふさわしい論考となっている。

本書の原稿は、それぞれに独立性を高く保ち、特定の章を読んだだけでも完結した内容となるように配慮している。しかし、さまざまな章を併せ読むことで、思いがけない形で複数の章が相互に関連していることや、異なる分野を専攻する者であっても究極的には同様の問題関心に基づいて知的探求を続けていることに気づくことがあるかもしれない。本書は多様な読み方が可能であり、実際に多様な評価がなされるだろう。読者の皆様にはそれぞれの知的関心の赴くままに本書を読んで、他の人との対話を始めていただきたい。そのような営みを積み重ねることが、本書が目指す知的公共圏の復権につながると、我々は考えている。

このような我々の試みに賛同して本書の刊行をお認めくださった行路社の楠本耕之さん、丁寧な作業を通して本書を読みやすいものとしてくださった村上幸生さんに、心よりお礼を申し上げる。また、本書が成るにあたり、その他多くの方々にもお世話になった。同じくお礼申し上げたい。

執筆者紹介

高野清弘（たかの きよひろ）※**編著者**。緒言、終章担当→奥付頁
土佐和生（とさ かずお）※**編著者**。第9章、終章担当→奥付頁
西山隆行（にしやま たかゆき）※**編著者**。第11章、終章担当→奥付頁

安武真隆（やすたけ まさたか）※第1章担当
九州大学大学院法学研究科博士課程修了。博士（法学）。
関西大学法学部助教授を経て、現在は関西大学政策創造学部教授。
専門は政治学史・政治思想史。
主要業績に、『共和主義の思想空間』（共著、名古屋大学出版会、二〇〇六年）、『グローバル・ガバナンスの歴史と思想』（共著、有斐閣、二〇一〇年）、『岩波講座 政治哲学 第二巻 啓蒙・改革・革命』（共著、岩波書店、二〇一四年）など。

長谷川一年（はせがわ かずとし）※第2章担当
同志社大学大学院法学研究科博士課程修了。博士（政治学）。
同志社大学法学部助教を経て、現在は島根大学法文学部教授。専門は西洋政治思想史。
主要業績に、『原理から考える政治学』（共編著、法律文化社、二〇一六年）、『ヴェール論争——リベラリズムの試練』（共訳、法政大学出版局、二〇一五年）、『政治概念の歴史的展開 第五巻』（共著、晃洋書房、二〇一三年）

大津真作（おおつ しんさく）※第3章担当
東京都立大学人文科学研究科仏文学専攻博士課程中退。
甲南大学名誉教授。専門はヨーロッパ社会思想史。
主要業績に『啓蒙主義の辺境への旅』（世界思想社、一九八六年）、『思考の自由とはなにか』（晃洋書房、二〇一二年）、『異端思想の五〇〇年』（京都大学学術出版会、二〇一六年）など。

米原 謙（よねはら けん）※第4章担当
大阪大学大学院法学研究科博士課程単位取得退学。修士（法学）、DEA（哲学、パリ第四大学）。
下関市立大学、大阪大学教養部、大阪大学大学院国際公共政策研究科などを経て、二〇一三年定年退職。二〇一六年より中国人民大学講座教授。専門は日本政治思想史、日本政治論。
主要業績に、『徳富蘇峰——日本ナショナリズムの軌跡』（中央公論新社、二〇〇三年）、『日本政治思想』（ミネルヴァ書房、二〇〇七年）、『国体論はなぜ生まれたか——明治国家の知の地形図』（ミネルヴァ書房、二〇一五年）など。

片野真佐子（かたの まさこ）※第5章担当
お茶の水女子大学大学院人間文化研究科博士課程修了。博士（人文科学）。
大阪商業大学経済学部教授。専門は近代日本思想史。
主要業績に、『孤憤のひと 柏木義円——天皇制とキリスト教』（新教出版社、一九九三年）、『皇后の近代』（講談社、二〇〇三年）、『柏木義円史料集』（行路社、二〇一四年）など。

安西敏三（あんざい としみつ）※第6章担当
慶應義塾大学大学院法学研究科博士課程単位取得退学。博士（法学）。
甲南大学法学部教授。専門は日本政治思想史。
主要業績に、『福沢諭吉と西欧思想——自然法・功利主義・進化論』（名古屋大学出版会、一九九五年）、『福澤諭吉と自由主義——個人・自治・国体』（慶應義塾大学出版会、二〇〇七年）、『現代日本と平生釟三郎』（編著、晃洋書房、二〇一五年）など。

市田正夫（いちだ まさお）※第7章担当
大阪市立大学大学院理学研究科博士後期課程物理学専攻修了。博士（理学）。
名古屋大学工学部助手、甲南大学理工学部物理学科講師、同准教授を経て、現在同教授。専門は光物性・ナノサイエンス
主要業績に、『カーボンナノチューブの基礎と応用』（共著、培風館、二〇〇四年）、“Temperature dependence of plasmon resonance in single-walled carbon nanotubes”（共著、*Physical Review* B 93, 2016）, “Intra- and inter-tube exciton relaxation dynamics in high purity semiconducting and metallic single-walled carbon nanotubes”（共著、*The European Physical Journal* B, 86, 2013）など。

寺尾　建（てらお たける）※第8章担当
京都大学大学院経済学研究科博士後期課程修了。博士（経済学）。筑波大学社会工学系助手、北九州市立大学経済学部助教授を経て、現在は甲南大学経済学部教授。専門は理論経済学。
主要業績に、『日本経済の実証分析』（共著、東洋経済新報社、二〇〇七年）、『現代経済思想』（共著、ミネルヴァ書房、二〇一一年）、『経済学』（共著、人文書院、二〇一四年）など。

北村　亘（きたむら わたる）※第10章担当
京都大学大学院法学研究科博士課程修了。博士（法学）。
甲南大学法学部助教授、大阪市立大学大学院法学研究科准教授を経て、現在は大阪大学大学院法学研究科教授。専門は行政学、地方自治論。
主要業績に、『地方財政の行政学的分析』（有斐閣、二〇〇九年）、『政令指定都市』（中央公論新社、二〇一三年）、『テキストブック地方自治（第二版）』（共著、東洋経済新報社、二〇一〇年）など。

樋口騰迪（ひぐち まさみち）※第12章担当
大阪大学大学院文学研究科博士後期課程在学中。専門は音楽学。
主要業績に、「Monnot と Piaf――「シャンソン」の成立に於ける芸術音楽の影響をめぐる試論」『シャンソン・フランセーズ研究』第六号（二〇一四年）、「高木東六の作曲理論とその実作――シャンソンとのかかわりを中心に」『待兼山論叢（美学篇）』第四七号（二〇一三年）、「高木東六のピアノ作品――その特徴的性格」『阪大音楽学報』第一一号（二〇一三年）など。

編著者紹介

高野清弘（たかの　きよひろ）
東京教育大学大学院文学研究科博士課程単位取得退学。文学修士。大東文化大学法学部専任講師を経て、甲南大学法学部教授。二〇一六年、定年退職。同大学名誉教授。専門は、一六・七世紀イギリスの政治・宗教思想。
主要業績に、『トマス・ホッブズの政治思想』（御茶の水書房、一九九〇年）、『政治と宗教のはざまで——ホッブズ、アーレント、丸山眞男、フッカー』（行路社、二〇〇九年）、翻訳トマス・ホッブズ『法の原理』（行路社、二〇一六年）など。

土佐和生（とさ　かずお）
神戸大学大学院法学研究科博士課程中退。
香川大学法学部助教授を経て、現在は甲南大学法科大学院教授。専門は経済法。
主要業績に、「民間入札談合の諸形態と独占禁止法」『甲南法学』五六巻三・四号（二〇一六年）、『リーガルクエスト経済法（第二版）』（共著、有斐閣、二〇一五年）、『競争法の理論と課題（根岸哲先生古稀祝賀）』（共著、有斐閣、二〇一三年）など。

西山隆行（にしやま　たかゆき）
東京大学大学院法学政治学研究科博士課程修了。博士（法学）。
甲南大学法学部教授を経て、現在は成蹊大学法学部教授。専門は比較政治・アメリカ政治。
主要業績に、『アメリカ型福祉国家と都市政治——ニューヨーク市におけるアーバン・リベラリズムの展開』（東京大学出版会、二〇〇八年）、『アメリカ政治——制度・文化・歴史』（三修社、二〇一四年）、『移民大国アメリカ』（筑摩書房、二〇一六年）など。

知的公共圏の復権の試み

2016年8月25日　初版第1刷印刷
2016年9月10日　初版第1刷発行

編　者——高野清弘・土佐和生・西山隆行
発行者——楠本耕之
発行所——行路社　Kohro-sha
520-0016 大津市比叡平3-36-21
電話 077-529-0149　ファックス 077-529-2885
郵便振替　01030-1-16719
装　丁——仁井谷伴子
組　版——鼓動社
印刷・製本——モリモト印刷株式会社

ISBN978-4-87534-385-1 C3036